北京联合大学“十二五”规划教材

审计案例分析

SHENJI ANLI FENXI

（第二版）

李春玲　邵　军◎主编

首都经济贸易大学出版社
Capital University of Economics and Business Press
·北　京·

图书在版编目(CIP)数据

审计案例分析 / 李春玲，邵军主编. --2 版. --北京：首都经济贸易大学出版社，2020.1

ISBN 978-7-5638-2931-6

Ⅰ.①审… Ⅱ.①李… ②邵… Ⅲ.①审计—案例—中国 Ⅳ.①F239.22

中国版本图书馆 CIP 数据核字(2019)第 060221 号

审计案例分析(第二版)

李春玲 邵军 主编

责任编辑 田玉春

封面设计 砚祥志远·激光照排 TEL: 010-65976003

出版发行 首都经济贸易大学出版社

地　　址 北京市朝阳区红庙(邮编 100026)

电　　话 (010)65976483 65065761 65071505(传真)

网　　址 http://www.sjmcb.com

E-mail publish@cueb.edu.cn

经　　销 全国新华书店

照　　排 北京砚祥志远激光照排技术有限公司

印　　刷 北京九州迅驰传媒文化有限公司

开　　本 710 毫米×1000 毫米 1/16

字　　数 286 千字

印　　张 16.25

版　　次 2014 年 10 月第 1 版 **2020 年 1 月第 2 版**

2022 年 1 月总第 6 次印刷

书　　号 ISBN 978-7-5638-2931-6

定　　价 38.00 元

第二版前言

《审计案例分析》一书自2014年出版以来受到了广大读者的关注，有些读者来信交流探讨，甚至就某个案例写出自己的分析心得，为本次修订提供了有益的帮助和支持。随着我国“一带一路”倡议的实施和国际化进程的日益加快，经济管理领域中不断涌现出新现象、新问题，审计环境发生巨大变化，审计的内容、范围进一步拓展，审计方法也在不断创新。此次再版中，我们继续深化风险导向审计理念，强调教学与实践的结合，力求更加公允地鉴证、评价当前的经济活动和经济现象。除了保留第一版原有的系统性、实操性及编写方式外，本版主要在以下两个方面进行了修订：

第一，新增部分案例内容，主要涉及审计抽样方法的应用、特殊项目审计、比较信息审计等，以准确地体现新修订的审计准则和会计准则的要求。

第二，根据审计报告准则的变化，对审计报告相关案例做了较大改动，主要涉及标准审计报告的基本结构等。为了加强读者对审查和监督方法及审计决策框架的理解，本版还增加了一个审计报告综合案例。

本版的修订编写由李春玲主持，具体分工如下：第三、四、五、六、八、九、十二章由李春玲编写，第一、二、十三章由邵军编写，第七、十、十一章由刘新颖编写。全书由首都经济贸易大学会计学院审计系主任袁小勇主审。在本书修订过程中，许多读者、同行和出版社编辑提出了宝贵的建议，在此一并表示感谢。

此次再版，顺应了审计准则和审计实务的发展变化，同时也是编者理论教学研究与实践经验的成果总结。由于编者自身能力所限，书中仍会存在各种不足，真诚地欢迎广大读者批评斧正。

编者

2019年10月

前言

随着我国现代化建设的快速发展，社会对学校培养应用型高级专门人才的需求与日俱增，而要实现这一教育目标，不仅要抓好理论教学，更为重要的是要抓好实践教学。只有在实践教学中培养学生的实践能力、动手能力，才能突出知识与理论的应用性。

审计作为一门综合性很强的应用型学科，有着独特的教学规律。由于审计学内容多，术语、理论晦涩，且很多内容都是说理性的，容易出现理解偏差；再加上审计准则的不断变化，所以审计学通常被认为是既难教也难学的一门课程。本书案例以民间审计为主线，注重注册会计师实务，向学生提供反映真实审计情景的资料，并特别聚焦于审计过程的不同视角与阶段。

本书具有以下显著特点：

1. 案例的选择由浅入深，循序渐进。考虑到有些读者没有从业经验，因此案例的选择从简单到复杂，由单项到综合，给读者一个适应的过程。通过审计案例模拟审计实践，逐步掌握审计理论知识和审计职业技能，提高理论与实践结合的综合能力。

2. 案例的内容注重系统性、适用性。本书案例涵盖内容丰富，包括50余个审计案例，帮助学生在理解掌握审计的基本概念、基本原理与基本方法的前提下，涉及从接受审计客户到出具审计报告的全过程各项主要审计活动，系统性强，适用面广。

3. 案例的编排以情景化突出实操性。本书案例的设计着眼于通过具体的情景描述，让学生进入审计情境现场，每个案例都提出了学生需要完成的一系列问题，使得学生的角色由消极地听从、指导向积极的思考、参与过渡，从而获得主动学习的体验，取得对审计过程所涉及的基本问题更透彻的理解。

为帮助学习者快速掌握与理解审计理论知识与实务操作技能，每一案例都列出了学习目标、案例资料、分析要求以及本案例需要关注的问题。

本书由邵军、李春玲担任主编，各章编写分工如下：第一、二、十三章由邵军编写；第三、四、五、六、七、八、九章由李春玲编写；第十、十一、十二章由刘新颖编写，全书由首都经济贸易大学会计学院审计系主任袁小勇主审。在写作过程中，何小红、刘旭华、袁梦月、李宝华、官庆波、王秋影等提供了大量资料，并得到了许多同行和出版社编辑的大力帮助与支持，在此一并表示感谢。

本书获批北京联合大学“十二五”规划教材。

本书可以作为高等院校财经类专业本科、研究生教材，也非常适合在职审计人员自学提高之用。由于我国审计准则不断修订、变化较大，书中难免有一些不当或错漏之处，敬请广大读者批评指正。

作者

2014 年 8 月

目录

第一章　审计基本概念 …… 1

案例一　审计需求的产生 …… 1

案例二　会计责任与审计责任 …… 3

案例三　审计目标与管理当局认定 …… 6

案例四　审计证据 …… 9

案例五　审计的固有限制 …… 14

第二章　审计业务承接和审计规划 …… 19

案例一　审计风险的结构 …… 19

案例二　审计业务承接 …… 22

案例三　初步业务活动 …… 28

案例四　用作风险评估的分析程序 …… 33

案例五　审计计划阶段执行的分析程序 …… 43

案例六　风险评估 …… 47

案例七　评估与应对舞弊风险 …… 54

案例八　重要性水平的确定及错报的评价 …… 59

第三章　审计测试与审计方法 …… 67

案例一　内部控制活动 …… 67

案例二　计划的审计流程和审计测试类型 …… 68

案例三　审计抽样方法的应用 …… 75

案例四　应用审阅法审阅明细账 …… 78

案例五　应用核对法检查存货 …… 80

案例六 调节法的应用 …… 83

第四章 销售与收款循环审计 …… 87
案例一 销售与收款循环关键控制及控制测试 …… 87
案例二 营业收入实质性测试 …… 92
案例三 销售收入的截止测试 …… 96
案例四 应收款项及坏账准备审计 …… 99
案例五 虚列销售收入 …… 105

第五章 购货与付款循环审计 …… 109
案例一 应付账款余额测试 …… 109
案例二 购货与付款循环内部控制测试 …… 116
案例三 固定资产审计 …… 120

第六章 筹资与投资循环审计 …… 127
案例一 负债融资审计 …… 127
案例二 权益融资审计 …… 136
案例三 投资审计 …… 139

第七章 货币资金审计 …… 145
案例一 达美集团货币资金审计 …… 145
案例二 现金盘点及审计 …… 151
案例三 测试银行存款余额调节表 …… 153

第八章 生产与仓储循环审计 …… 155
案例一 迅捷股份有限公司生产与仓储循环审计 …… 155
案例二 存货监盘 …… 159
案例三 生产成本审计 …… 164
案例四 工资薪酬审计 …… 170

第九章　损益形成与分配循环审计 ······ 173

案例一　损益形成审计 ······ 173

案例二　利润分配审计 ······ 178

第十章　审计法律责任与审计质量控制 ······ 183

案例一　“银广夏”和“安然” ······ 183

案例二　会计师事务所审计质量控制 ······ 192

第十一章　注册会计师职业道德 ······ 199

案例一　注册会计师职业道德基本原则 ······ 199

案例二　独立性 ······ 202

案例三　诚信原则与保密义务 ······ 204

第十二章　审计报告 ······ 207

案例一　出具标准审计报告 ······ 207

案例二　非无保留意见审计报告 ······ 214

案例三　增加强调事项段和其他事项段 ······ 217

案例四　审计报告综合案例 ······ 220

第十三章　特殊项目审计 ······ 227

案例一　主审注册会计师利用其他注册会计师的工作 ······ 227

案例二　或有事项(一) ······ 229

案例三　或有事项(二) ······ 232

案例四　审核期后事项 ······ 234

案例五　财务报表审计中对违反法规行为的考虑 ······ 239

案例六　持续经营 ······ 241

案例七　比较信息审计 ······ 245

第一章

审计基本概念

案例一　审计需求的产生

一、本案例学习目标

通过本案例，学生应能够理解：信息风险产生的原因，审计在降低信息风险方面的作用以及审计产生的经济原因。

二、本案例的关键内容

（一）案例资料

1721 年英国的“南海公司事件”是注册会计师审计产生的“催化剂”。对“南海公司”进行审计的斯耐尔先生成为世界上第一位注册会计师。

1710 年，罗伯特·哈里根伯爵成立了“南海公司”。该公司的业务包括贩卖黑奴等海外贸易活动。1720 年，南海公司设法令英国政府以 1 000 万英镑国家公债入股成为公司的股东，并借机推出一系列虚假的投资计划，因此，南海公司的股票价格扶摇直上。在南海公司的示范效应下，一场投机浪潮席卷各地，全国出现了形形色色的“泡沫公司”，并且各种公司的股价都开始暴涨。1720 年 7 月，英国议会颁布了《泡沫公司取缔法》，要求限期解散非法发行股票、从事正常经营范围以外的经营活动和不正常股份投机的公司。该法案公告以后，股市狂跌。从 1720 年 8 月到 12 月，南海公司的股票价格从 900 英镑下跌到 124 英镑，最终不得不宣告破产。在南海公司投入巨资的广大股东和债权人都蒙受了巨额损失。应投资者和债权人的要求，英国议会成立了特别委员会，特别委员会聘请斯耐尔先生对南海公司涉嫌舞弊的公司进行账目清查。斯耐尔于1721年向议会特别委员会提交了查账报告书，这就是世界上第一份审计报告书。

（二）案例分析要求

1. 请从信息失真风险的角度分析：财务信息的哪些特征促成了报表使用者对审计的需求？

2. 由此案例分析注册会计师为何应当鉴证业务中遇到的舞弊行为。

3. 结合此案例，说明注册会计师在经济社会中的作用及注册会计师审计的特征。

三、本案例需要关注的问题

（一）信息风险产生的原因

为了降低信息风险，报表使用者需要使用经过审计的财务报表。信息失真风险产生的原因主要包括：

1. 信息的间接性，即由于企业的所有权和经营权分离后形成了受托经济责任关系，所有者难以直接获得财务信息，往往只能通过财务报表等渠道获得间接财务信息。

2. 财务信息的提供者往往由于理解上的偏差和追求私利等动机而提供失真的财务信息。

3. 随着经济的发展和企业规模的扩大，财务信息中隐含着复杂的交易，形成大量复杂的数据，普通的报表使用者很难看懂财务信息。

（二）注册会计师的责任

从事公开发行股票公司审计的注册会计师与舞弊相关的责任，可能取决于适用于公共部门实体的法律法规或其他监管要求，或由授权审计的文件单独进行规定。因此，从事公开发行股票公司审计的注册会计师的责任可能不限于考虑财务报表重大错报风险，还可能包括考虑舞弊风险。由于舞弊的特征，注册会计师在考虑由于舞弊导致的重大错报风险时，保持职业怀疑尤为重要。保持职业怀疑要求注册会计师对获取的信息和审计证据是否表明可能存在由于舞弊导致的重大错报风险始终保持警惕，包括考虑拟用作审计证据的信息的可靠性，并考虑与信息的生成和维护相关的控制（如相关）。

（三）审计的作用

审计是一个搜集和评价相关信息，以确定和报告所验证信息符合既定标准的程度的过程。审计的作用主要体现在：

1. 鉴证作用。注册会计师通过提供鉴证服务，能够提高信息的可信性，帮助信息使用者决策。

2. 增值作用。注册会计师就审计中发现的问题与公司管理者沟通，促进被审计单位改善管理水平。

注册会计师审计具有客观、独立、公正的特征。本案例中，作为独立第三方的会计师斯耐尔在南海公司案例中的作用恰恰体现了上述特征。

案例二　会计责任与审计责任

一、本案例学习目标

区分管理当局编制财务报表的责任与注册会计师验证这些报表的责任，解释注册会计师在发现重大错报方面的责任，了解管理当局声明书的主要用途。

二、本案例的关键内容

（一）案例资料

下面是英达公司的管理当局声明书和信达会计师事务所对其财务报表出具的审计报告的一部分。

英达股份有限公司管理当局声明书

信达会计师事务所、吴颖注册会计师：

本公司已委托贵所就本公司2012年度的会计报表进行审计，并出具审计报告。为了配合贵所的工作，兹就有关情况声明如下：

1. 本公司已依照《企业会计准则》的要求编制2012年度会计报表，这些会计报表的编制基础与上年度保持一致，本公司管理当局对报表的真实性、合法性和完整性承担责任。

2. 本公司已经选择和运用恰当的会计政策，已经做出合理的会计估计，不存在任何重大未预计的负债，没有任何违反国家法律、法规而需要调整和披露的事项。

3. 设计、实施和维护与财务报表编制相关的内部控制，以使财务报表不存在由于舞弊或错误而导致的重大错报。

4. 本公司业已提供：

（1）所有的财务会计记录。

（2）全部关联方交易清单及有关资料、股东大会、董事会会议记录以及有关的资料。

……

5. 就审计报告日至会计报表公布日之间影响会计报表或附注的期后事项，本公司承诺在会计报表公布日之前及时告知。

英达股份有限公司（盖章）
公司负责人（盖章）
会计机构负责人（盖章）

审 计 报 告

英达股份有限公司全体股东：

我们审计了后附的英达股份有限公司（以下简称英达公司）财务报表，包括2012年12月31日的资产负债表、2012年度的利润表、股东权益变动表和现金流量表以及财务报表附注。

一、管理层对财务报表的责任

按照《企业会计准则》的规定，编制财务报表是英达公司管理层的责任。这种责任包括：第一，设计、实施和维护与财务报表编制相关的内部控制，以使财务报表不存在由于舞弊或错误而导致的重大错报；第二，选择和运用恰当的会计政策；第三，做出合理的会计估计。

二、注册会计师的责任

我们的责任是在实施审计工作的基础上对财务报表发表审计意见。我们按照中国注册会计师审计准则的规定执行了审计工作。中国注册会计师审计准则要求我们遵守职业道德规范，计划和实施审计工作以对财务报表是否不存在重大错报获取合理保证。

审计工作涉及实施审计程序，以获取有关财务报表金额和披露的审计证据。选择的审计程序取决于注册会计师的判断，包括对由于舞弊或错误导致的财务报表重大错报风险的评估。在进行风险评估时，我们考虑与财务报表编制相关的内部控制，以设计恰当的审计程序，但目的并非对内部控制的有效性发表意见。审计工作还包括评价管理层选用会计政策的恰当性和做出会计估计的合理性，以及评价财务报表的总体列报。

我们相信，我们获取的审计证据是充分、适当的，为发表审计意见提供了基础。

……

（二）案例分析要求

1. 这两份报告分别应由谁来撰写？编制两份报告的目的是什么？

2. 请从管理当局声明书和审计报告提供的信息中分析注册会计师执行审计的前提条件和管理当局应履行的责任。

3. 从审计报告中分析一下注册会计师的审计责任是什么。

4. 请指出管理当局声明书能否成为审计证据。

三、本案例需要关注的问题

（一）管理层编制财务报表的会计责任

《中国注册会计师审计准则第 1101 号——注册会计师的总体目标和审计工作的基本要求》规定：与管理层和治理层责任相关的执行审计工作的前提，是指管理层和治理层（如适用）认可并理解其应当承担下列责任，这些责任构成注册会计师按照审计准则的规定执行审计工作的基础：

1. 按照适用的财务报告编制基础编制财务报表，并使其实现公允反映（如适用）。

2. 设计、执行和维护必要的内部控制，以使财务报表不存在由于舞弊或错误导致的重大错报。

3. 向注册会计师提供必要的工作条件，包括允许注册会计师接触与编制财务报表相关的所有信息（如记录、文件和其他事项），向注册会计师提供审计所需的其他信息，允许注册会计师在获取审计证据时不受限制地接触其认为必要的内部人员和其他相关人员。

（二）注册会计师的审计责任

审计的目的是提高财务报表预期使用者对财务报表的信赖程度。就大多数通用目的财务报告框架而言，注册会计师审计责任是指其针对财务报表是否在所有重大方面按照财务报告编制基础编制并实现公允反映发表审计意见。注册会计师按照审计准则和相关职业道德要求执行审计工作，能够形成这样的意见。

本案例中，审计报告是由注册会计师编写的。注册会计师出具审计报告的目的是通过书面报告的形式清楚地表达审计意见，并说明其形成基础。

（三）管理当局声明书

管理当局声明书是被审计单位管理当局就财务报表有关事项所做的书面

声明。管理当局声明书是审计过程中注册会计师与被审计单位不断沟通而形成的，注册会计师获取管理当局声明书的目的是让管理层进一步明确其所应承担的会计责任。

管理当局声明书一般用含有被审计单位名称的信纸填写，由公司经理或财务总监等高层管理人员签字，采用客户致函形式发给会计师事务所。在实际工作中，审计师可以代替管理当局编写管理当局声明书，并要求其打印于有公司抬头的信纸上并签字。

在不存在其他充分适当的审计证据时，管理当局声明书是必要的审计证据。作为内部证据，管理当局声明书是证明力较弱的审计证据。

案例三　审计目标与管理当局认定

一、本案例学习目标

通过本案例，学生应能够解释被审计单位管理当局认定和审计目标的含义，说明常规财务报表审计目的，理解审计总目标、一般目标及审计具体目标的含义及相互关系；掌握审计具体目标的确定。

二、本案例的关键内容

（一）案例资料

注册会计师李林在工作底稿中记录所了解的甲公司的情况，并确认了相关审计目标和认定，部分审计工作底稿内容如表 1－1 所示。

表 1－1　部分审计工作底稿

一般审计目标	具体审计目标	财务报表认定				
		存在	完整性	权利和义务	计价和分摊	列报
报表金额确实存在	资产负债表中记录的存货是存在的					
已经存在的金额均已记录	所有应当记录的存货均已记录					
资产归属于被审计单位	记录的存货由被审计单位拥有或控制					

续表

一般审计目标	具体审计目标	财务报表认定				
		存在	完整性	权利和义务	计价和分摊	列报
会计要素以恰当的金额记录于报表中，与之相关的计价或分摊已恰当记录	存货以恰当的金额包括在财务报表中，与之相关的计价调整已恰当记录					
已按照企业会计准则的规定在财务报表中做出恰当列报	存货已按照企业会计准则的规定在财务报表中做出恰当列报					

（二）案例分析要求

1. 解释进行财务报表审计的目标。

2. 管理当局认定与财务报表审计目标之间有何联系？

3. 指出与余额相关的各个具体审计目标对应的管理当局认定，补充完成审计工作底稿。

三、本案例需要关注的问题

（一）审计目标

审计目标是在一定历史环境下，人们通过审计实践活动所期望达到的境地或最终结果。独立审计的目标包括总体目标和具体目标。具体目标又可分为一般审计目标和项目具体审计目标。

《中国注册会计师审计准则第 1101 号——注册会计师的总体目标和审计工作的基本要求》所确定的独立审计的总体目标是：对财务报表整体是否不存在由于舞弊或错误导致的重大错报获取合理保证，使得注册会计师能够对财务报表是否在所有重大方面按照适用的财务报告编制基础编制发表审计意见，出具审计报告，并与管理层和治理层沟通。

（二）管理当局认定

管理当局认定是指管理层在财务报表中做出的明确或隐含的表达，注册会计师将其用于考虑可能发生的不同类型的潜在错报。例如，公司资产负债表日存货账户余额是 500 万元，这个余额表示在报表中没有关于存货的其他信息时，管理当局确认存货的价值是 500 万元，不存在价值损耗，同时这些存货的所有权归公司所有，其使用不受限制。

管理当局认定包括：存在或发生、完整性、计价或分摊、权利和义务、列报。

（三）审计目标与管理当局认定间的联系

由于注册会计师的主要责任是确定管理当局的认定是否恰当，因此审计具体目标沿袭了管理当局认定的主要内容并与管理当局认定紧密相关。注册会计师在确定某一业务记录或余额的管理当局认定是否恰当前往往需要满足多个审计目标。例如：注册会计师可以由管理当局与业务相关的认定推定下述一般审计目标：

1. 由“存在或发生”认定可推出审计目标：报表金额确实存在或已记录的业务是真实的。

2. 由“完整性”认定可推出审计目标：已经存在的金额或已经发生的交易确实已经被记录。

3. 由“计价或分摊”认定可推出审计目标：会计要素以恰当的金额记录于报表中，与之相关的计价或分摊已恰当记录，已经记录的交易金额正确。

4. 由“权利和义务”认定可推出审计目标：资产归属于被审计单位。

5. 由“列报”认定可推出审计目标：被审计单位资产或负债已按照企业会计准则的规定在财务报表中做出恰当列报。

确定了一般审计目标后，就可以确定与业务和报表余额相关的具体审计目标。具体审计目标是一般审计目标在具体业务或报表余额上的应用。

例如，本案例中，与审计目标相对应的认定如表 1－2 所示。

表 1－2　审计目标及其认定

一般审计目标	具体审计目标	财务报表认定				
		存在	完整性	权利和义务	计价和分摊	列报
报表金额确实存在	资产负债表中记录的存货是存在的	√				
已经存在的金额均已记录	所有应当记录的存货均已记录		√			
资产归属于被审计单位	记录的存货由被审计单位拥有或控制			√		

续表

一般审计目标	具体审计目标	财务报表认定				
		存在	完整性	权利和义务	计价和分摊	列报
会计要素以恰当的金额记录于报表中，与之相关的计价或分摊已恰当记录	存货以恰当的金额包括在财务报表中，与之相关的计价调整已恰当记录				√	
已按照企业会计准则的规定在财务报表中做出恰当列报	存货已按照企业会计准则的规定在财务报表中做出恰当列报					√

案例四　审计证据

一、本案例学习目标

通过本案例，学生应能够识别审计证据与其他行业所用证据的区别，能指出在审计中应用的七类审计程序，掌握各种审计证据的特点，指出决定审计证据说服力的特点，理解管理当局书面声明的作用及其对审计意见的影响。

二、本案例的关键内容

（一）案例资料

格林公司是一家大型家电生产商。近期该公司更换了董事会和经理层。新的董事会决定采用激进的企业战略，因此开始积极扩张市场份额，并通过公开发行股票募集资金新开设了100家直营店。信达会计师事务所一直负责该公司的审计。近期有人举报格林公司严重虚增利润。证监会派人对该公司展开调查，并对该公司注册会计师的工作提出了批评。

2019年，张华担任格林公司年报审计的新任项目负责人。张华近几年一直在参与该公司的年报审计，虽然张华不是主要负责人，但他对该公司情况比较熟悉。因为2019年是连续审计，张华有时会采用以前年度审计获取的信息直接作为本期审计的审计证据。例如，在进行公司层面风险评估程序时，张华沿用以前的审计证据，直接将风险评估为低风险。此外，为了提高审计证据的可靠性，张华决定选择较大的样本规模。

助理人员张明等人参与了该项目的审计。以下是信达会计师事务所的注册会计师张明等在格林公司2019年年报审计中执行的部分审计程序。

（1）收到企业的客户和部分消费者的信函，该信函说明了企业应收账款情况。

（2）监盘微波炉等小家电并记录盘点的数额。

（3）和客户律师讨论格林公司某项诉讼败诉的可能性。

（4）向银行函证客户的银行存款余额。

（5）与信用部门经理一起分析应收账款并评价其可回收性。

（6）在车间查看生产线的运转情况。

（7）在测试销售佣金时，计算销售佣金占销售额的比例。

（8）查看公司会议纪要以确定新的信用政策是否经过授权。

（9）将销售发票上的销售单价乘以数量以检查其结果是否正确。

（10）重新编制银行存款余额调节表。

在审计过程中，注册会计师遇到如下特殊情况：

1. 项目组进驻企业后，为便于开展工作，注册会计师要求格林公司出具管理层责任声明书，格林公司财务总监江山签署了管理层责任声明书。在检查格林公司的某项资产时，注册会计师发现公司遗失了该项资产的所有权凭证，因此格林公司提供了一份书面声明，以证明其对该项资产的所有权。

2. 在审计关联方关系及其交易时，注册会计师要求管理层提供书面声明，以表明其已经向注册会计师披露了全部已知的关联方名称和特征、关联方关系及其交易，已经按照适用的财务报告编制基础的规定对关联方关系及其交易进行了恰当的会计处理和披露，但上述要求被管理层拒绝。

3. 2019年8月至11月，格林公司出现了大量红字冲销的英达公司的购货退回发票，应付账款降幅较大。财务经理将该事项解释为商业折扣。注册会计师要求函证这些项目。格林公司不同意事务所取得这些项目的书面确认函，而是帮助注册会计师接通了英达公司的管理人员的电话。实际上电话并非打给英达公司的管理人员，而是由格林公司的人员冒充英达公司确认了这些购货退回。审计项目负责人张华根据英达公司的电话确认和格林公司管理人员的口头声明认可了购货退回的合理性。

4. 注册会计师从格林公司的数百家供应商中选取了30家供应商进行函证。注册会计师共收到28份回函，其中20份与账面记录一致，并可以推断出应付账款总体少确认20万元人民币。但调查表明，格林公司的管理层曾经打电话给一些供应商，告诉他们应如何回复注册会计师的询证函。

5. 注册会计师决定对格林公司的某类重要存货采用监盘程序，因格林公司营业网点繁多，注册会计师只好将监盘工作安排在三天内完成。

（二）案例分析要求

1. 在进行公司层面风险评估程序时，张华沿用以前的审计证据，直接将风险评估为低风险。此外，为了提高审计证据的可靠性，张华决定选择较大的样本规模。本案例中，注册会计师的上述做法是否恰当？判断审计证据适当性应遵循哪些原则？

2. 在情况1中，管理层提供注册会计师要求提供的书面声明是否构成充分适当的审计证据？本案例中由财务总监签署书面声明是否恰当？

3. 在情况2中，管理层拒绝提供注册会计师要求提供的一项或多项书面声明，注册会计师应当如何处理？如果书面声明与其他审计证据不一致，注册会计师应如何处理？

4. 在情况3中，注册会计师采用询问程序有何作用和局限？注册会计师通过询问取得证据后，下一步应该采取什么样的措施？

5. 在情况4中，注册会计师通过函证取得的审计证据是否可靠？

6. 在情况5中，注册会计师监盘的目的是什么？为保证监盘获得证据的适当性，注册会计师应采取哪些措施？

7. 获取审计证据的审计程序有哪些类型？请将张华参与执行的审计程序进行分类。

三、本案例需要关注的问题

（一）审计证据的充分性和适当性

审计证据是指注册会计师为了得出审计结论和形成审计意见而使用的信息，包括构成财务报表基础的会计记录所含有的信息和其他信息。

决定审计证据说服力的两个决定因素是充分性和适当性。

审计证据的充分性是对审计证据数量的衡量。注册会计师需要获取的审计证据数量受重大错报风险评估结果和审计证据质量的影响很大。

审计证据的适当性是对审计证据质量的衡量，是指审计证据的可信程度，即审计证据在支持审计意见所依据的结论方面具有的相关性和可靠性。审计证据的相关性是指其与审计目的相关。审计证据的可靠性受其来源和性质的影响，取决于选择的审计程序和获取审计证据的具体环境。选择较大的样本规模并不能提高审计证据的适当性。

将以前年度审计获取的信息直接作为本期审计的审计证据，其前提条件是：自上期审计后被审计单位相关事项没有发生变化，如果发生变化，则需要分析这些变化对前期信息与本期审计结论相关性的影响。

本案例中，注册会计师张华根据上年的审计证据直接将风险评估为低风险是不正确的。因为被审计单位董事会和管理层发生了重大变更，这些变化使得前期获得的信息不能直接为本期所用，注册会计师应重新设计风险评估程序，以确定会计报表层面的审计风险。此外，注册会计师张华试图通过扩大样本规模提高审计证据的适当性也是不可行的。

判断审计证据适当性的一般原则包括：

1. 从被审计单位外部独立来源获取的审计证据比从其他来源获取的审计证据更可靠；

2. 相关控制有效时内部生成的审计证据比控制薄弱时内部生成的审计证据更可靠；

3. 直接获取的审计证据比间接获取或推论得出的审计证据更可靠；

4. 以文件记录形式（包括纸质、电子或其他介质）存在的审计证据比口头形式的审计证据更可靠；

5. 从原件获取的审计证据比从复印件、传真件获取的审计证据更可靠。

（二）管理当局书面声明的作用

审计证据是注册会计师为了得出审计结论和形成审计意见而使用的信息。注册会计师可以要求被审计单位的首席执行官、首席财务官或不使用此类头衔但处于类似职位的其他人员提供书面声明，书面声明是注册会计师在财务报表审计中需要获取的必要信息，也是审计证据，但其本身并不能为所涉及的任何事项提供充分、适当的审计证据。而且，即使管理层已经提供书面声明，注册会计师也不应该改变就管理层责任履行情况或具体认定获取的其他审计证据的性质和范围。

情况 1 中，本案例由财务总监签署书面声明是可行的。

在确认资产所有权时，尽管格林公司提供了书面声明，注册会计师还是应该取得能够证明格林公司对该资产所有权的其他证据。如果不能取得这类证据，注册会计师应该考虑该事项对审计意见的影响，必要时可出具保留意见或无法表示意见的审计报告。

情况 2 中，由于管理层拒绝提供注册会计师要求提供的书面声明，注册会计师应当：

（1）与管理层讨论该事项。

（2）重新评价管理层的诚信，并评价该事项对其他书面或口头声明和审计证据总体的可靠性可能产生的影响。

（3）确定该事项对审计意见可能产生的影响。

如果书面声明与其他审计证据不一致，注册会计师应当实施审计程序以设法解决这些问题。如果问题仍未解决，注册会计师应当重新考虑对管理层的胜任能力、诚信、道德价值观或勤勉尽责的评估，或者重新考虑对管理层在这些方面的承诺或贯彻执行的评估，并确定书面声明与其他审计证据的不一致对其他管理层声明和审计证据总体的可靠性可能产生的影响。

（三）询问客户

通过询问客户，注册会计师可以获得大量信息和进一步审计的线索。但询问客户的局限性在于：通常注册会计师并不能根据询问客户获得的口头证据直接得出结论，因为这些证据并非来源于独立的渠道。因此，注册会计师还需要通过其他程序取得进一步的可以相互印证的证据，如在情况 3 中，注册会计师还应该直接取得英达公司的书面确认函。

（四）函证

函证是指注册会计师利用从独立第三方收到的口头或书面回复来验证信息的准确性。函证的可靠性取决于第三方的独立性。

情况 4 中，由于格林公司的管理层曾经打电话给一些供应商，告诉他们应如何回复注册会计师的询证函，这些函证对象的独立性已经受到影响，故审计证据的可靠性不足。

（五）监盘

监盘是指注册会计师观察或盘点有形资产。

情况 5 中，监盘的目的是验证资产的存在性。为保证监盘的可靠性，注册会计师应增加监盘人员，设法将同类存货的盘点安排在同一时间进行，以防止被审计单位转移存货。如果不能在一天内完成盘点，注册会计师应在 3 天内采取严格的控制措施，防止存货被移动。

获取审计证据的程序通常有七种类型：函证、检查、分析程序、重新计算、重新执行、询问、观察。本案例中采用的审计程序的类型分别是：程序 1 和 4 是函证；程序 2 是监盘，涉及检查和询问；程序 3 是询问；程序 5 和 7 是分析程序；程序 6 是观察；程序 8 是检查；程序 9 是重新计算；程序 10 是重新执行。

案例五 审计的固有限制

一、本案例学习目标

通过阅读本案例，学生应能够：理解审计固有限制的含义及产生的原因，掌握注册会计师应对审计固有限制的对策。

二、本案例的关键内容

（一）案例资料

随着经济的发展，社会公众对审计的需求越来越大，注册会计师也成为一个炙手可热的行业。但与此同时，注册会计师因承办财务鉴证业务而成为被告已屡见不鲜，即使是实力雄厚的大会计师事务所也难以幸免。

1990 年，美国第七大会计师事务所 Laventhal & Horwath 因面临 100 多件法律诉讼而宣告破产。1995 年度美国六大事务所的年收入 154 亿美元，其中 11% 的支出用于法律诉讼费用（律师费及司法裁判费）、专业责任保险费以及诉讼赔偿（包括庭外和解支出），是仅次于事务所员工薪资的重要执业成本项目。2002 年，当时的五大事务所之一的安达信因安然公司审计失败而土崩瓦解，其余几大会计师事务所也或多或少地陷于诉讼的麻烦之中。

2009 年 1 月 7 日，印度软件外包服务业的领军企业、行业排名第四的萨蒂扬软件技术有限公司（简称萨蒂扬）董事长兼首席执行官拉马林加·拉贾突然宣布辞职。在长达 5 页的辞职信中，他承认曾在“几年”间操纵公司账户、大幅夸大公司的利润、虚报资产。这一欺诈案是自 20 世纪 90 年代以来印度最大的公司丑闻，负责萨蒂扬财务审计的普华永道也随之被推上风口浪尖。自 2002 年起，普华永道加速了其亚洲市场业务的拓展，期间还曾全面接收了已破产的安达信会计师事务所的各成员所及员工。可令人遗憾的是，会计师事务所的人员素质并未跟上扩张的脚步。在普华永道这样的会计师事务所，通常需要三到五年才能将一个刚刚大学毕业的新人培养成为一个可以直接为客户提供会计服务的高级经理。但是，日益繁忙的审计业务迫使这个培养时间不断缩短，会计师事务所有时会要求经由快速通道招募而来的新人提供超出他们执业能力的服务。

在亚洲，会计师事务所在各个级别上都缺乏合格的人才。注册会计师所从事的工作经常会超出他们的能力范围，审计风险的上升不言而喻。并且，由于事务所在诸如印度、马来西亚等亚洲地区开展业务时需要执行全球会计标准，但当地的会计准则与全球会计标准往往大相径庭。繁忙的审计业务使得事务所没有精力去仔细研究不同国家与地区的不同准则，成本上升的压力又进一步削减了这种努力。于是，审计工作的潜在风险大幅上升。此外，在追求利润的企业目的和恪尽职守的社会责任之间，事务所要寻求到一个平衡点也很难。有些注册会计师甚至铤而走险，以审计成本约束为理由减少审计程序。

诸多现实条件的限制使得注册会计师的工作难以尽善尽美。一浪高过一浪的诉讼风险使得注册会计师承办财务鉴证业务的风险越来越大。赔偿金额的上升使得会计师及保险公司均感到难以承受。会计师行业也面临着越来越多的指责。一方面是社会公众怨声载道，一方面是注册会计师如履薄冰。审计到底怎样才能突破困境，值得每一个注册会计师去思考。

（二）案例分析要求

1. 阅读上述材料，并从审计固有限制的角度分析为什么注册会计师会面临目前的困境。注册会计师能否达到公众要求的较高期望？审计师应如何应对面临的困境？

2. 请分析审计的固有限制能否成为注册会计师减少必要审计程序的理由。

三、本案例需要关注的问题

（一）合理保证

合理保证是指注册会计师通过积累必要的审计证据得出会计报表整体不存在重大错报的结论，对会计报表使用人提供一种高度的、但并非绝对的保证。

合理保证 + 可接受审计风险 = 100%

审计的保证程度越高，需要的审计证据越多。

（二）审计固有限制的表现

注册会计师应当获取财务报表整体不存在重大错报的合理保证。但由于存在下列固有限制，注册会计师即使按照审计准则的规定恰当地计划和实施审计工作，也不可能绝对保证发现财务报表中的所有重大错报：

1. 选择性测试方法的运用。

2. 内部控制的固有局限性。

3. 大多数审计证据是说服性而非结论性的。

4. 为形成审计意见而实施的审计工作涉及大量判断。

5. 某些特殊性质的交易和事项可能影响审计证据的说服力。

（三）审计固有限制的来源

审计的固有限制源于财务报告的性质、审计程序的性质和在合理的时间内以合理的成本完成审计的需要。

1. 编制财务报表需要管理层做出判断，许多财务报表项目涉及主观决策、评估或一定程度的不确定性，并且可能存在一系列可接受的解释或判断。

2. 注册会计师获取审计证据的能力受到实务和法律上的限制，审计过程充满职业判断。例如：管理层或其他人员不提供与财务报表编制相关的或注册会计师要求的全部信息；用于收集证据的常规审计程序常常无法发现精心策划的舞弊；注册会计师没有被授予特定的法律权力（如搜查权），而这种权力对涉嫌违法行为的调查经常是必要的。

3. 注册会计师需要在合理的时间内以合理的成本完成审计，需要在信息的可靠性和成本之间进行权衡。要求注册会计师处理所有信息是不切实际的，追查每一个事项也是不切实际的。

（四）固有限制的潜在影响特别重大的领域

在下列情形导致错报的情况下，固有限制的潜在影响尤其重大。

1. 舞弊，特别是涉及高级管理人员的舞弊或串通舞弊。相对于错误导致的重大错报，舞弊导致的重大错报未被发现的风险更大。其原因是舞弊可能涉及采用精心策划的行动对真相进行隐瞒（如伪造证明或故意漏记交易），或者故意向注册会计师提供虚假陈述。

2. 关联方关系和交易的存在和完整性。管理层可能未能识别出所有关联方关系及其交易，特别是在适用的财务报告编制基础没有对关联方做出规定时；关联方关系可能为管理层的串通舞弊、隐瞒或操纵行为提供更多机会。

3. 违反法律法规行为的发生。违反法律法规可能涉及故意隐瞒的行为，如共谋、伪造、故意漏记交易、管理层凌驾于控制之上或故意向注册会计师提供虚假陈述；许多法律法规不影响财务报表，且不能被与财务报告相关的信息系统所获取；违反法律法规与财务报表反映的交易和事项越不相关，就越难以被注册会计师关注或识别。

4. 可能导致被审计单位无法持续经营的未来事项或情况。如果存在可能导致被审计单位不再持续经营的未来事项或情况，审计的固有限制对注册会计师发现重大错报能力的潜在影响会加大。注册会计师不能对这些未来事项或情况做出预测。

（五）审计期望差距

审计委托者、利益相关者、社会公众等对审计质量的期望（公众期望）与注册会计师、会计师事务所、自律组织等对审计质量的期望（业界期望）之间形成了一种差异，这便是“审计期望差距”。

（六）注册会计师应对审计固有限制的措施

虽然注册会计师并不能达到公众要求完美的期望，审计的固有限制并不能作为注册会计师接受说服力不足的审计证据以及减少审计程序的理由。

由于审计存在固有限制，为了在合理的时间内以合理的成本对财务报表形成审计意见，注册会计师有必要采取以下措施：

1. 计划审计工作，以使审计工作以有效的方式得到执行。
2. 将审计资源投向最可能存在重大错报风险的领域。
3. 运用测试和其他方法检查总体中存在的错报。

第二章

审计业务承接和审计规划

案例一　审计风险的结构

一、本案例学习目标

完成本案例学习后，学生应当能够理解审计风险、重大错报风险、固有风险、控制风险、检查风险的含义，理解审计风险模型，掌握审计风险与审计证据之间的关系。

二、本案例的关键内容

（一）案例资料

假设在某账户审计过程中，注册会计师曾遇到六种风险情形，如表2－1所示。

表2－1

风险	风险情形					
	1	2	3	4	5	6
计划的检查风险（%）	高	中	低	中	中	中
固有风险（%）	中	低	高	中	低	高
控制风险（%）	低	低	高	中	中	低
可接受的审计风险（%）	高	低	低	中	高	高
需要的审计证据数量						

（二）案例分析要求

1. 根据上述资料，假设不考虑其他风险，利用审计风险模型确定每种情况下的审计风险和审计证据数量（用高、中、低表示）。

2. 根据风险之间的关系，分析下列情况对计划的检查风险的影响（假定其他因素不变）：

（1）可接受的审计风险增加。

（2）控制风险增加。

（3）固有风险增加。

3. 如果注册会计师认为实施有关实质性测试程序并不能将与某一重要账户有关的检查风险降低至可接受水平，他应采取何种行动，为什么？

4. 在进行审计时，注册会计师会通过各种途径了解客户审计的原因及报表最可能的用途，这些信息对可接受的审计风险有何影响？

三、本案例需要关注的问题

（一）审计风险模型

基于风险管理框架下的审计风险模型是：

审计风险 = 重大错报风险 × 检查风险

审计风险是指财务报表存在重大错报而注册会计师发表不适当审计意见的可能性。

重大错报风险是指财务报表在审计前存在重大错报的可能性，包括两个层次：报表层次重大错报风险和各类交易、账户余额和披露认定层次重大错报风险。

检查风险是指实施审计程序后未能发现账户或交易类别产生的重大错报或漏报的可能性。由于实行抽样审计，检查风险是不能完全消除的。

（二）可接受的审计风险

可接受的审计风险是衡量审计完成并出具无保留意见之后，注册会计师愿意接受财务报表仍存在重大错报程度的指标。

当注册会计师确定一个较低的可接受审计风险水平时，则表明注册会计师希望对财务报表不存在重大错报有更大的把握。

在既定的审计风险水平下，可接受的检查风险与认定层次重大错报风险的评估结果成反比例关系。

（三）特定交易、账户余额和披露认定层次重大错报风险

在实务中，注册会计师常常将交易、账户余额和披露认定层次重大错报

风险划分为固有风险和控制风险。

固有风险是指不存在相关内部控制，某一认定发生重大错报的可能性。一般而言，当会计处理涉及估计判断（如提取资产减值准备）以及一般经济及特定行业发生衰退或技术推陈出新时，固有风险也会随之提高。

控制风险是指某类认定发生重大错报，而该错报没有被企业内部控制及时防止、发现和纠正的可能性。

因此，审计风险模型又可演化为：

审计风险 = 固有风险 × 控制风险 × 检查风险

（四）检查风险与审计证据

注册会计师要根据对重大错报风险的评估结果确定计划的检查风险，进而决定审计证据的数量。计划的检查风险越高，需要的审计证据数量越少，二者呈反向变动关系。实务中衡量风险模型的各要素会比较困难，一般可用低中高来计量这些风险；衡量所需的审计证据数量也较难，需要注册会计师利用职业判断，也需要保持职业谨慎。

（五）本案例中情况

1. 根据既定的可接受审计风险水平，利用审计风险模型确定每种情况下的计划的检查风险水平和审计证据数量，如表 2 – 2 所示。

表 2 – 2

风险	风险情形					
	1	2	3	4	5	6
计划的检查风险（%）	高	中	低	中	中	中
固有风险（%）	中	低	高	中	低	高
控制风险（%）	低	低	高	中	中	低
可接受的审计风险（%）	高	低	低	中	高	高
需要的审计证据数量	低	中	高	中	中	中

在表 2 – 2 中的第 5 种情形下，计划的检查风险在中与高之间，如果审计资源许可，出于职业谨慎可以将计划的检查风险定为中。

2. 根据风险之间的关系，假定其他因素不变，下列情况对计划的检查风险的影响是：可接受的审计风险增加，则计划的检查风险可增加；控制风险增加，则计划的检查风险应降低；固有风险增加，则计划的检查风险应降低。

3. 如果注册会计师认为实施有关实质性测试程序并不能将与某一重要账户有关的检查风险降低至可接受水平，他应当评价被审计单位针对这些风险设计的控制，并且注册会计师应当考虑依赖相关控制的有效性，并对其进行了解、评估和测试，确定其执行情况。如果内部控制测试也不能取得足够的审计证据，注册会计师应考虑出具无法表示意见的审计报告。

4. 报表的可能使用者及其对报表的预期用途是影响可接受的审计风险的两个重要因素，报表的用途越广泛，注册会计师就应搜集越多的证据，因此，执行审计业务时，注册会计师要取得客户为何进行审计及审计的财务报表的可能用途信息，由此确定可接受的审计风险。

案例二　审计业务承接

一、本案例学习目标

完成本案例学习后，学生应当能够：掌握审计业务约定书的格式与内容，了解审计业务约定书的作用，掌握注册会计师决定是否承接审计业务时应该考虑的因素。

二、本案例的关键内容

（一）案例资料

2019 年 11 月 3 日，长江会计师事务所的注册会计师王华接到表弟张熙的电话。张熙是银鑫珠宝集团公司的董事。张熙在电话中说，他所在的银鑫珠宝集团公司正准备更换会计师事务所，希望长江会计师事务所能够承接银鑫珠宝集团公司 2019 年财务报表的审计业务。因为长江会计师事务所正想开拓新的业务，所以事务所负责人决定接受银鑫珠宝集团公司的委托，对其集团财务会计报表进行审计。事务所派出以王华为组长的项目组进驻银鑫珠宝集团公司。王华是长江会计师事务所的合伙人之一，业务专长是对工业企业报表进行审计。银鑫珠宝集团公司有 4 家子公司需要纳入报表合并范围。银鑫珠宝公司主营业务为珠宝加工与销售，其 2018 年以前的财务会计报表由天达会计师事务所审计。经了解，二者解约的原因是双方不能就一些重要的审计事项和审计结论达成一致意见。

在初步了解被审计单位的基本情况后，项目经理王华直接与珠宝公司的总经理签订了审计业务约定书。

审计业务约定书

甲方：银鑫珠宝集团公司

乙方：长江会计师事务所有限责任公司

兹由甲方委托乙方对2019年度财务报表进行审计，经双方协商，达成以下约定：

一、业务范围与审计目标

1. 乙方接受甲方委托，对甲方按照企业会计准则编制的2019年12月31日的资产负债表、2019年度的利润表、股东权益变动表和现金流量表以及财务报表附注（以下统称财务报表）进行审计。

2. 乙方通过执行审计工作，对财务报表的下列方面发表审计意见：

（1）财务报表是否按照企业会计准则的规定编制；

（2）财务报表是否在所有重大方面公允反映被审计单位的财务状况、经营成果和现金流量。

二、甲方的义务

1. 及时为乙方的审计工作提供其所要求的全部会计资料和其他有关资料，并保证所提供资料的真实性和完整性。

2. 确保乙方不受限制地接触任何与审计有关的记录、文件和所需的其他信息。

3. 甲方管理层对其做出的与审计有关的声明予以书面确认。

4. 为乙方派出的有关工作人员提供必要的工作条件和协助，主要事项将由乙方于外勤工作开始前提供清单。

5. 按本约定书的约定及时足额支付审计费用以及乙方人员在审计期间的交通、食宿和其他相关费用。

三、乙方的责任

1. 乙方的责任是在实施审计工作的基础上对甲方财务报表发表审计意见。乙方按照《中国注册会计师审计准则》（以下简称《审计准则》）的规定进行审计。《审计准则》要求注册会计师遵守职业道德规范，计划和实施审计工作，以对财务报表是否不存在重大错报获取合理保证。

2. 审计工作涉及实施审计程序，以获取有关财务报表金额和披露的审计证据。选择的审计程序取决于乙方的判断，包括对由于舞弊或错误导致的财务报表重大错报风险的评估。在进行风险评估时，乙方考虑与财务报表编制相关的内部控制，以设计恰当的审计程序，但目的并非对内部控制的有效性发表意见。审计工作还包括评价管理层选用会计政策的恰当性和做出会计估计的合理性，以及评价财务报表的总体列报。

3. 乙方需要合理计划和实施审计工作，以使乙方能够获取充分、适当的审计证据，为甲方财务报表是否不存在重大错报获取合理保证。

4. 乙方有责任在审计报告中指明所发现的甲方在重大方面没有遵循企业会计准则编制财务报表且未按乙方的建议进行调整的事项。

5. 由于测试的性质和审计的其他固有限制，以及内部控制的固有局限性，不可避免地存在着某些重大错报在审计后可能仍然未被乙方发现的风险。

6. 在审计过程中，乙方若发现甲方内部控制存在乙方认为的重要缺陷，应向甲方提交管理建议书。但乙方在管理建议书中提出的各种事项，并不代表已全面说明所有可能存在的缺陷或已提出所有可行的改善建议。甲方在实施乙方提出的改善建议前应全面评估其影响。未经乙方书面许可，甲方不得向任何第三方提供乙方出具的管理建议书。

7. 乙方的审计不能减轻甲方及甲方管理层的责任。

四、审计收费

1. 本次审计服务的收费总额为人民币 20 万元。

2. 甲方应于本约定书签署之日起 10 日内支付 50% 的审计费用，剩余款项于审计报告草稿完成日结清。

3. 如果由于无法预见的原因，致使乙方从事本约定书所涉及的审计服务实际时间较本约定书签订时预计的时间有明显的增加或减少时，甲乙双方应通过协商，相应调整本约定书第四条第 1 项所述的审计费用。

4. 如果由于无法预见的原因，致使乙方人员抵达甲方的工作现场后，本约定书所涉及的审计服务不再进行，甲方不得要求退还预付的审计费用；如上述情况发生于乙方人员完成现场审计工作，并离开甲方的工作现场之后，甲方应另行向乙方支付人民币 10 万元的补偿费，该补偿费应于甲方收到乙方的收款通知之日起 5 日内支付。

5. 与本次审计有关的其他费用（包括交通费、食宿费等）由甲方承担。

五、审计报告和审计报告的使用

1. 乙方按照《中国注册会计师审计准则第 1501 号——对财务报表形成审

计意见和出具审计报告》和《中国注册会计师审计准则第1502号——在审计报告中发表非无保留意见》规定的格式和类型出具审计报告。

2. 甲方在提交或对外公布审计报告时，不得修改或删节乙方出具的审计报告，不得修改或删除重要的会计数据、重要的报表附注和所做的重要说明。

六、本约定书的有效期间

本约定书自签署之日起生效，并在双方履行完毕本约定书约定的所有义务后终止。但其中第三、四、五、八、九项并不因本约定书终止而失效。

七、约定事项的变更

如果出现不可预见的情况，影响审计工作如期完成，或需要提前出具审计报告时，甲乙双方均可要求变更约定事项，但应及时通知对方，并由双方协商解决。

八、终止条款

1. 如果根据乙方的职业道德及其他有关专业职责，适用的法律、法规或其他任何法定的要求，乙方认为已不适宜继续为甲方提供本约定书约定的审计服务时，乙方可以采取向甲方提出合理通知的方式终止履行本约定书。

2. 在终止业务约定的情况下，乙方有权就其于本约定书终止之日前对约定的审计服务项目所做的工作收取合理的审计费用。

九、双方对其他有关事项的约定

如果认为有必要提醒财务报表使用者关注已在财务报表中列报或披露的事项，注册会计师在财务报表中不存在重大错报的条件下，可以在审计报告中增加强调事项段。

本约定书一式两份，甲乙方各执一份，具有同等法律效力。

甲方：银鑫珠宝集团公司	乙方：长江会计师事务所有限责任公司（盖章）
授权代表：（签章）	授权代表：（签章）
地址：	地址：
电话：	电话：
日期：	日期：

（二）案例分析要求

1. 请结合本案例讨论注册会计师决定是否承接审计业务时应该考虑的因素，请指出长江会计师事务所在承接审计业务时的不当之处，并指出在承接银鑫珠宝集团的审计业务时存在哪些需要注意的特殊风险。

2. 如果长江会计师事务所决定承接此项业务，是否应该利用专家的工作？如果聘请专家，应该如何利用专家的工作？

3. 该审计业务约定书遗漏了哪些重要的内容条款？

4. 注册会计师在审计业务约定书中对强调事项的约定是否合理？

5. 审计业务约定书的信息在审计计划阶段非常重要，主要原因是什么？

三、本案例需要关注的问题

（一）承接审计业务时应考虑的因素

为了规避审计风险，注册会计师必须从业务承接环节入手，在客户和业务的选择上保持应有的职业谨慎态度。

注册会计师应考虑自身和客户两方面因素以决定是否承接审计业务。一是注册会计师自身专业胜任能力，包括：注册会计师是否具备执行审计所需专业知识、是否具备独立性和保持应有谨慎的能力。如果会计师事务所不具备应有的专业胜任能力，就应当拒绝接受委托。二是被审计单位基本情况，包括被审计单位的业务性质、经营规模和组织结构、经营情况和经营风险、以前年度接受审计的情况、财务会计机构及工作组织、被审计单位的简史、主要管理人员的管理经验及正直品行、委托人聘用注册会计师的意向等。

本案例中，由于担任项目负责人的注册会计师王华与银鑫珠宝集团公司的董事张熙存在亲属关系，且其特长是审计工业企业财务报表，如果让王华作为该业务的项目经理，其独立性和专业胜任能力都存在问题，因此事务所应让王华回避，委派具有独立性和专业胜任能力的注册会计师承担该项业务。

此外，银鑫珠宝集团与前任注册会计师因审计意见不同而解约，注册会计师应关注接受委托后的特殊风险。在签订审计业务约定书时，注册会计师应与被审计单位沟通，就审计时间、双方的权利和义务等问题达成一致意见，以保证审计工作顺利进行。

（二）利用专家的工作

如果鉴证业务涉及的特殊知识和技能超出了注册会计师的能力，注册会计师可以利用专家协助执行鉴证业务。

本案例中，由于银鑫珠宝集团主业是珠宝加工与销售，而长江事务所缺乏珠宝鉴定业务的相关人才，因此在审计中应聘请专家参与审计工作。

在利用专家的工作时，注册会计师应当评价专家是否具有实现审计目的所需要的胜任能力、专业素质和客观性。在评价外部专家的客观性时，注册会计师应当询问可能对外部专家的客观性产生不利影响的利益和关系。

本案例中，注册会计师应当确保包括专家在内的项目组整体已具备执行该项鉴证业务所需的知识和技能，并充分参与该项鉴证业务和了解专家所承担的工作。注册会计师在将专家工作结果作为审计证据时，应当在评价专家工作的适当性的基础上，保证专家工作的结果能否形成充分、适当证据，并与其他审计证据一致。

（三）审计业务约定书的内容

审计业务约定书可能因被审计单位的不同而存在差异，可根据需要协商约定一些条款。但一般应包括以下几个必备条款：

1. 财务报表审计的目标和范围。

2. 注册会计师的责任。

3. 管理层的责任，因为按照审计准则的规定执行审计工作的前提是管理层已认可并理解其承担的责任。

4. 财务报表所适用的编制基础。

5. 注册会计师拟出具的审计报告的预期形式和内容以及对在特定情况下出具的审计报告可能不同于预期形式和内容的说明。

本案例中，审计业务约定书遗漏了对编制基础和管理层责任的描述。

（四）审计业务约定书中对强调事项的约定

《中国注册会计师审计准则第 1111 号——就审计业务约定条款达成一致意见》第十九条第（二）项规定，在审计业务约定条款中应明确，注册会计师可按照《中国注册会计师审计准则第 1503 号——在审计报告中增加强调事项段和其他事项段》的规定，在审计报告中增加强调事项段，以提醒使用者关注额外披露。

本案例中，注册会计师在审计业务约定书中对强调事项的约定是合理的，目的是使得注册会计师将与财务报表审计相关的责任等情况与治理层进行清晰的沟通。

（五）审计业务约定书在计划阶段的作用

审计业务约定书的信息在审计计划阶段非常重要，主要原因是业务约定书会影响测试的时间安排以及审计服务所需的总时间。

案例三　初步业务活动

一、本案例学习目标

学习本案例后，学生应能够：理解初步业务活动的目标，理解签约前讨论的目的，评价独立性和专业胜任能力，掌握了解被审计单位及其环境需要的信息类型和渠道，掌握后任注册会计师与前任会计师查阅沟通内容和过程，了解确定是否接受审计委托所要综合考虑的问题。

二、本案例的关键内容

（一）案例资料

美林股份有限公司是一家在深交所上市的大型企业。该公司自上市以来业务扩张较为迅速，其主营业务为城建环保工程，2018 年度主要承办了污水处理工程。该公司以前年度的年报由信利会计师事务所审计。因负责审计该项目的注册会计师已离开该事务所出国进修，公司董事会决定自 2018 年开始改由信誉较好的诚信会计师事务所来进行审计。2019 年 4 月诚信会计师事务所派出了以王越为项目组长，以李辰、季小明、余锋为组员的项目组进驻美林股份有限公司开展审计业务。

诚信会计师事务所在承接美林股份有限公司审计业务前的审计方法及过程如下：

1. 与被审计单位面谈，讨论下列事项：

（1）审计的目标。

（2）审计报告的用途。

（3）管理层对财务报表的责任。

（4）审计范围。

（5）执行审计工作的安排，包括出具审计报告的时间要求。

（6）审计报告格式和对审计结果的其他沟通形式。

（7）管理层提供必要的工作条件和协助。

（8）注册会计师不受限制地接触任何与审计有关的记录、文件和所需要的其他信息。

（9）利用被审计单位专家或内部审计人员的程度。

（10）审计收费。

2. 评价是否具备执行该项审计业务所需要的独立性和专业胜任能力。

3. 完成业务承接评价表。通过对被审计单位的了解，注册会计师发现公司存在下述问题：

（1）股份公司收入与成本可能不实。

（2）募集资金用途。

（3）有关土地使用权问题。

（4）补贴收入的可能性。

（5）与G公司的业务往来。

4. 签订审计业务约定书。通过对审计风险的量化分析，注册会计师认为，尽管可接受的检查风险较低，但诚信事务所仍具有较强的胜任能力，且初步商定的审计收费较为合理，注册会计师决定接受美林公司的委托，并签订审计业务委托书。

（二）案例分析要求

1. 注册会计师开展初步业务活动的目标是什么？

2. 注册会计师在签约前首先与被审计单位面谈，讨论审计目标等事项，其目的是什么？

3. 请举例说明注册会计师在评价自身是否具备执行该项审计业务所需要的独立性时应考虑哪些因素？

4. 请举例说明注册会计师在评价自身是否具备执行该项审计业务所需要的专业胜任能力时应考虑哪些因素？

5. 注册会计师在执行初步业务活动时需考虑项目组的时间和资源，其中需要重点考虑的是哪些方面？

6. 假设你负责制订该项业务的审计计划，请指出在承接审计业务前，你需要考虑哪些因素以便了解和评价被审计单位及其环境，在你的论述中应包括你的咨询渠道及希望得到的信息种类。

7. 如果需要与前任注册会计师沟通，你可能执行哪些审计程序？沟通的内容包括哪些？如果无法与前任注册会计师沟通，注册会计师应如何处理？

三、本案例需要关注的问题

（一）初步业务活动的目标

注册会计师在计划审计工作前，需要开展初步业务活动，以实现以下三个目标：

1. 注册会计师已具备执行业务所需要的独立性和专业胜任能力。

2. 不存在因管理层诚信问题而影响注册会计师承接或保持该项业务意愿的情况。

3. 与被审计单位不存在对业务约定条款的误解。

（二）签约前首先与被审计单位讨论

注册会计师在签约前首先与被审计单位讨论审计目标等事项，其目的是与客户达成共识，使得双方对审计业务的目标、报告用途、双方责任和义务、沟通方式等有清晰认识，为决定是否承接审计业务和签订审计业务约定书奠定基础。

（三）评价独立性

注册会计师在评价自身是否具备执行该项审计业务所需要的独立性时应考虑下列因素：

1. 经济利益方面的考虑因素。经济利益导致对独立性的损害的情形主要包括：与客户存在专业服务收费以外的直接经济利益或重大的间接经济利益；过分依赖向客户收取的全部费用；与客户存在密切的经营关系；过分担心可能失去业务；可能与客户发生雇佣关系；事务所存在与该项审计业务有关的收费事项。

2. 自我评价方面的考虑因素，具体包括：项目组成员曾是客户的董事、经理、其他关键管理人员或能够对本业务产生直接重大影响的员工；为客户提供直接影响财务报表的其他服务；为客户编制用于生成财务报表的原始资料或其他记录。

3. 密切关系方面的考虑因素。本所或项目组成员是否存在密切关系对独立性的损害：与项目组成员关系密切的家庭成员是客户的董事、经理、其他关键管理人员或能够对本业务产生直接重大影响的员工；客户的董事、经理、其他关键管理人员或能够对本业务产生直接重大影响的员工是本所的前高级管理人员；本所的高级管理人员或签字注册会计师与客户长期交往；接受客户或其董事、经理、其他关键管理人员或能够对本业务产生直接重大影响的员工的贵重礼品或超出社会礼仪的款待。

4. 外界压力方面的考虑因素。外界压力导致不利影响的情形主要包括：在重大会计、审计等问题上与客户存在意见分歧而受到解聘威胁；受到有关单位或个人不恰当的干预；受到客户降低收费的压力而不恰当地缩小工作范围。

（四）评价专业胜任能力

注册会计师在评价自身是否具备执行该项审计业务所需要的专业胜任能力时主要应考虑下列因素：

1. 初步确定的项目组关键人员是否熟悉相关行业或业务对象。

2. 初步确定的项目组关键人员是否具备执行类似业务的经验，或是否具有获取必要技能和知识的能力。

3. 在需要时，是否能够得到专家的帮助。

4. 如果需要项目质量控制复核，是否具备符合标准和资格要求的项目质量控制复核人员。

（五）项目组的时间和资源

注册会计师在初步业务活动时需考虑项目组的时间和资源，需重点关注：根据本所目前的人力资源情况，是否拥有足够的具有必要素质和专业胜任能力的人员组建项目组，是否能够在提交报告的最后期限内完成业务。

（六）了解和评价被审计单位及其环境

了解和评价被审计单位及其环境，必须获取关于客户诚信、经营风险和财务状况方面的信息。

1. 客户诚信方面的信息包括：客户主要股东、关键管理人员、关联方及治理层的身份和商业信誉，客户的经营性质，客户主要股东、关键管理人员及治理层对内部控制环境和会计准则等的态度，客户是否过分考虑将会计师事务所的收费维持在尽可能低的水平，工作范围受到不适当限制的迹象，客户可能涉嫌洗钱或其他刑事犯罪行为的迹象，变更会计师事务所的原因，关键管理人员是否更换频繁等。

信息来源渠道包括与为客户提供专业会计服务的现任或前任人员沟通，向会计师事务所其他人员、监管机构、金融机构、法律顾问和客户的同行等第三方询问，从相关数据中搜索客户的背景信息等。

2. 经营风险方面的信息应包括：行业内类似企业的经营业绩、法律环境、监管环境、受国家宏观调控政策的影响程度、是否计划或有可能进行合并或处置资产、客户是否依赖主要客户（来自该客户的收入占全部收入的大部分）或主要供应商（来自该供应商的采购的大部分）、管理层是否倾向于异常或冒不必要的风险、关键管理人员的薪酬是否基于客户的经营状况确定、管理层是否在达到财务目标或降低所得税方面承受不恰当的压力等。

信息来源可以是从相关数据库中搜索客户的背景信息、询问前任注册会计师等。

3. 财务状况方面的信息包括：现金流量或营运资金是否能够满足经营、债务偿付以及分发股利的需要，是否存在对发行新债务和权益的重大需求，贷款是否延期未清偿，是否存在违反贷款协议条款的情况，最近几年销售、毛利率或收入是否存在恶化的趋势，是否涉及重大关联方交易，是否存在复杂的会计处理问题，客户融资后其财务比率是否恰好达到发行新债务或权益的最低要求，是否使用衍生金融工具，是否经常在年末或临近年末发生重大异常交易，是否对持续经营能力产生怀疑等。

信息来源可以是查看近三年财务报表、询问前任注册会计师、询问律师等。

（七）与前任注册会计师沟通

如果需要与前任注册会计师沟通，注册会计师可以执行下列审计程序：

1. 接受委托前，在征得被审计单位书面同意后，向前任注册会计师寄发沟通函，并取得沟通函复函，评价沟通结果，确定是否接受委托。

2. 接受委托后，如果需要查阅前任注册会计师的工作底稿，在征得被审计单位书面同意后，与前任注册会计师沟通，就工作底稿的使用目的、范围和责任等达成一致意见，通过查阅前任注册会计师工作底稿获取的信息，评价是否可就期初余额信赖前任注册会计师的工作。

3. 如果发现前任注册会计师审计的财务报表可能存在重大错报，应当提请被审计单位告知前任注册会计师。必要时，可要求被审计单位安排三方会谈，以便采取措施进行妥善处理。

如果被审计单位拒绝告知前任注册会计师，或前任注册会计师拒绝参加三方会谈，或项目组认为对解决问题的方案不满意，应当考虑这些状况对审计报告的影响或解除业务约定。

与前任注册会计师沟通的内容包括：更换注册会计师的原因，前任注册会计师与管理当局发生冲突的原因，重要风险领域的确定，在欺诈、违法行为和内部控制等方面与客户交流的情况，沟通获取前一年度的审计工作底稿。

应考虑客户拒绝前任注册会计师对审计产生的影响，尤其要联系到管理当局的诚信。

案例四　用作风险评估的分析程序

一、本案例学习目标

完成本案例学习后，学生应当能够：掌握分析程序用作风险评估程序的目的，掌握分析程序的具体运用过程。

二、本案例的关键内容

（一）案例资料

诚信会计师事务所派出了以王越为项目组长及以张莉、黄菊为组员的项目组负责国风有限公司2019年的年报审计业务。在对该企业的情况进行预备调查的基础上，项目组开展了下述分析程序：

1. 了解企业的行业现状、公司在行业中的位置、公司高级管理人员的背景资料、公司经营策略、市场份额和声望等。
2. 审阅会计报表，进行初步直观的总体分析。
3. 根据所确定指标和要求，进行有关数据的计算；根据审阅及计算结果进行分析判断，确定重要性账户，完成分析性测试备忘录。
4. 考虑分析性结果对审计总体工作计划的影响。

经过上述步骤，注册会计师了解到下列情况：

该公司所处的养殖和食品行业竞争越来越激烈，同行业的平均利润率不断下降。该公司当年的营业收入达18亿元，是同行业同等资产规模企业平均值的3倍。企业食品出口业务的主要客户是一家德国贸易公司，注册会计师找到了这家德国贸易公司的电话，亲自向这家德国公司询问其主要经营范围，发现其主营业务是机械产品。目前公司账面上有应收该德国客户的货款2亿元。另外，注册会计师还发现公司预付账款余额为2.4亿元，其中有1.8亿元是应付另一家德国企业——德国德邦设备公司的设备款。

在审计中，审计师利用了部分管理当局编制的分析数据。此外，注册会计师还根据进一步分析的结果独立编制了趋势分析表等工作底稿（部分内容见表2－3至表2－6）。

表 2－3　利润表趋势分析表

被审计单位：国风有限公司　　编制人：张莉　2020 年 1 月 26 日　　索引号：Z2－5－1
会计期间或截止日：2019 年　　复核人：王越　2020 年 1 月 31 日　　页次：

会计报表项　目	2018 年	2019 年	2019 年比 2018 年增长		说　明（说明栏仅分析增减比例超过 10% 以上的项目）
	已审数	未审数	金额	%	
	①	②	③＝②－①	④＝③/①	
营业收入	76 038	56 798	－19 240	－25. 3	
营业成本	59 684	43 524	－16 160	－27. 1	
营业利润	6 843	7 812	969	14. 16	
营业利润	15 370	12 318	－3 052	－19. 9	
利润总额	5 859	1 912	－3 947	－67. 37	
净利润	3 510	1 634	－1 876	－53. 45	

表 2－4　利润表主要项目分析表

被审计单位：国风有限公司　　编制人：张莉　2020 年 1 月 26 日　　索引号：Z2－5－1
会计期间或截止日：2019 年　　复核人：王越　2020 年 1 月 31 日　　页次：

项目	金额	占收入比例（%）	同行业均值（%）	差额
营业收入	56 798	—	—	
营业成本	43 524	76. 6	76	
存货跌价损失	1 275	2. 2	3	
营业费用	2 149	3. 8	1. 3	
管理费用	4 482	7. 9	33	
财务费用	1 605	2. 8	1	
审计说明：				

表 2－5　资产负债表主要项目趋势分析表（部分）

被审计单位：国风有限公司　　编制人：张莉　2020 年 1 月 26 日　　索引号：Z2－5－2

会计期间或截止日：2019 年　　复核人：王越　2020 年 1 月 31 日　　页次：

会计报表项目	2018 年		2019 年		增减数（百分点）	说　明
	已审数	%	未审数	%		
	(1)	(2)	(3)	(4)	(5)＝(4)－(2)	
货币资金	1 657	1	6 829	4	3	
应收账款	34 460	20.8	64 025	37.5	16.7	
存货	53 016	32	26 293	15.4	－16.6	
流动资产	104 250	62.9	110 046	64.4	1.5	
长期投资	1 108	0.7	1 108	0.7		
固定资产净额	55 714	33.6	54 716	32.1	－1.5	
在建工程	3 644	2.1	2 072	1.2	－0.9	
递延资产	958	0.7	2 570	1.5	0.8	
无形资产	0		222	0.1	0.1	
待处理财产净损失	0		0			
资产合计	165 674	100	170 734	100		
流动负债	100 176	79.1	103 958	78.4	－0.7	
长期负债	26 526	20.9	28 594	21.6	0.7	
负债合计	126 702	100	132 552	100		
实收资本	26 842	68.9	28 106	76.1	7.2	
其他权益	12 130	31.1	10 076	23.9	－7.2	
权益合计	38 972	100	38 182	100		

表2－6 重要指标比率趋势分析表

被审计单位：国风有限公司　　编制人：黄菊　2020年1月26日　　索引号：Z2－5－4
会计期间或截止日：2019年　　复核人：王越　2020年1月31日　　页次：

比率指标	计算公式	2018年	2019年	增减数（%）	说明
		（1）	（2）	(3)＝[(2)－(1)]/(1)	
偿债能力比率					
1. 流动比率	流动资产/流动负债	1.04	1.06	1.9	
2. 速动比率	速动资产/流动负债	0.52	0.62	19.2	
财务杠杆比率					
1. 负债比率	负债总额/资产总额	0.76	0.78	2.6	
2. 资本对负债比率	资本额/负债总额	0.211 9	0.212 0	0.05	
3. 利息保障倍数	（税前利润＋利息支出）/利息支出	1.11	0.62	－44.1	
经营效率比率					
1. 存货周转率	销售成本/平均存货	1.30	1.03	－20.8	
2. 应收账款周转率	销售成本/平均应收账款	1.87	1.2	－35.8	
3. 总资产周转率	营业收入/平均资产	0.47	0.34	－27.7	
获利能力比率					
1. 营业利润率	利润总额/营业收入	0.008	－0.036	－550	
2. 净资产报酬率	净利润/平均净资产	0.014	－0.053	－478.6	
3. 总资产报酬率	净利润/平均总资产	0.003	－0.012	－500	

注：（1）速动资产＝流动资产－存货－待摊费用－预付货款。
（2）平均存货、平均应收账款、平均净资产按年初与年末的平均数计算。

根据审阅及计算结果进行分析判断，确定重要性账户，完成分析性测试备忘录。王越在复核张莉、黄菊编制的趋势分析性测试工作底稿的基础上，对以上各表分析中得出的主要结论进行汇总，形成了分析测试汇总表，如表2－7所示。

表 2－7　分析测试情况汇总表

被审计单位：国风有限公司　　编制人：王越　2020 年 1 月 26 日　　索引号：Z2－5
会计期间或截止日：2019 年　　复核人：张莉　2020 年 1 月 31 日　　页次：

测试项目	重要事项说明
分析表 1（表 2－3）	
分析表 2（表 2－4）	
分析表 3（表 2－5）	
分析表 4（表 2－6）	
项目经理对测试结果进行综合分析后初步确定的审计重点领域：	

（二）案例分析要求

1. 注册会计师在风险评估程序中运用分析程序的目的是什么？所使用的数据有何特点？

2. 在实施分析程序时，注册会计师需要考虑将被审计单位的财务信息与哪些信息进行比较？本案例中，注册会计师在进行风险评估时使用了管理层编制的部分分析数据，这种做法是否正确？某一分析程序的适用性取决于何种因素？

3. 何时可将分析程序作为实质性程序？分析程序与细节测试之间有何关系？

4. 表 2－3 至表 2－5 分别想达到什么样的审计目的？请根据注册会计师的职业判断，得出相应结论并填写于空白处。

5. 请根据审阅及计算结果进行分析判断，确定重要账户，并填写分析测试情况汇总表。

三、本案例需要关注的问题

（一）分析程序的含义

分析程序是指注册会计师通过分析不同财务数据之间以及财务数据与非

财务数据之间的内在关系，对财务信息做出评价。分析程序还包括在必要时对识别出的、与其他相关信息不一致或与预期值差异重大的波动或关系进行调查。

（二）分析方法的类型

分析方法包括：财务分析法、基本面分析法和现场调查法。其中：财务分析法包括静态分析、趋势分析和同业比较。基本面分析法包括宏观经济分析、行业现状和前景分析等。财务报表严重脱离宏观经济运行状况、行业发展状况以及公司的经营策略和管理能力之处，应是调查分析重点。

（三）用于分析程序的五种比较数据

在分析程序中作为比较数据的预期值有五种类型：行业数据、以往期间类似数据、客户确定的预期值、注册会计师确定的预期值和非财务数据的预期值。

（四）风险评估程序中运用分析程序和实质性分析程序

风险评估程序中运用分析程序的主要目的是识别那些可能表明财务报表存在重大错报风险的异常变化，所使用的数据汇总性比较强。

实质性分析程序通常更适用于在一段时期内存在预期关系的大量交易。

注册会计师恰当运用分析程序可以减少细节测试的工作量。

（五）分析程序的适用性

某一分析程序的适用性取决于注册会计师评价该分析程序在发现某一错报单独或连同其他错报可能引起财务报表存在重大错报时的有效性。在某些情况下，不复杂的预测模型也可以用于实施有效的分析程序。例如，如果被审计单位在某一会计期间对既定数量的员工支付固定工资，注册会计师可利用这一数据非常准确地估计出该期间的员工工资总额，从而获取有关该重要财务报表项目的审计证据，并降低对工资成本实施细节测试的必要性。一些广泛认同的行业比率（如不同类型零售企业的毛利率）通常可以有效地运用于实质性分析程序，为已记录金额的合理性提供支持性证据。

本案例中，如果注册会计师确信管理层编制的分析数据是适当的，则可以使用管理层编制的这种数据。

（六）本案例中的分析表

表2－8和表2－10通过计算利润表和资产负债表中主要项目2019年的未审数与2018年已审数的差额以及差额占2018年已审数的比重，揭示出本单位存在的异常情况。

表2－8　利润表趋势分析表

被审计单位：国风有限公司　　编制人：张莉　2020年1月26日　　索引号：Z2－5－1
会计期间或截止日：2019年　　复核人：王越　2020年1月31日　　页次：

会计报表项目	2018年	2019年	2019年比2018年增长		说　明（说明栏仅分析增减比例超过10%以上的项目）
	已审数	未审数	金额	%	
	①	②	③＝②－①	④＝③/①	
营业收入	76 038	56 798	－19 240	－25.3	2019年度未审会计报表项目与2018年度已审会计报表项目的比较分析： 1. 营业收入、营业成本同比分别减少了25.3%、27.1%，致使营业利润也减少了19.9%，说明本年度产品销售情况不良，审计时应关注影响销售的因素，如何影响本年度的利润情况 2. 利润总额、净利润同比分别减少了67.37%、53.45%，说明除由于本年销售的影响外，还要关注期间费用、资产减值损失及营业外支出对本年利润的影响
营业成本	59 684	43 524	－16 160	－27.1	
营业利润	15 370	12 318	－3 052	－19.9	
利润总额	5 859	1 912	－3 947	－67.37%	
净利润	3 510	1 634	－1 876	－53.45%	

表2－9　利润表主要项目分析表

被审计单位：国风有限公司　　编制人：张莉　2020年1月26日　　索引号：Z2－5－1
会计期间或截止日：2019年　　复核人：王越　2020年1月31日　　页次：

项目	金额	占收入比例%	同行业均值%	差额
营业收入	56 798	—	—	
营业成本	43 524	76.6	76	10
存货跌价损失	1 275	2.2	3	2.3
营业费用	2 149	3.8	1.3	0.1
管理费用	4 482	7.9	33	1.2
财务费用	1 605	2.8	1	0.1
审计说明：存货跌价损失均低于同行业平均水平，应关注。				

表 2－10　资产负债表主要项目趋势分析表（部分）

被审计单位：国风有限公司　　编制人：张莉　2020 年 1 月 26 日　　索引号：Z2－5－2
会计期间或截止日：2019 年　　复核人：王越　2020 年 1 月 31 日　　页次：

会计报表项目	2018 年		2019 年		增减数（百分点）	说　明
	已审数	%	未审数	%		
	(1)	(2)	(3)	(4)	(5) = (4) - (2)	
货币资金	1 657	1	6 829	4	3	2019 年度未审会计报表项目与 2018 年度已审会计报表项目的比较分析： 1. 营业收入减少，应收账款增加，货币资金增加 3%，不合理 2. 应收账款同比增加了 16.7%，同营业收入减少相比，不合理。审计时要关注应收账款是否包括不属于货物交易债权的事项 3. 存货同比减少了 16.6%，营业成本减少 27.1%，应关注其变化原因及合理性 4. 在建工程同比减少 43.1%，审计时要关注在建工程的减少对利润的影响
应收账款	34 460	20.8	64 025	37.5	16.7	
存货	53 016	32	26 293	15.4	－16.6	
流动资产	104 250	62.9	110 046	64.4	1.5	
长期投资	1 108	0.7	1 108	0.7		
固定资产净额	55 714	33.6	54 716	32.1	－1.5	
在建工程	3 644	2.1	2 072	1.2	－0.9	
递延资产	958	0.7	2 570	1.5	0.8	
无形资产	0		222	0.1	0.1	
待处理财产净损失	0		0			
资产合计	165 674	100	170 734	100		
流动负债	100 176	79.1	103 958	78.4	－0.7	
长期负债	26 526	20.9	28 594	21.6	0.7	
负债合计	126 702	100	132 552	100		
实收资本	26 842	68.9	28 106	76.1	7.2	
其他权益	12 130	31.1	10 076	23.9	－7.2	
权益合计	38 972	100	38 182	100		

表 2 - 11　重要指标比率趋势分析表

被审计单位：国风有限公司　　编制人：黄菊　2020 年 1 月 26 日　　索引号：Z2 - 5 - 4
会计期间或截止日：2019 年　　复核人：王越　2020 年 1 月 31 日　　页次：

<table>
<tr><td rowspan="2">比率指标</td><td rowspan="2">计算公式</td><td>2018 年</td><td>2019 年</td><td>增减数（%）</td><td rowspan="2">说　明</td></tr>
<tr><td>（1）</td><td>（2）</td><td>(3) = [(2) - (1)]/(1)</td></tr>
<tr><td colspan="5">偿债能力比率</td><td rowspan="15">2019 年度未审计报表项目与 2018 年度已审会计报表项目的比较分析：
1. 应收账款周转率降低了 35.8%，有两方面的原因：销售收入同比有较大幅度减少，平均应收账款余额有较大增加。审计时要关注销售收入和应收账款变动对企业经营的影响
2. 利息保障倍数降低了 44.1%，经分析，主要是盈亏逆转所致，要关注影响亏损的因素
3. 存货和总资产的周转率均有大幅度下降，审计时要关注存货、应收账款变动对企业经营的影响
4. 获利能力比率大幅度降低，是由各影响项目综合影响的结果</td></tr>
<tr><td>1. 流动比率</td><td>流动资产/流动负债</td><td>1.04</td><td>1.06</td><td>1.9</td></tr>
<tr><td>2. 速动比率</td><td>速动资产/流动负债</td><td>0.52</td><td>0.62</td><td>19.2</td></tr>
<tr><td colspan="5">财务杠杆比率</td></tr>
<tr><td>1. 负债比率</td><td>负债总额/资产总额</td><td>0.76</td><td>0.78</td><td>2.6</td></tr>
<tr><td>2. 资本对负债比率</td><td>资本额/负债总额</td><td>0.2119</td><td>0.2120</td><td>0.05</td></tr>
<tr><td>3. 利息保障倍数</td><td>（税前利润 + 利息支出）/利息支出</td><td>1.11</td><td>0.62</td><td>-44.1</td></tr>
<tr><td colspan="5">经营效率比率</td></tr>
<tr><td>1. 存货周转率</td><td>销售成本/平均存货</td><td>1.30</td><td>1.03</td><td>-20.8</td></tr>
<tr><td>2. 应收账款周转率</td><td>销售成本/平均应收账款</td><td>1.87</td><td>1.2</td><td>-35.8</td></tr>
<tr><td>3. 总资产周转率</td><td>营业收入/平均资产</td><td>0.47</td><td>0.34</td><td>-27.7</td></tr>
<tr><td colspan="5">获利能力比率</td></tr>
<tr><td>1. 营业利润率</td><td>利润总额/营业收入</td><td>0.008</td><td>-0.036</td><td>-550</td></tr>
<tr><td>2. 净资产报酬率</td><td>净利润/平均净资产</td><td>0.014</td><td>-0.053</td><td>-478.6</td></tr>
<tr><td>3. 总资产报酬率</td><td>净利润/平均总资产</td><td>0.003</td><td>-0.012</td><td>-500</td></tr>
</table>

注：（1）速动资产 = 流动资产 - 存货 - 待摊费用 - 预付货款。
（2）平均存货、平均应收账款、平均净资产按年初与年末的平均数计算。

（七）分析测试情况汇总表

根据审阅及计算结果进行分析判断，确定重要账户，完成分析测试备忘录。王越在复核张莉、黄菊编制的趋势分析测试工作底稿的基础上，对以上各表分析中得出的主要结论进行汇总，形成了分析测试情况汇总表。如表 2－12 所示。

表 2－12　分析测试情况汇总表

被审计单位：国风有限公司　　编制人：王越　2020 年 1 月 26 日　　索引号：Z2－5
会计期间或截止日：2019 年　　复核人：张莉　2020 年 1 月 31 日　　页次：

测试项目	重要事项说明
利润表趋势分析	1. 营业收入、营业成本同比分别减少了25.3%，27.1%，致使营业利润也减少了19.9%，说明本年度产品销售情况不良，审计时应关注影响销售的因素，如何影响本年度的利润情况 2. 利润总额、净利润同比分别减少了67.37%，53.45%，说明除由于本年销售的影响外，还要关注期间费用、资产减值损失及营业外支出对本年利润的影响
利润表主要项目分析	营业成本、存货跌价损失均明显低于同行业平均水平，应重点关注
资产负债表趋势分析	1. 营业收入减少，应收账款增加，货币资金增加3%，不合理 2. 应收账款同比增加了16.7%，同营业收入减少相比，不合理。审计时要关注应收账款是否包括不属于货物交易债权的事项 3. 存货同比减少了16.6%，营业成本减少27.1%，应关注其变化原因及合理性 4. 在建工程同比减少43.1%，审计时要关注在建工程的减少对利润的影响
重要指标比率趋势分析表	1. 盈利发生大幅降低，审计时要关注影响国风企业盈利下降的原因 2. 存货、应收账款和总资产的周转率均有大幅度下降，审计时要关注存货、应收账款变动对企业经营的影响 3. 获利能力比率大幅度下降，是各个影响项目综合影响所致，审计时应注意其与其他影响项目之间的关系
项目经理对测试结果进行综合分析后初步确定的审计重点领域： 1. 营业收入、营业成本项目 2. 影响利润的资产减值损失、费用、营业外支出项目 3. 货币资金 4. 应收账款项目 5. 存货项目 6. 在建工程项目	

案例五　审计计划阶段执行的分析程序

一、本案例学习目标

学完本案例后，学生应能够：说明分析程序的目的、执行初步的分析程序、选出最恰当的分析程序、计算常见的财务比率。

二、本案例的关键内容

（一）案例资料

信利会计师事务所在审计一家采用 ERP 系统的制造业公司的财务报表时，发现传统的审计线索较匮乏，为提高审计效率和效果，注册会计师计划执行更多的分析程序，这些测试包括计算各种比率和趋势并与行业平均水平或上一年度比例进行比较。如果指标出现异常，注册会计师会与客户讨论产生这种异常情况的原因。下面的信息是注册会计师执行审计工作时获取的信息。

1. 注册会计师在计划阶段获取的客户和所在行业相关比率的信息如表 2－13所示。

表 2－13　相关行业数据表

使用的比率	客户		行业	
时间	2019 年	2018 年	2019 年	2018 年
现金比率	0.05	0.01	0.22	0.2
速动比率	1.47	1.3	3.1	2.8
流动比率	3.66	4.2	5.0	4.9
应收账款周转率	7.8	6.8	12.1	12.3
存货周转率	4.9%	5%	4.4%	4.8%
负债权益比率	1.63	2.4	2.4	2.5
利息保障倍数	3	3.1	5.2	5.4
毛利率	36%	37%	37%	36%
利润率	0.06	0.05	0.08	0.09
资产报酬率	0.09	0.07	0.09	0.09
普通股权益报酬率	0.27	0.22	0.39	0.37

在与财务经理进行讨论时，注册会计师得到关于毛利率的两种解释。财务经理认为，行业的毛利率在近几年经常发生波动是毛利率下降的部分原因。另一个原因是直营店业务缩减。直营店的毛利率是公司毛利率最高的部分，公司砍掉了大量直营店改由经销商销售，故导致毛利率下滑。

在进行存货价格测试前，注册会计师计算了存货周转率。财务经理认为，存货周转率下降的原因与毛利率下降的原因相同。

2. 在审计中，注册会计师还执行了其他一些分析程序，得到信息如下：

（1）与上一年度相比，2019 年度生产成本中的直接材料费用增长了 30%。

（2）维修保养费和广告费用占销售收入的百分比在过去几年一直比较平稳，但 2019 年出现了大幅上升。

（3）坏账费用金额并没有发生大的变动，但其占销售收入的比例有所下降。

（4）应付票据的利息费用低于根据历史趋势判断的预期值。

（5）折旧费用占固定资产的比例远远低于上一年。

（二）案例分析要求

1. 结合本案例中列示的计算内容，请列出注册会计师在资产负债表账户和相关的损益账户审计中经常需要计算的比率，对于每一种比率，请指出计算中涉及的账户。

2. 根据资料 1 中计划阶段的分析程序底稿，请指出：注册会计师能得出什么结论？财务经理对存货周转率和毛利率下降所作的解释是否合理？在进行存货价格测试之前，注册会计师计算存货周转率的目的是什么？

3. 除行业比率外，注册会计师经常在分析程序中作为比较数据的预期值还有哪些类型？注册会计师进行行业比较的主要优点和缺点分别是什么？

4. 注册会计师在哪些时点会采用分析程序？注册会计师在审计计划阶段执行分析程序的目的是什么？计划阶段执行分析程序的目的与测试阶段和完成阶段执行的分析程序有何区别？计划阶段执行分析程序采用的数据与细节测试阶段采用的数据有所不同，区别是什么？

5. 根据资料中各事项，请指出在该公司审计中需要对客户的哪些方面展开深入调查？

三、本案例需要关注的问题

（一）执行分析程序常用的财务比率

注册会计师常用的财务比率包括短期偿债能力比率、流动能力比率、长期偿债能力指标、盈利能力比率。

1. 短期偿债能力比率主要有现金比率、速动比率、流动比率。这三个指标有助于分析公司立即偿付债务的能力。现金比率涉及货币资金和交易性金融资产账户，速动比率比现金比率多涉及一个应收账款账户，流动比率与速动比率的主要区别是存货账户。

2. 流动能力比率反映了企业将流动性较差的流动资产转换为现金的时间长短。注册会计师最关心的流动能力比率包括应收账款周转率（天数）和存货周转率（天数）。应收账款周转率（天数）涉及销售收入和应收账款账户，存货周转率（天数）涉及销售成本和存货账户。注册会计师常用应收账款周转率（天数）的变动趋势来评价坏账准备的合理性，存货周转率（天数）的趋势常用来确定潜在的过时存货。

3. 长期偿债能力指标是评价公司偿付债务能力的主要指标，主要包括负债权益比率和利息保障倍数。负债权益比率涉及负债总额和所有者权益金额，注册会计师常用负债权益比率考察公司资本结构中债务所占比例。利息保障倍数涉及营业利润和利息费用账户，反映公司在盈利趋势基本不变的情况下支付利息的难度。

4. 最常使用的盈利能力比率是每股盈余，涉及营业利润和所得税账户。注册会计师还经常使用毛利率指标，该指标涉及对销售收入、销售成本、应收账款和存货账户中的错误的评价。利润率常用于评价营业费用和相关资产负债表账户的潜在错报。资产报酬率和普通股权益报酬率是衡量总体盈利能力的指标，分别反映了每一元资产和每一元所有者权益所产生的利润。

（二）资料分析结论

资料中，盈利能力指标显示公司的经营状况较好，虽然短期偿债能力指标低于行业水平，但财务杠杆比率显示公司仍有借款能力。流动能力比率显示，公司存货和应收账款周转率有所提高，但仍低于行业平均水平。在当年审计中，注册会计师应关注应收账款和存货的可回收性。

资料中列示的比率显示，如果根据行业数据确定毛利率和存货周转率的预期值，注册会计师会得出客户的两个比率都比上年有所增长的预期，故财务经理的解释并不合理。在审计时，注册会计师应该关注公司存货过时、产品市场竞争力下降或发生非正常成本的可能性。

在进行存货价格测试之前，注册会计师计算存货周转率可能会发现，有必要在进行存货计价测试时保持足够的谨慎。

公司财务经理对毛利率的解释与行业比较值相矛盾，注册会计师应进一步审查公司直营店的变动情况，确定毛利率变动的真正原因。

（三）行业比较的优缺点

进行行业比较的主要优点在于，便于注册会计师了解客户的业务并反映公司财务失败的可能性，主要缺点在于辨析客户信息性质与行业总体公司之间存在的差异性较难，故利用行业数据应比较谨慎。

（四）不同阶段执行的分析程序的区别

在审计计划阶段执行分析程序的主要目的是了解客户的行业和业务，确定重大错报风险增加的领域，从而确定需要执行的审计程序的性质、时间和范围，减少详细测试。此外，计划阶段的分析程序还有助于评价企业的持续经营能力。

在测试阶段，分析程序的主要目的是减少详细测试，次要目的是显示可能的错报并确定审计重点。

在审计完成阶段，分析程序的主要目的是显示可能的错报，帮助注册会计师对经审计的财务报表进行最后的客观审视，次要目的是评价企业的持续经营能力。

计划阶段执行分析程序通常采用的数据是汇总的数据，而测试阶段采用的往往是具体项目的单个数据。

（五）资料中发现的情况

1. 直接材料费用发生大额增长，注册会计师应确定材料费增加的原因是材料耗费增加、账户分类出错还是材料存货存在错报。

2. 广告费用占销售收入的百分比增长，注册会计师应确定公司是否制订了新的广告计划。对于维修保养费的上升，注册会计师应查明客户是否发生未预期的修理费用，以确定该账户波动是否正常。

3. 坏账费用金额并没有发生大的变动，但其占销售收入的比例有所下降，注册会计师应搜集证据以便查明公司是否低估了坏账费用和坏账准备。

4. 折旧费用占固定资产的比例远远低于上一年，注册会计师应搜集证据以便查明公司是否少提了折旧。

案例六　风险评估

一、本案例学习目标

完成本案例学习后，学生应当能够：理解风险评估的含义，理解重大错报风险、特别风险的含义，掌握风险评估的总流程，注册会计师了解被审计单位及其环境的程度。

二、本案例的关键内容

（一）案例资料

顺利公司是以煤炭为基础的一体化能源公司，主营业务是煤炭、电力的生产与销售，煤炭的铁路、港口和船队运输等。顺利公司于2001年11月8日在中国北京注册成立，公司H股和A股于2006年6月和2008年10月分别在香港联合交易所及上海证券交易所上市。为了加快发展，从2004年开始，公司又进入了日用品生产行业。顺利公司是中国上市公司中第三大煤炭销售商。2019年商品煤产量达281.9百万吨，同比增长14.8%，煤炭销售量达387.3百万吨，同比增长23.7%，截至2019年12月31日，公司的煤炭资源储量为全国第二。

顺利公司拥有规模可观、增长迅速的清洁发电业务，与公司的煤炭业务优势互补，协调发展。2019年公司积极通过兼并收购加快电力业务发展。与安徽、福建等多个省（区）市开展战略合作，加快电力业务在沿海和沿江布局。2019年公司新增装机容量8 520兆瓦，较上年末增长29.8%。2019年12月31日，公司总发电量达到1 790.97亿千瓦时，同比增长27.2%；总售电量达到1 670.61亿千瓦时，同比增长27.3%；发电分部燃煤机组平均利用小时数达到5 914小时，比2018年全国6 000千瓦及以上火电设备平均利用小时4 361小时高出1 553小时。同时，加强环保质量管理，严格控制关键耗能指标，建设低碳环保电厂。2019年公司燃煤机组售电标准煤耗为302克/千瓦时，比全国平均水平（2018年全国6 000千瓦及以上电厂供电标准煤耗为308克/千瓦时）低6克/千瓦时。

公司拥有由铁路和港口组成的大规模一体化运输网络，为公司带来了巨大的协同效应和低运输成本的优势。2019年自有铁路运输周转量同比增长8.0%。2019年公司通过自有港口和第三方港口下水的煤炭量占煤炭销售量的 54.2%。

2019 年，公司实现营业收入为 2 081.97 亿元，同比增长 32.1%。按企业会计准则，公司总资产为人民币 3 975.48 亿元，归属于本公司股东的净利润为人民币 448.22 亿元，每股收益为人民币 2.253 元。

自 2005 年以来，公司曾三次更换会计师事务所。公司较早进行信息化建设。公司的存货流转等内部原始单据均由系统自动生成。

2019 年 10 月，由于能源价格下降，公司股价也受到连累，出现大跌。基本面方面，公司一季度净利润同比增长 13%，预计上半年同比增长 70% ~100%。

2019 年 8 月，京永会计师事务所接受委托审计顺利公司 2019 年度财务报表，事务所委派注册会计师张平作为该审计项目合伙人。张平已经连续六年担任某上市公司公司年报审计的项目合伙人。在制订审计计划而进行的项目组讨论时，注册会计师王年根据其在其他同类上市公司多年的审计经验，认为可以省略某些风险评估程序，直接将顺利公司某些交易、账户和披露认定层次的风险确定为高风险，但张平认为还是应该开展风险评估程序。注册会计师在工作底稿中记录了所了解的被审计单位的情况，部分内容摘录如下：

1. 从 2015 年开始，该公司进行全方位的改革。董事会决议从 2016 年开始实行基本年薪加任期奖金的报酬机制，管理层报酬根据 3 年任期内各项经济指标完成的程度上下浮动。2016 年，董事会确定公司 2017 年至 2019 年销售收入和利润指标的每年平均增幅为 18%。虽然 2017 年的主营业务收入等指标未能完成任期目标，但 2018 年相同指标的完成情况良好，使两年平均水平仍达到了总经理任期目标。由于受到国家环保政策的影响，2019 年该公司所在行业的经济效益总体水平不如 2018 年，该行业的 2019 年平均销售增长率是 12%。

2. 因工作压力过大，顺利公司财务总监于 2019 年 9 月被顺利公司的竞争对手高薪聘请。受其影响，2019 年顺利公司会计和内审部门有多人跳槽离开，目前除会计主管和审计部经理服务期超过 3 年之外，其余人员的服务期均少于 2 年。为提高会计核算质量，预防重大差错的发生，2019 年 6 月 30 日，财务部门按公司分管财务的副总经理的指示在财务部门内部进行了定期的人员轮换，此次轮换变更了所有财务人员的工作内容。

3. 为了巩固市场占有率并完成销售增长目标，顺利公司实行了多项措施，包括：被审计单位通过发展中小城市的新客户和放宽授信额度争取销售收入比上一年度有较大增长；于 2019 年 4 月将 A 类煤炭的销售价格下调了 9%，注册会计师已经查明在2019年的A产品的毛利率为7%。2019年12月中旬，顺利公司以诱人的优惠条件吸引新、老客户于2019年年底之前签订销售合同、预付部分货款。部分客户受优惠条件的吸引，已提前预付了货款，并承诺下一年度提货。对于这一阶段发生的新的销售业务，财务人员进行了销售处理。

4. 2018年末，顺利公司某煤矿周边的居民联名向当地环保机构举报，要求查处该煤矿对当地空气、环境及地下水源的严重污染问题。当地环保部门已立案调查，预计公司会受到罚款处理。为应对日益严格的环保法规的要求，顺利公司准备大批更新生产设备。

5. 由于行业技术进步，公司的主打产品面临快速更新换代的压力，为开发新的产品，顺利公司决定出资1 000万元建立产品研究基地，该基地已于2019年4月开始运行。

6. 自2018年以来，公司主要煤炭产地之一辽宁某煤矿储量初步显现出枯竭的迹象。为维持正常的经营，顺利公司自2018年8月起派出专家在全国开发新的煤矿储量。

7. 由于受通货膨胀的影响，2019年顺利公司生产A产品的原材料的运输单价比上年平均上升了15%，同时2019年度主要原料的价格比上年上涨10%，为了应对成本上涨，企业采取了精益生产管理流程，使得产品成本仅上涨3%。

8. 2019年12月20日，有网民称顺利公司的某生产基地生产的D产品存在安全隐患，会影响到消费者的健康。公司随即发表调查声明，表明该产品符合国家标准。但网络调查显示，仍有半数网民对该产品的安全性表示怀疑。

9. 通过对内部控制的初步了解发现该公司存在内部控制薄弱、且多次出现按照管理层特定意图记录的交易。

（二）案例分析要求

1. 什么是风险评估程序？注册会计师应在什么时点执行风险评估程序？风险评估程序本身能否为形成审计意见提供充分、适当的审计证据？评价对被审计单位了解的程度是否恰当，要如何判断？

2. 张平为什么没有采纳王年的建议？

3. 什么是重大错报风险和特别风险？为了识别重大错报风险，注册会计师可以采用的风险评估程序有哪些？注册会计师了解和评估的范围包括哪些？如何确定了解的程度？

4. 针对本案例中注册会计师所了解的顺利公司及其环境，假定不考虑其他条件，请列出所列示的事项是否表明财务报表可能存在重大错报风险，如果存在重大错报风险，该风险属于财务报表层次还是认定层次？如果属于认定层次，请指出相关事项与何种账户、交易、余额和列报的认定相关。为识别上述风险，注册会计师可以采用哪些审计程序？

5. 结合本案例中事项，请说明，针对识别出的财务报表层次的重大错报风险，注册会计师应采用哪些总体应对措施？

6. 本案例中，分析被审计单位通过发展中小城市的新客户和放宽授信额度争取销售收入比上一年度增长25%所带来的重大错报风险。请结合上述事项说明针对识别出的认定层次的重大错报风险，注册会计师应采用哪些应对措施（至少列举一项审计程序）？

三、本案例需要关注的问题

（一）风险评估程序的含义

风险评估程序是指注册会计师为了解被审计单位及其环境，以识别和评估财务报表层次和认定层次的重大错报风险（无论错报由于舞弊或错误导致）而实施的审计程序。

风险评估贯穿于整个审计过程的始终，是一个连续地收集、更新和分析信息的过程。注册会计师在审计的所有阶段都要实施风险评估程序。审计风险准则要求，注册会计师应当将识别的风险与认定层次可能发生错报的领域相联系，实施严格的风险评估程序，不得未经风险评估直接将风险设定为高水平。

注册会计师应当实施风险评估程序，为识别和评估财务报表层次和认定层次的重大错报风险提供基础，但风险评估程序本身并不能为形成审计意见提供充分、适当的审计证据。

本案例中，王年建议不实施风险评估程序就确定风险水平是错误的，因此张平没有采纳王年的建议。

（二）重大错报风险和特别风险的含义

重大错报风险指财务报表在审计前存在重大错报的可能性。注册会计师应当从财务报表和交易、账户余额、列报认定两个层次来考虑重大错报风险。财务报表层次重大错报风险可能影响多项认定。其中，注册会计师需要特别考虑的重大错报风险被称之为特别风险。

为了识别重大错报风险，注册会计师可以采用的风险评估程序包括：询问被审计单位管理层和员工或其他相关人员、检查以前年度的审计工作底稿等内部与外部的信息资料、运用分析程序、观察被审计单位的主要生产经营场所等。

注册会计师了解和评估的范围主要包括以下六个方面：

1. 行业状况、法律环境风险与监管环境以及其他外部因素。

2. 被审计单位的性质。

3. 被审计单位对会计政策的选择和运用。

4. 被审计单位的目标、战略以及相关经营风险。

5. 被审计单位财务业绩的衡量和评价。

6. 被审计单位的内部控制。

（三）进行风险评估的总流程

在识别和评估重大错报风险时，应考虑识别的风险导致财务报表发生重大错报的可能性，判断识别的风险是否重大，将识别的重大风险与各类交易、账户余额和列报相联系，并将识别的风险与认定层次可能发生错报的领域相联系。进行风险评估的总流程一般包括如下几个步骤：①了解被审计单位及其环境（不含内控）；②了解内部控制，包括了解控制环境、被审计单位的风险评估过程、信息系统与沟通、控制活动以及对控制的监督；③针对风险评估进行讨论和汇总，并形成风险评估结果汇总表。风险评估结果汇总表的主要内容包括：识别和评估的重大错报风险、财务报表层次风险及应对方案、特别风险结果汇总及应对措施、对重要账户和交易采取的进一步审计程序方案（计划矩阵）。

（四）了解的程度

确定对被审计单位及其环境了解程度的标准，即注册会计师对被审计单位及其环境的了解是否足以评估财务报表的重大错报风险，如果获得的信息足以识别和评估财务报表重大错报风险，可以设计和实施进一步审计程序，那么了解的程度就足够了。

（五）了解和评价目标客户的资料来源渠道

1. 通过巡视经营场所、检查文件资料、与管理当局和员工讨论等获得。

2. 通过搜索客户、行业、政府网站、媒体、政府数据库等获取公共信息。

3. 利用事务所经验：如对老客户，复核其以前年度工作底稿；续约前重新评价老客户，主要涉及以前年度在审计范围、意见类型、审计费用方面存在的分歧，事务所和客户间的未决诉讼，管理当局品行是否正直诚实等，必要时执行审计程序确定上次审计后发生的重大变化。对新客户，后任注册会计师向前任注册会计师咨询等。对新客户要彻底调查，必要时聘请专业调查人员或利用相关监管部门来获取管理当局关键人物信用和背景方面的信息。

（六）存在的情况及说明

被审计单位存在重大错报风险的事项和情况主要有以下几个方面：

1. 公司在经济不稳定的国家或地区、高度波动的市场开展业务，或在严格、复杂的监管环境中经营；

2. 持续经营和资产流动性出现问题，包括重要客户流失、融资能力受到限制；

3. 开发新产品或提供新服务，或进入新的业务领域、开辟新的经营场所、供应链及行业环境发生变化；

4. 发生重大的关联方交易、非常规交易，重大收购、重组、出售分支机构或业务分部或其他非经常性事项，运用表外融资、特殊目的实体、复杂的联营或合资以及其他复杂的融资协议；

5. 关键人员变动，缺乏具有胜任能力的会计人员；

6. 内部控制薄弱，按照管理层特定意图记录的交易；

7. 安装新的与财务报告有关的重大信息技术系统，信息技术战略与经营战略不协调，信息技术环境发生变化，应用新颁布的会计准则或相关会计制度；

8. 经营活动或财务报告受到监管机构的调查；

9. 以往存在重大错报或本期期末出现重大会计调整，存在未决诉讼和或有负债，事项或交易在计量时存在重大不确定性，会计计量过程复杂等。

本案例中存在的情况及说明如下：

事项1表明存在重大错报风险。理由是：该行业2019年平均销售增长率仅是12%，并且2019年该公司所在行业的经济效益总体水平不如2018年，2019年顺利公司管理层达到治理层确定的、高于行业平均增长率的、18%销售增长率存在较多困难，由于管理层的薪酬与销售增长目标挂钩，所以管理层有可能会虚增收入。可能存在的重大错报风险属于认定层次，与“营业收入”的发生认定、“应收账款”的存在认定相关。

事项2表明存在重大错报风险，理由是：2019年顺利公司关键财务人员发生变动，并且由于会计人员频繁变动，企业缺乏具有胜任能力的会计人员，故可能存在重大错报风险。此重大错报风险属于财务报表层次。

事项3表明存在重大错报风险，理由是：被审计单位通过发展中小城市的新客户和放宽授信额度会导致应收账款坏账准备的计提不足的风险，该风险是认定层次的风险，与应收账款计价和分摊认定相关；A产品在2019年的毛利率为7%，但是在2019年4月将价格下调了9%后，产品的可变现净值将小于其成本，很有可能存在高估存货成本的风险，该重大错报风险属于认定层次，与存货的计价认定相关；2019 年 12 月中旬，顺利公司以诱人的优惠条件吸引新、老客户于 2019 年年底之前签订销售合同、预付部分货款并进行了销售处理，表明很有可能存在收入的重大错报风险，该重大错报风险属于认定层次，与销售收入的发生认定相关。

事项 4 表明存在重大错报风险，理由是：由于当地法院已经受理了针对该公司的诉讼，该公司可能会存在或有损失。该风险属于认定层次，与“或有负债”的存在与发生认定相关。被审计单位因相关环境法规的实施需要更新设备，将导致对原有设备提取减值准备，与固定资产的计价与分摊认定相关。

事项 5 表明存在重大错报风险，理由是：由于行业技术进步，公司的主打产品面临快速更新换代的压力，可能导致被审计单位的主要产品在短期内过时，因此公司库存存货可能陈旧和过时长期资产（如固定资产等）减值。该风险属于认定层次，与“存货”的计价认定相关。

公司决定出资 1 000 万元建立产品研究基地，该基地已于 2019 年 4 月份开始运行，由于尚未开发出新产品，存在研发费用不当资本化的风险。该风险属于认定层次，与资产的存在认定和管理费用的完整性认定相关。

事项 6 表明存在重大错报风险，理由是：公司主要煤炭产地之一辽宁某煤矿储量初步显现出枯竭的迹象，企业的部分分公司可能无法持续经营，该重大错报风险属于财务报表层次重大风险。

事项 7 表明存在重大错报风险，理由是：2019 年运输单价平均上升了 15%，并且材料单价也上涨了 10%，但产品成本只上升了 3%，因此可能存在低估 2019 年运输费用的风险，也可能存在产品成本计算不准确的风险。该风险属于认定层次，与销售费用的完整性和产成品的计价认定相关。

事项 8 表明存在重大错报风险，理由是：由于消费者对 D 产品的安全性存在疑虑，D 产品销售前景存在较大不确定性，可能导致 D 产品滞销，从而 2019 年末存货可能存在减值风险。该风险属于认定层次，与存货的计价和分摊认定相关。

事项 9 表明存在重大错报风险，理由是：通过对内部控制的初步了解发现该公司存在内部控制薄弱、按照管理层特定意图记录的交易等情形。故该重大错报风险属于财务报表层次重大风险。

（七）应对措施

针对识别出的财务报表层次的重大错报风险，注册会计师应采用下列总体应对措施：

第一，向项目组强调在收集和评价审计证据过程中保持职业怀疑态度的必要性。

第二，分派更有经验或具有特殊技能的注册会计师，或利用专家的工作。由于本公司是一个集团公司，涉及多个行业，审计项目组成员中应有部分人员曾经参与过被审计单位以前年度的审计，或具有被审计单位所处特定行业的相关审计经验。必要时，要考虑利用煤炭、运输等行业的专家的工作。

第三，提供更多的督导。项目负责人等经验较丰富的人员，要对其他成员提供更详细、更经常、更及时的指导和监督，并加强项目质量复核。

第四，在选择进一步审计程序时，应当注意使某些程序不被审计单位管理层预见或事先了解，例如，通过与前任注册会计师的沟通结果，在设计本年的审计计划时，应采取与往年不同的审计抽样方法，使当期抽取的测试样本与以前有所不同，也可以选取不同的地点实施审计程序。

第五，对拟实施审计程序的性质、时间和范围做出总体修改。例如，由于被审计单位内部控制薄弱，可增加更多的实质性测试程序，减少或取消内部控制测试程序；在期末而非期中实施更多的审计程序，因为控制环境的缺陷通常会削弱期中获得的审计证据的可信赖程度；扩大审计程序的范围；扩大样本规模，或采用更详细的数据实施分析程序。

针对识别出的认定层次的重大错报风险，注册会计师应根据涉及的各类交易、账户余额和列报的特征，采用不同的审计程序。例如：本案例中，针对被审计单位通过发展中小城市的新客户和放宽授信额度争取销售收入比上一年度增长25%所带来的重大错报风险，注册会计师可以采用的审计措施包括：①与销售经理讨论所执行的坏账风险评估程序；②与财务经理讨论坏账准备的计提；③审阅账龄分析报告和还款协议签订及执行报告；④抽查还款协议和贷款收回情况。

案例七　评估与应对舞弊风险

一、本案例学习目标

完成本案例学习后，学生应当能够：识别舞弊风险因素，掌握注册会计师审计中对舞弊审计的责任，熟悉识别和评估舞弊的基本程序，了解项目组讨论舞弊风险的内容，掌握舞弊审计中采用的询问程序。

二、本案例的关键内容

（一）案例资料

达曼实业股份有限公司主要从事矿山机械的加工和销售。1996 年 12 月，达曼公司在上交所挂牌上市，并于 2007 年至 2010 年两次配股，在股市募集资金共 7.17 亿元，西安宗林集团是达曼公司控股大股东。达曼实业股份名为集体企业，实际上完全由董事长许某控制。从公司报表数据可知，到 2009 年，达曼公司实现销售收入合计 18 亿元，净利润合计 4.12 亿元，资产总额比上市时增长 5 倍，达到 22 亿元，净资产增长 4 倍，达到 12 亿元。公司货币资金中存在 4.27 亿元大额定期存单。在 2009 年之前，公司各项财务数据呈现均衡增长。从 2009 年起，公司开始实施大规模的扩张和多元化经营，但也因此出现资金短缺。2010 年公司首次出现净利润亏损，主营业务收入由 2009 年的 3.16 亿元下降到 2.14 亿元，亏损达 1.4 亿元，每股收益为 –0.49 元。2018 年，公司总资产锐减为 13 亿元，净资产价值变为 –3.46 亿元，仅半年时间亏损高达 14 亿元，不仅抵销了上市以来大部分业绩，而且濒临破产退市。

达曼公司所处行业竞争激烈，同行业主营业务收入增长率低于 5%。为了渡过危机、实现扭亏目标，公司董事会要求管理层将 2019 年的主营业务增长率确定为 7%，并且规定管理层的奖金金额与收入完成情况挂钩。

自达曼公司上市以来，上元会计师事务所一直承担着该公司的年报审计工作。在以前年度的审计过程中，注册会计师并未发现收入确认方面存在舞弊行为，因此 2018 年度审计时并未将收入确认作为舞弊导致的重大错报风险领域。

2019 年，达曼实业股份有限公司扭亏为盈。达曼公司决定继续委托上元会计师事务所对其 2019 年年报进行审计。注册会计师初步审查发现公司存在一项涉及人民币 3.45 亿元的重大担保事项；另外还有重大质押事项涉及人民币 5.18 亿元。在审计过程中，项目组多次就舞弊问题询问管理层及内部审计人员等相关人员，并针对由于舞弊导致财务报表发生重大错报的可能性进行了讨论。

（二）案例分析要求

1. 你认为该公司存在哪些舞弊风险因素？什么程序能发现这些预警信号？

2. 你作为注册会计师，在接受该企业的委托时，如何对舞弊风险进行评估与应对？

3. 注册会计师对上市公司的审计是否仅需局限于考虑财务报表重大错报风险，是否还应考虑舞弊风险？本案例中，注册会计师根据以前年度的经验而未将收入确认作为舞弊导致的重大错报风险领域，这种做法是否正确？

4. 项目组就舞弊进行讨论意图达到什么目的？

5. 在了解被审计单位及其环境时，注册会计师应当就舞弊风险向管理层询问哪些事项？注册会计师询问治理层的目的是什么？询问治理层主要想得到哪方面的信息？

6. 注册会计师应当考虑向被审计单位内部的哪些人员询问是否存在或可能存在舞弊？注册会计师就舞弊风险询问内部审计人员，应当询问哪些内容？

7. 注册会计师对于管理层的答复应保持谨慎态度，为什么？注册会计师通过询问管理层可能获取哪类舞弊导致的财务报表重大错报风险的有用信息，但难以获取关于哪些方面的舞弊导致的重大错报风险的有用信息？

三、本案例需要关注的问题

（一）舞弊风险因素

无论是编制虚假财务报告还是侵占资产，舞弊均涉及实施舞弊的动机或压力、机会以及借口。在审计过程的早期应确认舞弊风险因素（即表明可能存在的舞弊的条件和事项），对舞弊风险因素的评价和应对应贯穿于审计全过程。

本案例中，注册会计师应该发现的预警信号有：

1. 压力与动机方面：经营或财务上的困境以及对资本的急切需求，企业濒临退市破产；公司董事会要求管理层将 2019 年的主营业务增长率高于同行业平均水平，并且规定管理层的奖金金额与收入完成情况挂钩。

2. 机会方面：达曼集团完全由董事长许某控制，存在宽松的控制以及信息不对称。

3. 自我合理化方面：“我们只是为了暂时度过困难时期”。

（二）舞弊审计程序

为识别和评估舞弊风险，注册会计师应实施下列审计程序：

1. 通过了解被审计单位及其环境，关注判断可能存在对财务信息做出虚假报告的动机。

2. 通过询问被审计单位的管理层、治理层以及内部的其他相关人员，以及参加相关会议、阅读会议纪要，以了解管理层针对舞弊风险设计的内部控制，以及治理层如何监督管理层对舞弊风险的识别和应对过程。

3. 通过其他信息对管理层的答复进行印证，如果不一致，应当获取进一步的审计证据予以解决。

4. 考虑被审计单位的规模、复杂程度、所有权结构及所处行业等，以确定舞弊风险因素的相关性和重要程度。

5. 通过实施分析程序以识别异常的交易或事项，以及对财务报表和审计产生影响的金额、比率和趋势。

6. 通过项目组内部的讨论、客户承接或续约过程以及向被审计单位提供其他服务所获得的经验，以识别评估被审计单位是否存在舞弊导致的重大错报风险。

7. 考虑管理层对重大会计政策（特别是涉及主观计量或复杂交易时）的选择和运用，以识别管理层是否通过操纵利润对财务信息做出虚假报告。

8. 采用对不常关注的账户余额实施实质性审计程序，调整审计程序的时间、运用不同的抽样方法、对不同地理位置的多个组成部分实施审计程序、以不预先通知的方式实施审计程序等方法，避免被熟悉常规审计程序的被审计单位内部人员预见或事先了解。

9. 测试日常会计核算过程中做出的会计分录以及为编制财务报表做出的调整分录是否适当，复核会计估计是否有失公允，关注异常的重大交易，了解其商业理由的合理性。

10. 向被审计单位索取有关舞弊的管理当局声明书。

11. 验明舞弊的披露是否恰当。

（三）注册会计师对舞弊的审计责任

从事公共部门实体（含上市公司）审计的注册会计师的责任应不限于考虑财务报表重大错报风险，还包括考虑舞弊风险。

注册会计师应该在整个审计过程中保持职业怀疑，不应受到以前对管理层诚信判断的影响，在识别和评估由舞弊导致的重大错报风险时，应假定收入确认存在舞弊风险。

本案例中，注册会计师根据以前年度的经验而未将收入确认作为舞弊导致的重大错报风险领域，这种做法是不正确的。

（四）项目组针对舞弊风险的讨论

项目组就由于舞弊导致财务报表发生重大错报的可能性进行的讨论可以达到以下目的：

1. 具有较多经验的项目组成员有机会与其他成员分享关于财务报表易于发生由于舞弊导致的重大错报的经验和见解。

2. 针对财务报表易于发生由于舞弊导致的重大错报的方式和领域考虑适

当的应对措施，并确定分派哪些项目组成员实施特定的审计程序。

3. 确定如何在项目组成员中共享实施审计程序的结果以及如何处理可能引起注册会计师注意的舞弊指控。

（五）与管理层和治理层讨论舞弊风险

在了解被审计单位及其环境时，注册会计师应当向管理层询问下列事项：

1. 管理层对舞弊导致的财务报表重大错报风险的评估。

2. 管理层对舞弊风险的识别和应对过程。

3. 管理层就其对舞弊风险的识别和应对过程与治理层沟通的情况。

4. 管理层就其经营理念及道德观念与员工沟通的情况。

注册会计师应当询问治理层，其目的是确定其是否知悉任何舞弊事实、舞弊嫌疑或舞弊指控，注册会计师应当了解治理层如何监督管理层对舞弊风险的识别和应对过程。

（六）询问内部人员

注册会计师应当考虑向被审计单位内部的下列人员询问是否存在或可能存在舞弊：

1. 不直接参与财务报告过程的业务人员。

2. 负责生成、处理或记录复杂、异常交易的人员及其监督人员。

3. 负责法律事务的人员。

4. 负责道德事务的人员。

5. 负责处理舞弊指控的人员。

如果被审计单位设有内部审计职能部门，注册会计师应当询问内部审计人员，询问内容主要包括：

1. 内部审计人员对被审计单位舞弊风险的认识。

2. 内部审计人员在本期是否实施了用以发现舞弊的程序。

3. 管理层对通过内部审计程序发现的舞弊是否采取了适当的应对措施。

4. 内部审计人员是否了解任何舞弊事实、舞弊嫌疑或舞弊指控。

（七）评价管理层的答复

在评价管理层对询问做出的答复时，注册会计师应当保持职业怀疑态度，认识到管理层通常最有条件实施舞弊。

注册会计师通过询问管理层可能获取关于员工舞弊导致的财务报表重大错报风险的有用信息，但难以获取关于管理层舞弊导致的重大错报风险的有用信息。

案例八　重要性水平的确定及错报的评价

一、本案例学习目标

完成本案例学习后，学生应当能够：理解和应用重要性概念，能初步确定重要性水平的金额标准，能够用重要性判断审计结果，讨论重要性和审计风险的关系并将重要性和风险融合到审计过程中，理解重要性水平与可容忍错报的关系，掌握错报的种类，理解不同错报对审计结论的影响。

二、本案例的关键内容

（一）案例资料

华德公司是一家食品加工企业，生产经营较为稳定，原材料、产成品的品种较多，涉及的客户也较多，注册会计师评估的内部控制风险处于中等水平，其总资产的构成及利润如表2－14及表2－15所示。

表2－14　资产负债表

2019年12月　　　　单位：万元

现金	30	应付账款	300
应收账款	300	长期负债	500
存货	470	实收资本	500
固定资产	600	留存收益	200
长期投资	100		
总计	1 500	权益总额	1 500

表2－15　利润表

2019年12月　　　　单位：万元

销售收入	10 000
销售成本	8 500
毛利	1 500
营业和管理费用	2 700
净收益	－1 200

信达会计师事务所根据变动百分比法建立的重要性水平的计算原则如表2－16所示。

表2－16 重要性水平的计算原则

常用的基准	参考比例
总资产	0.5%～1%
净资产	1%
净利润	3%～10%
营业收入	0.5%～1%

在具体执行审计时，注册会计师发现如下事实：

1. 报表中的存货金额出现了小额的蓄意错报。

2. 由于流动资产多计500元，使得企业财务报表中的营运资金比贷款协议中的最低限额多出300元。

3. 在过去3年中，企业财务报告中的利润每年减少了1%，但今年利润增加了0.2%。经审查，注册会计师发现该项利润的增加是资产减值损失少计提3万所致，如果扣除该项错报，企业今年利润仍比去年少，但该项错报低于重要性水平。

4. 本期营业收入多报了10万元，低于重要性水平，但公司管理层由此完成了董事会的营业收入指标，因此能够获得当年的奖金100万元。

5. 注册会计师发现现金和实收资本账户存在小额错报。

6. 被审计单位账面应付账款为1 000万元，注册会计师抽查了20%的样本发现有100万元的低估，低估部分占所抽取样本账面金额的10%。

（二）案例分析要求

1. 如果本次审计的目标是华德公司增发债券，在初步设置重要性水平时应以什么要素作为判断基础？如果是为上市公司招股说明书提供审计，则应以什么报表要素作为初步判断重要性水平的基础？

2. 有人认为，出于成本效益的考虑，应将重要性水平设置得高一些，这种看法是否正确？为什么？还有人认为，为了保持职业谨慎，在初步设定重要性水平时就应把重要性水平定得高一些，这种看法是否正确？

3. 对于注册会计师在审计中发现的问题，请判断哪些是性质比较重要的错报？

4. 如果判断重要性水平的参考数值为利润总额的3%，资产总额的

0.4%，营业收入总额的0.8%，根据上述问题，请对该企业报表层次的重要性水平做出初步判断，并简要说明理由。

5. 对于会计报表中的各科目，你应考虑把哪些项目的重要性水平设置高一些？哪些必须设置较低的重要性水平？假设企业的资产状况如表2－17所示，注册会计师初步判断的会计报表层次的重要性水平是资产总额的1%（计14万元，即资产账户可容忍的错报或漏报为14万元）。表2－17列示了注册会计师采用的确定交易、账户余额、列报认定层次重要性水平时的初步考虑方案，请予以评价。

表2－17　　单位：万元

项　目	金　额	方案1	方案2	方案3
现金	30	0.2	0	0.1
应收账款	300	3	5	4.8
存货	470	4.8	5	5
固定资产	600	5	3.5	3.5
长期投资	100	1	1	1.6
总计	1 500	14	14.5	15

6. 如果注册会计师在资产负债表日之前对重要性水平做出初步判断，而这时被审计单位尚未完成财务报表的编制，无法取得年末财务报表的有关数据。请问注册会计师如何确定重要性水平？

7. 在执行部分审计程序后，如果根据新的证据发现要接受更低的重要性水平，注册会计师应当执行什么审计程序以便将审计风险降至可接受的低水平？

8. 注册会计师通常将错报区分为事实错报、判断错报和推断错报，这三者有何区别？推断错报包括哪些种类？请根据案例中所给资料，计算出推断错报。

三、本案例需要关注的问题

（一）重要性的含义

根据我国发布的《中国注册会计师审计准则第1221号——计划和执行审计工作时的重要性》的规定，重要性概念可从下列方面进行理解：

1. 如果合理预期错报（包括漏报）单独或汇总起来可能影响财务报表使

用者依据财务报表做出的经济决策，则通常认为错报是重大的；

2. 对重要性的判断是根据具体环境做出的，并受错报的金额或性质的影响，或受两者共同作用的影响；

3. 判断某事项对财务报表使用者是否重大，是在考虑财务报表使用者整体共同的财务信息需求的基础上做出的。由于不同财务报表使用者对财务信息的需求可能差异很大，因此不考虑错报对个别财务报表使用者可能产生的影响。

根据上述定义中第3条可知，注册会计师对重要性的确定属于职业判断，受注册会计师对财务报表使用者对财务信息需求的认识的影响。在本案例中的事项1中，如果本次审计的目标是华德公司增发债券，因为报表使用者是以资产作为可否购买债券的主要依据，报表使用者在财务信息中更关注资产所反映的偿债能力，因此，在设置重要性水平时应以资产要素作为判断基础；如果是为上市公司招股说明书提供审计，则应以财务报表的营业收入和利润要素作为重要性水平的判断基础，因为潜在股东进行决策的基础是企业未来的获利能力。

注册会计师应保持应有的职业谨慎并合理确定重要性水平，重要性水平偏高或偏低都是不恰当的。因此，“出于成本效益的考虑，应将重要性水平设置得高一些”的观点是错误的。注册会计师只应站在报表使用者的角度确定重要性水平，而考虑成本效益是从注册会计师的立场出发的。反之，“出于谨慎执业的考虑而故意低估重要性水平”也是不正确的。因为如果重要性水平定得偏低，注册会计师就得扩大审计范围或增加审计程序，实际上只是浪费了审计资源，是没有必要的。

（二）重要性的金额和性质

在计划审计工作时，注册会计师应该确定一个可接受的重要性水平，以发现在金额上重大的错报。根据上述定义中第3条，注册会计师在运用重要性原则时，应以错报的金额和性质两方面作为判断的标准。一般认为，错报的金额越大越重要。对于小金额错报，注册会计师应当关注其出现的频率以及性质是否严重。

某些错报仅从其性质方面判断就可认为其是重要的。这些情况主要包括：①涉及舞弊或违法行为的错报；②可能引起履行合同义务的错报；③影响收益趋势的错报；④不期望出现的错报或漏报；⑤错报会大幅增加管理层的报酬；⑥账户余额的错误分类对报表中需要单独披露的项目产生较大影响，如经营收益和非经营收益的错误分类；⑦财务报表使用者最感兴趣的其他信息。

根据上述原则，可以分析本案例中具体情形如下：

事项 1 中，报表中存货金额出现了小额的蓄意错报，属于涉及舞弊的错报，因为舞弊反映出管理当局在诚信和可靠性方面存在缺陷，故属于重要的错报。

事项 2 由于流动资产多计 500 元，使得企业财务报表中的营运资金比贷款协议中的最低限额多出 300 元，剔除该项错报，正确的营业资金净额将导致该项贷款违约，会严重影响到企业流动负债和非流动负债的分类，因此这项小额错报是重大的。

事项 3 中，资产减值损失少计提 3 万使得利润增加了 0.2%，会影响利润的趋势，尽管该项错报低于重要性水平，仍是重要的。

事项 4 中本期营业收入多报了 10 万元错报会大幅增加管理层的报酬，因此也是重要的。

事项 5 中，注册会计师发现现金和实收资本账户存在的错报属于不期望出现的错报或漏报，即使金额较小也认为是重要的。

（三）两个层次重要性水平的确定方法

注册会计师在审计过程中必须从财务报表层次和交易、账户余额、列报认定层次两个层次来考虑重要性。报表整体的重要性有助于得出报表是否公允反映的结论，而只有通过验证各类交易、账户余额、列报的相关认定，注册会计师才能得出财务报表的整体性结论，因此要根据报表层次的重要性水平设置交易、账户余额、列报认定层次的重要性水平。

1. 财务报表层次重要性水平的确定。注册会计师通常先选择一个恰当的基准，再选用恰当的百分比（固定比率或变动比率），两者相乘从而计算出财务报表层次的重要性水平。其基本计算公式为：

$$计划重要性水平 = 判断基础 \times 适用比率$$

判断基准通常包括资产总额、净资产、营业收入、净利润等，注册会计师应根据被审计单位的具体情况合理选用恰当的基准。例如：当被审计单位的净利润接近于零时，净利润便不适合被当作重要性水平的判断基础；被审计单位净利润波动幅度较大时，不应将当年的净利润作为重要性水平的判断基础，而应选择近几年的平均净利润。

若采用固定比率法，采用的比率是一个固定百分比。若采用变动比率法，其适用比率是一个变动百分比。该变动百分比一般是按照“规模越大的企业，允许的错报或漏报的金额比率就越小”的基本原理，实务中往往根据资产总额或营业收入两者中较大的一项作为确定变动比率的基准。

由于财务报表层次重要性水平的计算方法是多基础、多比率的，因而同一期间各财务报表确定的重要性水平可能不同，即使是同一张财务报表也可能会存在多个计划重要性水平。在这种情况下，注册会计师应当首先对每张财务报表确定一个重要性水平，然后再从中选择最低者作为财务报表层次的重要性水平。也就是说，在编制审计计划时，注册会计师应使用被认为对任何一张财务报表都重要的最小的错报或漏报总体水平。

本案例中情况如下：

如果判断重要性水平的标准设为利润总额的3%，资产总额的0.4%，营业收入总额的0.8%，则报表层次重要性计算过程如下：

因为期末净利润为负数，不能作为判断基础。根据资产计算的重要性水平为200万元（5 000万元×0.4%），以营业收入总额为基础计算的重要性水平为800万元（10 000万元×0.8%）。由于同一期间各会计报表的重要性水平不同，注册会计师应当取其最低者作为会计报表层次的重要性水平，应将企业重要性水平设置为200万元。

2. 交易、账户余额、列报认定层次重要性水平的确定。交易、账户余额、列报认定层次的重要性水平也称“可容忍错报”。注册会计师可以采用“分配的方法”和“不分配的方法”两种方式确定交易、账户余额、列报认定层次重要性水平。

分配的方法是指将财务报表层次的重要性水平分配到各账户或各类交易的一种方法，既可以用相同的比例分配，也可以采用不同比例分配。在实务中，注册会计师一般以资产负债表账户项目作为分配的对象和基础。在采用分配的方法时，各账户或交易层次的重要性水平之和应当等于财务报表层次的重要性水平。

不分配的方法是指单独确定各账户或各类交易的重要性水平的一种方法。实务中可将各账户或交易的重要性水平定为报表层次的20%～50%，或将各账户或交易的重要性水平定为报表层次的1/6～1/3。

无论是采用分配的方法，还是采用不分配的方法，注册会计师在确定各账户或各类交易的重要性水平时，都应当考虑两项主要因素：一是各账户或各类交易的性质及错报的可能性；二是各账户或各类交易的重要性水平与财务报表层次重要性水平的关系。在实务中，注册会计师还应考虑账户或交易的审计成本因素。

在实务中，注册会计师确定交易、账户余额、列报认定层次的重要性水平时，应考虑以审计成本最小化为目标，以审计程序能保证会计报表整体公允表达为限制条件，确定各项目的最大可容忍误差。一般对于出现错报和漏报可能性大的账户和交易，从效益角度考虑，可以在将审计风险降至可接受水平的前提下将重要性水平定得高一些。

在本案例中，方案1是按1%对各资产进行同比例分配，并没有考虑各类交易的性质及错报的可能性，一般来说这并不可行，注册会计师必须对其进行修正。

由于应收账款和存货错报或漏报的可能性较大，故应分配较高的重要性水平，以节省审计成本，如方案2与方案3。固定资产虽然金额较大，但由于其在一个审计年度中增减变动的次数相对较少，涉及的凭证相对也不多，故可以分配较小的重要性水平，这虽然会导致固定资产的审计工作量稍许增加，但由于这种分配方案可以使分配至应收账款和存货的重要性水平相应提高，大大减少应收账款和存货的审计工作量，这对于注册会计师是很值得的。现金是企业里流动性最强的资产，并且报表使用者不希望现金方面有较大的错误，但方案2将现金的重要性水平分配为0，这并不是一个很好的安排，它意味着注册会计师必须对与现金有关的业务进行全面的审计，这是不符合成本效益原则的。

综上所述，可选择方案3。

（四）财务报表尚未编制完成时重要性水平的确定

由于注册会计师通常是在资产负债表日之前对重要性水平做出初步判断，而这时被审计单位尚未完成财务报表的编制，无法取得年末财务报表的有关数据。因而，注册会计师在编制审计计划时，应当根据期中财务报表推算出年度会计报表，或根据被审计单位经营环境和经营情况的变动对上年度财务报表做出必要修正，以确定财务报表层次的重要性水平。

（五）重要性水平的修正

对重要性水平的估计贯穿于审计全过程。在计划阶段，注册会计师进行重要性的初步判断，并将初步判断的重要性水平分配到各个账户，用以确定所需审计证据的数量并计划测试的工作量，计划阶段确定的重要性水平需要在以后的审计过程中根据新得到的审计证据加以修正。在执行阶段，要估计每个账户的总体错报金额，然后估计所有账户错报金额的汇总数，并将所有账户的错报金额的汇总数与初步的或经修正后的重要性水平进行比较，用以评价测试的结果。

在确定审计程序后，如果注册会计师决定接受更低的重要性水平，审计风险将增加。注册会计师应当选用下列方法将审计风险降至可接受的低水平：

1. 如有可能，通过扩大控制测试范围或实施追加的控制测试，降低评估的重大错报风险，并支持降低后的重大错报风险水平；

2. 通过修改计划实施的实质性程序的性质、时间和范围，降低检查风险。

（六）错报的种类

错报可区分为事实错报、判断错报和推断错报。事实错报指实际发现的数据上的错误。判断错报是注册会计师认为管理层对会计估计做出不合理的判断或不恰当地选择会计政策而导致的判断差异。推断错报是指注册会计师对总体存在的错报做出的最佳估计数，是根据审计样本中识别出的错报来推断的总体错报。

本案例中，应付账款为 1 000 万元，注册会计师抽查了 20% 的样本发现有 50 万元的低估，低估部分占所抽取样本账面金额的 10%，则总体错报金额为 100 万元（即 1 000 万元 × 10%），则推断错报为 50 万元（即 100 万元 − 50 万元）。

第三章

审计测试与审计方法

案例一　内部控制活动

一、本案例学习目标

学完本案例后，学生应该能够：了解内部控制的含义、目的，掌握关键控制活动的内容，比较管理当局和注册会计师关注的内部控制制度有何不同。

二、本案例的关键内容

（一）案例资料

下列内部控制程序摘自兴达会计师事务所用于评价内部控制风险的标准内部控制文件。

1. 在购买原料之前，需要由生产部长和财务经理审批。

2. 公司专卖店有业务员负责开票、收款工作，每次出售货物的发票均事先连续编号。顾客交钱后，业务员开票。顾客将发票交给仓库保管员才能领取商品。

3. 公司的财务软件不允许输入信用管理主文件中没包括的客户的应收货款。

4. 定期盘点有价证券，妥善保管和处理作废支票。

5. 管理层定期检查各部门预算的执行情况。

（二）案例分析要求

确定每一项控制所对应的控制活动类型及管理层设置这些控制活动的目的。

三、本案例需要关注的问题

（一）审计师关注的内部控制

内部控制是被审计单位为了合理保证财务报告的可靠性、经营的效率和效果以及对法律法规的遵守，由治理层、管理层和其他人员设计和执行的政策和程序。

在识别和评估重大错报风险时，审计准则要求注册会计师了解与审计相关的内部控制。虽然大部分与审计相关的控制可能与财务报告相关，但并非所有与财务报告相关的控制都与审计相关。确定一项控制单独或连同其他控制是否与审计相关，需要注册会计师做出职业判断。

在进行风险评估时，注册会计师了解内部控制的目的是设计适合具体情况的审计程序，而不是对内部控制的有效性发表意见。注册会计师应了解内部控制设立的目标、被审计单位的控制活动、控制活动对实现控制目标是否有效及是否得到有效执行。

（二）控制活动

控制活动是指有助于确保管理层的指令得以执行的政策与程序，包括与授权、业绩评价、信息处理、实物控制、职责分离等相关的活动。当了解控制活动时，注册会计师应重点关注控制活动能否以及如何防止、发现和纠正重大错报。

本案例中：

事项 1 中，购买原料之前需要由生产部长和财务经理审批涉及的控制活动是授权。授权的目的是保证交易在管理层授权范围内进行。

事项 2 涉及的控制活动是职责分离。职责分离的目的是防止员工在履行多项职能时发生错误和舞弊。

事项 3 涉及的控制活动是信息处理，与信息处理有关控制活动的目的是保证交易的准确性、完整性和授权。

事项 4 涉及的控制活动是实物控制。实物控制的目的是保证资产的安全，从而影响到财务报表的可靠性。

事项 5 涉及的控制活动是业绩评价。业绩评价的目的是识别可能影响经营目标实现的情形。

案例二　计划的审计流程和审计测试类型

一、本案例学习目标

完成本案例学习后，学生应当能够：理解审计计划的重要性，掌握制定审计计划的步骤，制订初步审计计划，理解审计计划的组成，理解总体审计计划和具体审计计划的内容区别，了解审计过程的各个阶段，掌握五种测试类型及应用范围，理解审计循环划分的意义，掌握审计测试类型与审计证据获取方法之间的对应关系，掌握审计流程，理解控制测试，了解内部控制程序之间的关系，理解控制测试与实质性测试之间的关系，理解信息技术对审计流程的影响。

二、本案例的关键内容

（一）案例资料

以下资料摘自注册会计师在制订审计计划时确定的审计流程（各个事项分别属于不同的审计计划）。

1. 以下审计程序摘自注册会计师的具体审计计划。

（1）选取借款申请表或综合授信使用申请，检查是否得到审批适当。

（2）检查期末材料采购或在途物资，核对有关凭证，查看是否存在不属于材料采购（在途物资）核算的交易或事项。

（3）选取信贷情况表并检查是否得到适当复核。

（4）复核销售日记账和主文件中的异常业务和金额。

（5）选取交易流水单，与记账记录核对，检查是否准确记录于适当期间。

（6）追查选取的发货凭证到销售日记账以确保所有的发货凭证均已经记账。

（7）抽取采购订单、验收单和采购发票，检查所记载内容是否核对一致。检查发票上是否盖上“相符”印戳。

（8）比较库存商品销售量和平均单位成本之积与账面库存商品销售成本的差异，并分析其合理性。

（9）对于上一步骤选择的项目，检查应付账款记账员是否已核对采购订单。

（10）比较原材料的实际用量与预算用量的差异，并分析其合理性。

（11）比较销售日记账入账日期与销售发票副联和发货凭证的日期。

（12）核对发票记录的数量与发货量、订货量、主营业务成本记录的销售量是否一致，并对差异做出解释。

（13）向客户寄发询证函，函证应收账款。

（14）监盘期末存货。

2. 为了节约审计时间，对于资产负债日是 12 月 31 日的每项审计业务，注册会计师王敏都坚持在期中执行控制测试和业务实质性测试。

3. 注册会计师张敏在对一家年度资产负债日是12月31日的公司进行常规审计时执行的部分审计程序如下：

（1）函证应收账款。

（2）执行销售与收款循环的控制测试和业务实质性测试。

（3）进行应收账款余额的其他测试。

（4）审核期后事项。

（5）完成业务承接评价表或业务保持评价表，接受客户委托，签订审计业务约定书。

（6）风险评估，制定总体审计策略和具体审计计划。

（7）执行应收账款的分析程序。

（8）出具审计报告。

4. 注册会计师王玲认为，由于控制测试与了解内部控制程序之间存在大量的交叉部分，因此，可以用了解内部控制的程序代替控制测试，以此节约审计时间。

5. 深大财务公司是一家从事金融服务的大型企业，该公司分支机构遍布国内外，每年处理数以百万计的业务。公司成立了一个有两套网络系统的计算机中心，其中一条系统是后备系统，其目的是防范系统中断对公司运作的影响。公司建立了一套特殊的内部复核系统，各分公司的业务记录余额每天都要与数据处理中心核对，数据处理中心的数据定期与外部银行核对。当出现数据差异时，公司会派人及时查找原因并处理。公司有大量内部审计人员负责监督数据的运行和差异的处理情况。

2019年，深大财务公司成为信达会计师事务所的客户。由于深大财务公司的业务采用电子商务形式，缺乏常规的审计证据。因此，注册会计师在审计时非常信赖信息控制制度和内部审计程序，注册会计师详细地测试了这些内部控制，并且在年末前执行了大量的实质性测试。

6. 在对某单位进行审计的过程中，注册会计师王艺采用了如下审计流程，首先，对被审计单位基本情况和内控制度进行初步了解，然后将其评价为高信赖程度，并据此认为，只要进行少量控制测试、不用进行实质性测试就可得出审计结论。

（二）案例分析要求

1. 针对案例资料1部分的内容，请指出：各个程序分别属于控制测试、业务实质性测试、分析程序或余额详细测试中的哪一种？每个审计程序涉及的获取证据的方法及所审计的业务循环的名称是什么？请结合资料1，分析按财务报表循环开展审计的优点，并分析各种审计测试方法的区别。

2. 针对案例资料 2 部分的内容，分析王敏在中期进行控制测试和业务实质性测试的恰当性。如果注册会计师决定年底不追加控制测试和业务实质性测试，会对她执行审计业务的其他测试有何影响？

3. 根据案例资料 3 部分的内容，说明在常规审计中你会按照怎样的顺序执行第 1 项至第 8 项审计工作？请将上述审计程序重新编号排序，指出在 12 月 31 日前注册会计师应完成哪些工作。

4. 根据案例资料 4 部分的内容，请分析内部控制测试与了解内部控制程序之间的关系并评价王玲的看法。

5. 根据案例资料 5 部分的内容，请分析信息技术对信达会计师事务所执行审计测试的影响。

6. 根据案例资料 6 部分的内容，分析王艺的审计流程对吗？如果不正确，错在哪里。

三、本案例需要关注的问题

（一）五种测试类型

在制定审计计划时，注册会计师可以采用五种测试类型来确定财务报表的列示是否公允，包括：风险评估程序、控制测试、业务实质性测试、分析程序、余额详细测试。所有的审计程序都属于这五种测试类型，其中业务实质性测试、分析程序、余额详细测试都属于实质性测试程序。

控制测试是用于确定内部控制运行有效性的程序。

实质性测试是用于测试直接影响财务报表余额正确性的金额错报的程序。

业务实质性测试的目的是确定注册会计师是否实现了与各种业务类型相关的审计目标。

余额详细测试的对象主要是资产负债表账户和利润表账户的总账期末余额，尤其是资产负债表账户期末余额。

本案例的资料 1 中，程序（1）、程序（3）、程序（5）、程序（7）、程序（9）属于控制测试。

程序（4）、程序（6）、程序（11）、程序（12）属于业务实质性测试。

程序（8）、程序（10）属于分析程序。

程序（2）、程序（13）、程序（14）属于余额详细测试。

（二）测试类型与获取审计证据的程序之间关系

一般每种测试类型只包含特定获取审计证据的程序，如表 3 - 1 所示。

表 3-1 测试类型与获取审计证据的程序之间关系

测试类型	获取审计证据的方法						
	重新执行	函证	检查	观察	询问	重新计算	分析程序
风险评估程序			√	√	√	√	
控制测试	√		√	√	√	√	
业务实质性测试			√	√	√	√	
分析程序					√		√
余额详细测试		√	√		√	√	

本案例的资料 1 部分的内容中：

程序（1）涉及的获取的方法是检查。

程序（2）涉及的获取证据的方法是检查。

程序（3）涉及的获取证据的方法是重新计算。

程序（4）涉及的获取证据的方法是检查。

程序（5）涉及的获取证据的方法是检查。

程序（6）涉及的获取证据的方法是检查。

程序（7）涉及的获取证据的方法是检查。

程序（8）涉及的获取证据的方法是分析程序。

程序（9）涉及的获取证据的方法是检查。

程序（10）涉及的获取证据的方法是分析程序。

程序（11）涉及的获取证据的方法是检查。

程序（12）涉及的获取证据的方法是检查。

程序（13）涉及的获取证据的方法是函证。

程序（14）涉及的获取证据的方法是检查和观察。

（三）审计业务中财务报表循环

财务报表循环是注册会计师在执行审计业务时将财务报表分解成较小单位，将联系紧密的业务和账户余额作为一个部分进行审计。这种分解便于审计业务的管理，能够提高审计效率。一般可将审计业务划分为销售与收款循环、购货与付款循环、工薪与人事循环、存货与仓储循环、筹资与偿付循环等。

本案例的事项 1 中，程序（1）、程序（3）属于筹资与偿付循环，程序

(2)、程序（7)、程序（9)、程序（14）属于购货与付款循环，程序（4)、程序（5)、程序（6)、程序（7)、程序（8)、程序（11)、程序（12)、程序（13）属于销售与收款循环。

（四）中期执行的审计测试

注册会计师可以在期中或期末执行控制测试或实质性测试。如果注册会计师评估的重大错报风险较高时，应该考虑在期末或接近期末执行实质性程序，或在管理层不能预见的时间实施审计程序。在期中执行审计程序可能有助于注册会计师在审计工作中识别和解决重大事项，但由于注册会计师难以仅凭期中实施的审计程序获取充分适当的审计证据，并且从期中到期末这段剩余时间往往会发生对财务报表认定产生重大影响的事项，因而如果在期中实施了进一步的审计程序，注册会计师仍应对剩余期间取得审计证据。

综上可知，本案例的资料 2 中，王敏总是在中期进行控制测试和业务实质性测试是不恰当的。

（五）审计过程的四个阶段

总结整个审计过程需要完成的工作，可以将其划分为四个阶段：

第一阶段是制定审计计划与设计审计方法阶段。这一阶段要完成的工作主要包括接受客户委托、制定初步的审计计划、了解客户、评价风险、执行初步的分析程序、确定重要性水平、制定审计计划等。

第二阶段的主要工作是执行控制测试和业务实质性测试。

第三阶段的主要工作是执行分析程序和余额详细测试。

第四阶段是完成审计并出具审计报告。这一阶段要完成审核或有负债、期后事项、对审计证据的最后评估与搜集、出具审计报告及与管理当局的再次沟通等工作。

因此，本案例的资料 3 部分中，注册会计师执行常规审计时审计程序的顺序应该是：

（1）完成业务承接评价表或业务保持评价表，接受客户委托，签订审计业务约定书。

（2）风险评估，制定总体审计策略和具体审计计划。

（3）执行销售与收款循环的控制测试和业务实质性测试。

（4）执行应收账款的分析程序。

（5）函证应收账款。

（6）进行应收账款余额的其他测试。

（7）出具审计报告。

（8）审核期后事项。

12 月 31 日前注册会计师应完成（1）至（6）项审计工作。

（六）控制测试与了解内部控制之间的关系

尽管控制测试与了解内部控制程序之间存在大量的交叉部分，两者都包括询问、观察和检查程序，但在两个阶段应用相同的程序时，存在两个重要区别：

1. 在了解内部控制时，注册会计师针对拟了解的所有与审计相关的内部控制应用询问、观察和检查程序，而在控制测试时，上述程序仅应用于关键控制，并且其应用的前提是控制风险的评估值低于最大值。

2. 了解内部控制所执行的程序仅涉及少量业务，执行观察程序时仅限于某个时点，执行控制测试时要选取较多业务，并且在多个不同时点执行观察程序。

3. 对于关键控制而言，除了重新执行之外，控制测试中的程序是了解内部控制相关程序的延伸。如果注册会计师在审计初期就计划采用低水平的控制风险评估值，应该将了解内部控制和控制测试结合起来。

综上所述，注册会计师不能简单地用了解内部控制程序来代替控制测试。因此，本案例资料 4 部分的内容中，王玲的看法是片面的。

（七）信息技术对审计流程的影响

如果信息仅以电子形式保存，不恰当地产生或更改信息的可能性会增大。审计准则规定，注册会计师应当考虑被审计单位实施的信息安全政策和安全控制措施是否足以防止未经授权修改会计系统或会计记录，或修改向会计系统提供数据的系统。在存在大量电子形式审计证据的情况下，注册会计师仅仅执行实质性程序可能无法将检查风险降至可接受的低水平。在考虑电子证据的充分性和适当性时，注册会计师需要测试自动化控制（如记录完备性检查、数字签章和版本控制等），并根据对这些控制的评价结论，考虑是否需要实施追加的审计程序。

因此，本案例的资料 5 中，注册会计师在审计时非常信赖深大财务公司的信息控制制度和内部审计程序，详细地测试了这些内部控制，并且在年末前执行了大量的实质性测试。如果深大财务公司内部控制不健全，注册会计师会认为无法进行对该公司的审计。

（八）控制测试与实质性测试的关系

控制测试与实质性测试有着密切的联系，控制测试是实质性测试的基础，它的结果可以决定实质性测试的性质、时间和范围；实质性测试是在控制测试的基础上，注册会计师所实施的进一步的审计工作。

由于执行恰当的控制测试可以减少实质性测试，注册会计师需要在控制测试与实质性测试间加以权衡。但控制测试中发现的例外事项只能代表可能存在影响财务报表的金额错报的一种迹象，而实质性测试中的例外事项是实际存在的财务报表错报，故不能用控制测试代替实质性测试。

因此，案例资料6部分的内容中，即使注册会计师将控制风险评估为高信赖程度，也不能代替实质性测试。

案例三　审计抽样方法的应用

一、本案例学习目标

完成本案例学习后，学生应当能够：理解审计抽样的含义，理解设计审计样本和抽样方法时注册会计师应考虑的因素，掌握随机数表的用法，会用系统选样法进行审计抽样。

二、本案例的关键内容

（一）案例资料

1. 注册会计师对达光公司的销售发票副本进行抽查，发票号码是四位数，所检查的发票号码从3217至8234连续编号。注册会计师拟利用随机数表法选择其中的200份进行检查，随机数表如表3－2所示。

表3－2

行＼列	1	2	3	4	5
1	07 434	93 462	32 905	95 439	36 877
2	70 411	69 881	38 404	24 038	84 220
3	07 541	84 347	53 658	83 971	35 779
4	52 305	68 925	01 223	25 946	90 222
5	69 357	11 846	03 102	28 679	75 983
6	29 870	05 291	65 689	27 939	86 460
7	00 500	57 924	38 303	05 286	10 702
8	32 846	93 874	52 709	15 730	96 277
9	25 980	21 608	63 790	67 883	02 435
10	77 874	83 419	20 361	48 964	12 863

2. 为测试“发出商品都已经开票”这项内部控制制度是否有效，注册会计师计划对达光公司全年的发票加以检查。注册会计师对截至10月31日的发票实施了中期测试。在中期测试时，截至10月31日已经开具了从1号至10000号发票。注册会计师预计到12月31日，公司还将开具2 000张发票。注册会计师将总体设定为从1号至12000号发票。到了年底，企业实际开具发票数量是13 000张。注册会计师据此采取了相应的对策。

（二）案例分析要求

1. 根据案例资料，请思考：若使用随机数表中每个随机数的前四位数字，并且以第1行、第1列数字为起点，自左往右，审计员选择的最初3个样本的号码分别是多少？若使用随机数表中每个随机数的后四位数字，以第4行、第2列数字为起始点，自上到下，注册会计师选择的最初3个样本的号码分别是多少？

2. 若发票号码为625至3026，注册会计师计划采用系统选样法选取120个样本，并用选取第7个样本作为随机起点，则最初3个样本的号码分别是多少？注册会计师采用系统选样法对总体有什么要求？

3. 针对案例资料2，请指出注册会计师可以进一步采用何种审计抽样程序？如果从10月31日到年底，企业只开具了1 000张发票，注册会计师可以采用怎样的对策？

三、本案例需要关注的问题

（一）审计抽样的含义

审计抽样（即抽样），是指注册会计师对具有审计相关性的总体中低于百分之百的项目实施审计程序，使所有抽样单元都有被选取的机会，为注册会计师针对整个总体得出结论提供合理基础。

（二）样本设计、样本规模和选取测试项目

在设计审计样本时，注册会计师应当考虑审计程序的目的和抽样总体的特征，确定足够的样本规模，以将抽样风险降至可接受的低水平。在选取样本项目时，注册会计师应当使总体中的每个抽样单元都有被选取的机会。

（三）随机数表的使用

随机数表是由0到9这10个数字随机生成的数所组成的数表，每个数字在表中出现的次数大致相同，它们出现的顺序是随机的。使用随机数表法抽取样本的步骤一般包括两步：首先，要将每个项目均冠以一个唯一的号码，通常要审计的总体是由预先连续编号的凭证组成，故可直接使用这些编号。

其次，在总体项目与随机数表间建立联系，即建立选取样本的起点和路线。在本例中，以每个随机数的前四位数字为标准，并且以第1行、第1列数字为起点，自左往右，审计员选择的最初3个样本的号码分别是3290、3687、7041。

（四）系统选样法

系统选样法也称等距选样，是按相等间隔选取样本的随机选样方法。系统选样要求总体的特性随意分布在总体内，否则样本可能不具有代表性。系统选样法的一般步骤包括：首先，计算抽样间隔，抽样间隔＝总体量/所需样本量，然后，在第一个抽样间隔选取随机起点，最后，从随机起点开始，按抽样间隔顺序地选取样本项目。

本案例中，选取一个随机数是632（625＋7），从第7个项目开始，每隔20个项目选取一个样本，则第二个、第三个样本的号码分别是652，672。

（五）控制测试中应用审计抽样

注册会计师通常在期中实施控制测试，为得到全年的审计证据，注册会计师可以有两种做法：一种做法是将测试扩展至在剩余期间发生的交易，以获取额外的证据；另一种做法是不将测试扩展至在剩余期间发生的交易。

当将测试扩展至在剩余期间发生的交易时，注册会计师将实施额外的程序，以获取额外的证据，此时总体由整个被审计期间的所有交易组成。

本案例资料2中，在中期测验时，注册会计师将总体定义为12000号，本次仅测验10000号之内的发票。到后两个月，会出现三种情况：

1. 公司恰好开具2 000张发票。此时，注册会计师可以对这2 000张发票进行控制测试。

2. 中期高估了剩余项目数量，公司实际仅开具1 000张发票。此时，对于未发生的交易，注册会计师可用其他交易代替。

3. 低估了剩余项目数量，公司实际又开具了3 000张发票。此时注册会计师可以有两种做法：第一种方法是将总体重新定义为1号至13000号，将其余3 000个项目统一加以测试。第二种方法是将500张发票作为一个独立的总体，单独测试。

总之，注册会计师的原则是不能遗漏任何发票。

在许多情况下，注册会计师可能不需等到被审计期间结束，就能得出关于控制的运行有效性是否支持其计划评估的重大错报风险水平的结论。因此，在中期测试后，注册会计师也可能不将测试扩展至在剩余期间发生的交易。

比如，仅测试10月31日前的样本，剩余项目用其他替代方法测试。

在确定是否需要针对剩余期间获取额外证据以及获取哪些证据时，注册会计师通常考虑下列因素：

（1）评估的认定层次重大错报风险的重要程度。

（2）在期中测试的特定控制和测试结果，以及自期中测试后控制发生的重大变动。

（3）在期中对有关控制运行有效性获取的审计证据的程序。

（4）剩余期间的长度。

（5）在信赖控制的基础上拟缩小实质性程序的范围。

（6）控制环境。

案例四　应用审阅法审阅明细账

一、本案例学习目标

完成本案例学习后，学生应当能够理解审阅法的含义和要点。

二、本案例的关键内容

（一）案例资料

注册会计师获得的澳达公司2019年12月产品销售费用明细账如表3－3所示，注册会计师对产品销售费用明细账进行了审阅，并判断可能存在的问题。

表3－3

2019年		摘要	包装费	运输费	装卸费	保险费	广告费	展览费	其他
月	日								
12	1	付产品包装费	3 500						
12	2	付电视广告费					3 000		
12	3	付广交会展览费							
12	3	付运费		650					
12	5	招待客户用餐							

续表

2019 年		摘要	包装费	运输费	装卸费	保险费	广告费	展览费	其他
月	日								
12	7	付装卸费			400				
12	8	付税收罚款							
12	11	付产品包装费	2 000						
12	13	付车站装卸费			1 860				
12	18	付销货合同违约金							
12	22	付电台产品广告费					4 000		
12	26	付运输保险费				1 480			
12	31	付门市部职工工资							
12	31	付门市部差旅费							
12	31	销售费用结转	8 500	650	3 260	1 480	9 000		

（二）案例分析要求

结合本案例，说明审阅法的要点。

三、本案例需要关注的问题

（一）审阅法的含义和要点

审阅法是指通过对会计凭证、会计账簿和会计报表书面资料进行仔细观察和阅读来取得查账证据的一种查账技术方法。审阅时应根据有关法规、政策理论、方法等查账标准或依据对书面资料进行审阅，借以鉴别资料本身所反映的经济活动是否真实、正确、合理、合理及有效等。审阅的主要目的是通过有关资料的仔细观察和阅读，借以发现疑点和线索，以抓住重点，缩小检查范围。要有效地运用审阅法，必须结合使用复核、核对等方法以便于及时证实审阅中发现的问题。

审阅时可以从以下几个方面判断被审计单位可能在哪些方面存在问题，包括：

1. 从数据中的异常金额来判断。例如，追查库存商品等资产类账簿出现赤字金额等。

2. 从资料所反映经济活动的真实程度来判断。

3. 从会计账户核算内容和对应关系的正确性来判断。

4. 从时间上有无异常来分析判断。例如，若在有关资料上载明的业务发生时间从发生日至记账日（或结转日）之间的时差相距甚远，则可能隐藏着某种问题。

5. 从资料应具备的要素内容是否齐全，判断是否存在可疑之处。

（二）对账簿的审阅

本案例涉及对账簿的审阅。

审阅会计账簿时，应注意是否符合《企业会计准则》及国家统一会计制度等规定。审阅账簿时要审阅总账与明细账、账簿与凭证是否相符，此外，还应重点审阅明细分类账的内容是否合法、合规，合计数是否计算准确，期初余额、借贷方向、合计数是否登记有误等。在审阅时，可根据摘要栏记载的内容，对照金额栏的数额进行审阅。例如，本案例中，从摘要上可以看出，付税收罚款不应计入销售费用，应进一步检查相关凭证，看是否存在会计账户核算内容上的错误。此外，对于付产品包装费的业务，要进一步查明包装费的性质是否属于产品成本的组成部分。

案例五　应用核对法检查存货

一、本案例学习目标

完成本案例学习后，学生应当掌握核对法的要点。

二、本案例的关键内容

（一）案例资料

注册会计师对金山股份有限公司审计时，取得如下资料：

1. 2019 年 12 月 31 日资产负债表如表 3－4 所示。

表 3－4　资产负债表

2019 年 12 月 31 日　　　　单位：元

资产	金额	负债和所有者权益	金额
现金	1 640.00	短期借款	10 000.00
银行存款	97 000.00	应付账款	150 000.00
应收账款	23 510.00	应交税费	12 000.00

续表

资产	金额	负债和所有者权益	金额
存货	240 800.00	应付职工薪酬	6 000.00
其中：材料	110 000.00	长期借款	10 000.00
在产品	130 800.00	负债合计	188 000.00
产成品	0	实收资本	300 000.00
长期投资	30 000.00	盈余公积	10 000.00
固定资产净值	177 200.00	未分配利润	21 150.00
在建工程	40 000.00	所有者权益合计	331 150.00
资产合计	519 150.00	负债和所有者权益合计	519 150.00

2. 2019 年 12 月材料总账如表 3－5 所示。

表 3－5　材料总账

2019 年		凭证字号	摘要	收入	发出	结存
月	日					
12	1	略	期初结余			25 000.00
	2		购入	140 000.00		
	16		购入	250 000.00		
	31		生产领有		296 000.00	119 000.00
	31		小计	390 000.00	296 000.00	119 000.00

3. 2019 年 12 月生产成本总账如表 3－6 所示。

表 3－6　生产成本总账　　单位：元

成本项目	直接材料	直接人工	制造费用	合计
期初在产品	40 000.00	4 000.00	8 000.00	52 000.00
本期投入	295 000.00	32 000.00	50 000.00	377 000.00
费用合计	337 000.00	36 000.00	58 000.00	430 000.00
单位成本	2 240.00	288	464	2 992.00
结转产成品	224 000.00	28 800.00	46 400.00	299 200.00
期末在产品	111 000.00	7 200.00	11 600.00	129 800.00

4. 2019 年 12 月材料收发存报表如表 3 –7 所示。

表 3 –7　材料收发存月报表

项目 \ 材料		A 材料	B 材料	C 材料	D 材料	合计
期初	数量	50 件	80 公斤	80 公斤	400 公斤	
	单价	40. 00	100. 00	50. 00	5. 00	
	金额	2 000. 00	8000. 00	4000. 00	2 000. 00	16 000. 00
收入	数量	5200 件	1 000 公斤	1440 套	2 000 公斤	
	单价	40. 00	100. 00	50. 00	5. 00	
	金额	208 000. 00	100 000. 00	72 000. 00	10 000. 00	390 000. 00
期初	数量	50 件	80 公斤	80 公斤	400 公斤	
	单价	40. 00	100. 00	50. 00	5. 00	
	金额	2 000. 00	8000. 00	4000. 00	2 000. 00	16 000. 00
发出	数量	4 500 件	800 公斤	560 套	1600 公斤	
	单价	40. 00	100. 00	50. 00	5. 00	
	金额	180 000. 00	80 000. 00	28 000. 00	8 000. 00	296 000. 00
结存	数量	750 件	280 公斤	960 套	800 公斤	
	单价	40. 00	100. 00	50. 00	5. 00	
	金额	30 000. 00	28 000. 00	48 000. 00	4 000. 00	110 000. 00

5. 2019 年 12 月 31 日存货盘存表如表 3 –8 所示。

表 3 –8　存货盘存表

存货名称	单位	数量
A 材料	件	1 300
B 材料	公斤	460
C 材料	公斤	1 020
D 材料	公斤	800
在产品	件	200
产成品	件	0

6. 该公司所得税税率为 25% 。

（二）案例分析要求

根据上述资料对资产负债表中的存货进行检查，指出存在的问题，并做出调整，编制调整后的资产负债表。

三、本案例需要关注的问题

核对法，是指对会计资料等书面资料或是对书面资料的记录与实物进行相互核对以验证其是否相符的一种稽查技术方法。会计资料间的相互核对包括证证核对、账证核对、账账核对、账表核对、表表核对。

核对法是检查程序中较为重要的技术方法。按照复式记账的原理核算的结果，资料之间会形成一种相互制约关系，若被稽查单位的有关人员存在无意的工作差错或是故意的舞弊行为，都会使形成的制约关系失去平衡。因此，通过相关资料之间的相互核对，就能发现可能存在的各种问题。

本案例中，注册会计师需要用核对法对资产负债表、生产成本和材料总账、材料收发存月报表明细账、存货盘存表之间进行相互核对，可以发现如下问题：

1. 材料总账和材料收发存月报表上的材料领用数均为296 000.00元，但生产成本总账上的本期领用直接材料金额为295 000.00元，二者相差1 000元。

2. 材料收发存月报表和存货盘存表中的A材料、B材料、C材料结存数量均不符。

案例六　调节法的应用

一、本案例学习目标

完成本案例学习后，学生应当能够掌握调节法的应用要点。

二、本案例的关键内容

（一）案例资料

注册会计师发现宏伟股份有限公司2018年12月31日产成品明细账结存数量如表3－9所示。

表 3－9　产成品明细账结存数

品种	一等品	二等品	三等品
产成品 1	640	160	50
产成品 2	880	220	100
产成品 3	450	120	30

遵照注册会计师张明的要求，该厂于 2019 年 1 月 14 日上午进行了盘点，盘点的结果如表 3－10 所示。

表 3－10　产成品盘点表

品种	一等品	二等品	三等品
产成品 1	608	216	46
产成品 2	857	255	58
产成品 3	414	56	20

查阅产成品仓库卡片，1 月 1 日至 14 日收付记录如表 3－11 所示。

表 3－11　产成品收支明细表

品种	收入			支出		
	一等品	二等品	三等品	一等品	二等品	三等品
产成品 1	1340	170	60	1 172	214	64
产成品 2	1 430	170	120	1 393	195	162
产成品 3	640	170	70	666	234	80

注册会计师已经检查了结账日后至盘点日期间的收发业务。

（二）案例分析要求

根据 2019 年 1 月 15 日实际盘点的结果，用调节法核实 2018 年 12 月 31 日结存数，并与原明细账结存数量核对，检查原记录的真实性和正确性。

三、本案例需要关注的问题

调节法是以一定时点的数据为基础，根据已经发生的正常业务进行增减计算，将其调节为所需要的数据，从而验证被查事项是否正确的方法。调节法通常用来审查银行存款和存货的结存情况。

当调节法用于审查银行存款时，注册会计师可编制银行余额调节表。如被查单位已经编制调节表，查账人员可用核对法加以证实。

当使用调节法核查财产物资时，由于盘点日往往迟于结账日，因而必须将盘点日数据调节为结账日数据，以便核实查账目标是否确实正确。调节公式如下：

结账日存量 = 盘点日存量 + 结账日至盘点日发出量 − 结账日至盘点日收入量

应该注意的是，应用上面的调节算式前，必须将结账日后至盘点日止期间的收发业务进行审阅和核对。

如果调节后结账日存量与该物资的账面存量相符，即可以由盘点日存量推算出结账日存量，则说明账实相符。如不符，应继续加以审查核实。

本案例中，产成品 1 的一等品决算日存货应存量 = 608（审查日存货盘存量） +1 172（上年决算日至审查日存货发出量） −1 340（上年决算日至审查日存货收入量） =440，与账面数字不符，故应继续检查账面数字的准确性。

与此类似，可以推算出其他产成品的结账日存量。

第四章
销售与收款循环审计

案例一　销售与收款循环关键控制及控制测试

一、本案例学习目标

完成本案例学习后，学生应当能够：熟悉销售与收款循环的关键控制目标及其控制活动，熟悉销售与收款循环的审计目标、控制测试程序，掌握销售折让与退回的测试程序。

二、本案例的关键内容

（一）案例资料

1994 年 5 月，G 投资公司、F 电器集团和 K 公司共同发起设立了大为股份有限公司。公司主营业务为电视机的生产与销售，大型制冷设备生产加工、销售，高科技产品的研制、生产、经销及相关技术服务。

华康会计师事务所于 2019 年 2 月 15 至 3 月 6 日审计了该公司 2018 年度会计报表。事务所派出了以郑洁为项目组长及以李芳、张同、刘欣为组员的审计组。在审计销售与收款环节时，注册会计师执行了以下审计程序：

1. 了解、描述、测试和评价被审计单位销售与收款环节内部控制制度，初步认为该公司的内部控制具有一定的可信性，运用抽查凭证法、实地考察法等对销售与收款循环的内部控制进行了控制测试，在此基础上，对其做了评价。

在审计中，注册会计师了解到大为公司在销售和收款循环的部分控制活动如下：

（1）按照企业规定，新客户的赊销应由信用经理审批，注册会计师发现有几笔订单上没有经理的赊销审批签字。经询问，发现这些业务是企业在外地设立的办事处接受的顾客订单，由于距离总部比较遥远，故由销售员根据实际情况确定是否接受该笔赊销订单，并于事后向总经理汇报。此外，还发现信用部门批准了五张销售单，但开单时未考虑顾客的信用限额。企业规定由财务人员每月与客户核对应收款项，但实际上并没有定期与客户核对，只是偶尔针对存在纠纷的应收账款进行核对。

（2）企业派一个专门的信息管理员负责将顾客采购订单和销售合同信息输入 ERP 系统，由系统自动生成连续编号的销售订单。每周末该信息管理员汇总本周内所有录入的销售合同，编制销售信息报告。

（3）信息管理员根据系统显示的“已完工”销售订单信息和销售合同约定的交货日期，开具连续编号的销售发票（出口发票一式六联），交销售经理审核，发票存根联由销售部留存，其他联次分别用于报关、出口押汇、税务核销、外汇核销以及财务记账等。应收账款记账员根据销售发票所载信息编制凭证和登记入账。注册会计师在检查中发现了销售发票与相关凭据不符的情形。

（4）大为公司仪器仪表的销售业务系以出口销售为主，与顾客签订的销售合同中不允许退货，若发生质量纠纷，应采取索赔的方式，根据双方确定的金额调整应收账款。注册会计师发现，有几笔冲减应收账款的业务未经销售经理和总经理审批。

（5）大为公司的小家电业务以国内销售为主，由于国内市场竞争激烈，公司制定了比较灵活的销售折扣与折让政策。

2. 对销售收入进行分析性复核，发现销售收入可能存在虚记。

3. 进行凭证抽查，发现收入虚记的确切证据。

4. 审查收入确认和关联方交易，发现有价格高估行为。

5. 进行销售截止期测试，发现销售收入入账期间不恰当。

（二）案例分析要求

根据上述事项，请指出：

1. 销售与收款循环的控制目标是什么？销货业务的关键控制点有哪些？注册会计师应如何了解被审计单位的内部控制情况？

2. 该公司销售与收款循环内部控制设计与运行中存在哪些缺陷？请针对上述内部控制缺陷提出改进建议。

3. 上述内部控制缺陷与哪些会计报表项目或科目的何种认定有关？

4. 注册会计师应如何对销售退回与折让进行审计？

三、本案例需要关注的问题

（一）销售与收款循环的内部控制目标

销售与收款循环的内部控制目标主要有：与销售货物相关的权利均已记录至应收账款；销售货物交易均已记录于适当时期；已记录的销售退回、折扣与折让均为真实发生的；已发生的销售退回、折扣与折让均已记录；准确计提坏账准备和核销坏账，并记录于适当时期；收款是真实发生的；准确记录收款；收款均已记录于适当期间；监督应收账款及时收回；对顾客档案变更均为真实有效等。

（二）销售业务的关键控制

销货业务关键控制包括：以经过审核的发运凭证、经过批准的顾客订货单为依据入账；赊购要经过授权批准；销售发票要事先编号，并入账；每月向顾客送对账单；销售价格、付款条件等要经过适当授权批准；采用适当的会计科目表等。

（三）了解内部控制与控制测试

内部控制是指被审计单位为了保证业务活动的有效进行，保护资产的安全和完整，防止、发现、纠正错误与舞弊，保证会计资料的真实、合法、完整而制定和实施的政策与程序。

注册会计师可以运用调查表法、文字描述法和流程图法等对被审计单位的内部控制的设计情况进行了解，在此基础上再确定其是否被执行和有效，即进行控制测试。

注册会计师对内部控制制度进行控制测试后，再对其进行评价，确定控制风险水平，进而可确定实质性测试的性质、时间和范围。

就本案例来讲，注册会计师刘欣首先通过调查表等方法对其进行了调查了解，初步认为该公司的内部控制具有一定的可信性，运用抽查凭证法、实地考察法等对销售与收款循环的内部控制进行了控制测试，在此基础上，对其做了评价。

如前所述，该公司销售与收款循环内部控制得到了执行，但在内部控制制度中也存在一些问题。从了解内部控制和控制测试中可以发现本案例中大为股份有限公司内部控制的缺陷包括：

1. 企业应管理并审核批准信用额度，以保证仅接受在信用额度内的订单。事项 1 中由销售员相机决定是否赊销会使接受订单和批准赊销信用环节缺乏内控，并且应收款项未能定期与客户核对，应收款项的管理较为混乱。

具体改进建议如下：

如果是新顾客，销售经理应进行客户背景调查，获取包括信用审批机构对顾客信用等级的评定报告等，填写“新顾客基本情况表”，并附相关资料交至信用管理经理审批。信用管理经理将在“新顾客基本情况表”上签字注明是否同意赊销。如果是现有顾客，业务员应对订单金额与该顾客已被授予的信用额度以及至今尚欠的账款余额进行检查，经销售经理审批后，交至信用管理经理复核。如果是超过信用额度的采购订单，应由总经理审批，并且应严格执行应收账款的定期核对制度。

上述内部控制缺陷与应收账款的计价和分摊认定以及主营业业务收入的发生认定有关。

2. 企业应由不负责输入销售订单的人员比较销售订单数据与支持性文件是否相符。在事项 2 中，企业派一个信息管理员负责订单的输入、核对和报告是不正确的，致使出现了销售发票与相关凭据不符的情形，为销售发票的虚开提供了可能。

改进建议：应另外派一个不负责输入销售订单的人员定期比较销售订单数据与支持性文件是否相符，并对任何不续编号的情况进行检查。如有不符，复核人员应通知信息管理员，与其共同调查该事项。

上述内部控制缺陷与应收账款的存在认定以及主营业业务收入的发生认定有关。

3. 企业内部控制制度应使得销售订单、销售发票已连续编号、编号连续性已被核对，以保证与销售货物相关的权利已记录至应收账款。

事项 3 中应收账款记账员仅根据销售发票所载信息编制凭证和登记入账存在控制缺陷。

正确的做法是：应收账款记账员在编制凭证前，先将销售订单信息、销售发票所载信息和报关单、运货提单等进行核对。如所有单证核对一致，可在发票上加盖“相符”印戳并将有关信息编制凭证和输入系统。

上述内部控制缺陷与应收账款的存在、权利和义务的认定以及主营业业务收入的发生认定有关。

4. 企业内控制度应保证管理层制定有关销售退回、折扣、折让的政策和程序，并监督其执行，以此实现已记录的销售退回、折扣、折让为真实发生的。

事项4 中未经相关主管人员签字即冲减应收账款的业务是不正确的。正确的做法是：业务员在接到顾客的索赔传真等资料后，编制连续编号的顾客索赔处理表，交至生产部门和技术部门，由生产经理、技术经理确定是否确属产品质量问题，并签字确认；如确属该公司的责任，才能减记应收账款账目，并在顾客索赔处理表上注明货款结算情况。另外企业还可以规定，对于索赔金额不超过一定限额的，由销售经理批准，如超过该标准，应由总经理审批。

（四）实质性测试

1. 实质性测试是为会计报表每项认定的公允性提供证据，它所披露的是被审计单位记录交易和余额的过程中发生的错报和漏报情况。

2. 实质性测试要解决的问题。实质性测试要解决其测试的性质、时间和范围。实质性测试的性质是指要执行的审计程序的种类及其有效性。实质性测试的时间是指对被审计单位会计报表进行测试是在会计期中，还是在会计期末或接近会计期末。实质性测试的范围是指执行实质性测试的种类的多少，所审计的项目的数量。

就本案例来讲，刚才在审计方法与过程中提到的实质性测试程序包括：

（1）对销售收入进行分析性复核，发现销售收入可能存在虚记。

（2）进行凭证抽查，发现收入虚记的确切证据。

（3）审查收入确认和关联方交易，发现价格高估行为。

（4）进行销售截止期测试，发现销售收入入账期间不恰当。

（五）销售折扣与折让的审计程序

在审计销售折扣与折让时，注册会计师一般可执行下列审计程序：

1. 获取或编制折扣与折让明细表，复核加计正确，并与明细账合计数核对相符。

2. 取得被审计单位有关折扣与折让的具体规定和其他文件资料，并抽查较大的折扣与折让发生额的授权批准情况，与实际执行情况进行核对，检查其是否经授权批准，是否合法、真实。

3. 销售折让与折扣是否及时足额提交对方，有无虚设中介、转移收入、私设账外“小金库”等情况。

4. 检查折扣与折让的会计处理是否正确。

案例二　营业收入实质性测试

一、本案例学习目标

完成本案例学习后，学生应当能够：掌握营业收入审计的目标，掌握营业收入审计的实质性测试程序内容，理解各个审计程序与审计目标及管理层认定之间的关系，理解业务实质性测试的设计方法。

二、本案例的关键内容

（一）案例资料

注册会计师刘欣和李明负责对大为股份有限公司的营业收入进行实质性测试，在工作底稿中记录了所执行的审计程序，部分内容摘录如表4－1及表4－2所示。

表4－1　审计目标与认定对应关系表（一）

审计目标	财务报表认定					
	发生	完整性	准确性	截止时间	分类	列报
A：利润表中记录的营业收入已发生，且与被审计单位有关						
B：所有应当记录的营业收入均已记录						
C：与营业收入有关的金额及其他数据已恰当记录						
D：营业收入已记录于正确的会计期间						
E：营业收入已记录于恰当的账户						
F：营业收入已按照企业会计准则的规定在财务报表中做出恰当的列报						

表4－2　审计目标与审计程序对应关系表（二）

审计目标	可供选择的审计程序
	1. 获取或编制主营业务收入明细表： （1）复核加计是否正确，并与总账数和明细账合计数核对是否相符，结合其他业务收入科目与报表数核对是否相符 （2）检查以非记账本位币结算的主营业务收入的折算汇率及折算是否正确

续表

审计目标	可供选择的审计程序
	2. 实质性分析程序。针对已识别需要运用分析程序的有关项目，并基于对被审计单位及其环境的了解，通过进行以下比较，同时考虑有关数据间关系的影响，以建立有关数据的期望值： （1）将本期的主营业务收入与上期的主营业务收入进行比较，分析产品销售的结构和价格变动是否异常，并分析异常变动的原因 （2）计算本期重要产品的毛利率，与上期比较，检查是否存在异常，各期之间是否存在重大波动，查明原因 （3）比较本期各月各类主营业务收入的波动情况，分析其变动趋势是否正常，是否符合被审计单位季节性、周期性的经营规律，查明异常现象和重大波动的原因 （4）将本期重要产品的毛利率与同行业企业进行对比分析，检查是否存在异常 （5）根据增值税发票申报表或普通发票，估算全年收入，与实际收入金额比较 （6）确定可接受的差异额 （7）将实际的情况与期望值相比较，识别需要进一步调查的差异 （8）如果其差额超过可接受的差异额，调查并获取充分的解释和恰当的佐证审计证据（如通过检查相关的凭证等） （9）评估分析程序的测试结果
	3. 检查主营业务收入的确认条件、方法是否符合企业会计准则，前后期是否一致；关注周期性、偶然性的收入是否符合既定的收入确认原则、方法
	4. 获取产品价格目录，抽查售价是否符合价格政策，并注意销售给关联方或关系密切的重要客户的产品价格是否合理，有无以低价或高价结算的方法，相互之间有无转移利润的现象
	5. 抽取发货单，审查出库日期、品名、数量等是否与发票、销售合同、记账凭证等一致
	6. 抽取记账凭证，审查入账日期、品名、数量、单价、金额等是否与发票、发货单、销售合同等一致
	7. 结合对应收账款的审计，选择主要客户函证本期销售额
	8. 对于出口销售，应当将销售记录与出口报关单、货运提单、销售发票等出口销售单据进行核对，必要时向海关函证
	9. 销售的截止测试
	10. 存在销货退回的，检查手续是否符合规定，结合原始销售凭证检查其会计处理是否正确；结合存货项目审计关注其真实性
	11. 销售折扣与折让
	12. 检查有无特殊的销售行为，如委托代销、分期收款销售、商品需要安装和检验的销售、附有退回条件的销售、售后租回、售后回购、以旧换新、出口销售等，选择恰当的审计程序进行审核

（二）案例分析要求

1. 请指出营业收入审计的目标及对应的财务报表认定，并填写于审计工作底稿中。

2. 对注册会计师执行的实质性测试程序，请确定其要完成的审计目标。请根据上述回答填写完成审计工作底稿。

三、本案例需要关注的问题

如案例中的审计工作底稿所示，营业收入的审计目标可分为六类，并分别与相应的管理当局认定相对应。

确定了审计目标后，注册会计师要进行审计程序的选择。有些审计程序在每一项审计业务中都可使用，而另外一些审计程序取决于了解内部控制和内部控制测试的结果。根据不同的情况，注册会计师所采用的审计程序会有很大差异，故确定营业收入的实质性测试程序并非一蹴而就的事情。作为注册会计师，必须清楚地了解其所采用的审计程序的目的和适用环境。

本案例中情况如表4－3及表4－4所示。

表4－3　审计目标与认定对应关系表（一）

审计目标	财务报表认定					
	发生	完整性	准确性	截止	分类	列报
A：利润表中记录的营业收入已发生，且与被审计单位有关	√					
B：所有应当记录的营业收入均已记录		√				
C：与营业收入有关的金额及其他数据已恰当记录			√			
D：营业收入已记录于正确的会计期间				√		
E：营业收入已记录于恰当的账户					√	
F：营业收入已按照企业会计准则的规定在财务报表中做出恰当的列报						√

表 4－4　审计目标与审计程序对应关系表（二）

审计目标	可供选择的审计程序
C	1. 获取或编制主营业务收入明细表： （1）复核加计是否正确，并与总账数和明细账合计数核对是否相符，结合其他业务收入科目与报表数核对是否相符 （2）检查以非记账本位币结算的主营业务收入的折算汇率及折算是否正确
A，B，C	2. 实质性分析程序。针对已识别需要运用分析程序的有关项目，并基于对被审计单位及其环境的了解，通过进行以下比较，同时考虑有关数据间关系的影响，以建立有关数据的期望值： （1）将本期的主营业务收入与上期的主营业务收入进行比较，分析产品销售的结构和价格变动是否异常，并分析异常变动的原因 （2）计算本期重要产品的毛利率，与上期比较，检查是否存在异常，各期之间是否存在重大波动，查明原因 （3）比较本期各月各类主营业务收入的波动情况，分析其变动趋势是否正常，是否符合被审计单位季节性、周期性的经营规律，查明异常现象和重大波动的原因 （4）将本期重要产品的毛利率与同行业企业进行对比分析，检查是否存在异常 （5）根据增值税发票申报表或普通发票，估算全年收入，与实际收入金额相比较 （6）确定可接受的差异额 （7）将实际的情况与期望值相比较，识别需要进一步调查的差异 （8）如果其差额超过可接受的差异额，调查并获取充分的解释和恰当的佐证审计证据（如通过检查相关的凭证等） （9）评估分析程序的测试结果
A，B，C，D	3. 检查主营业务收入的确认条件、方法是否符合企业会计准则，前后期是否一致；关注周期性、偶然性的收入是否符合既定的收入确认原则、方法
C	4. 获取产品价格目录，抽查售价是否符合价格政策，并注意销售给关联方或关系密切的重要客户的产品价格是否合理，有无以低价或高价结算的方法，相互之间有无转移利润的现象
A，B，C，D	5. 抽取发货单，审查出库日期、品名、数量等是否与发票、销售合同、记账凭证等一致
A，C，D	6. 抽取记账凭证，审查入账日期、品名、数量、单价、金额等是否与发票、发货单、销售合同等一致
A，C	7. 结合对应收账款的审计，选择主要客户函证本期销售额
A	8. 对于出口销售，应当将销售记录与出口报关单、货运提单、销售发票等出口销售单据进行核对，必要时向海关函证
D	9. 销售的截止测试

续表

审计目标	可供选择的审计程序
A	10. 存在销货退回的，检查手续是否符合规定，结合原始销售凭证检查其会计处理是否正确。结合存货项目审计关注其真实性
C	11. 审计销售折扣与折让的授权审批，看起是否及时足额提交对方，会计处理是否正确
A，B，C，D，E	12. 检查有无特殊的销售行为，如委托代销、分期收款销售、商品需要安装和检验的销售、附有退回条件的销售、售后租回、售后回购、以旧换新、出口销售等，选择恰当的审计程序进行审核

案例三　销售收入的截止测试

一、本案例学习目标

完成本案例学习后，学生应当能够：掌握销售截止测试的含义、目的、常用审计程序及其适用范围。

二、本案例的关键内容

（一）案例资料

伟达公司是销售生产和销售高档家具的公司，公司要求销货时必须有预先编号的出库单。截至 2018 年 12 月 31 日，最后一张出库单的号码是 4544，这张出库单对应的当月最后一张发票号码是 1545。注册会计师刘欣和李明负责对伟达公司的销售收入进行截止测试，在工作底稿中记录了所抽取的凭证和单据信息，部分内容摘录如表 4－5 所示。

表 4－5　销售截止性测试

被审计单位名称：伟达公司　　编制：刘欣

日期：2018 年 2 月 8 日　　索引号：D1－3

会计期间或截止日：2018 年 1～12 月　　复核：李明　日期：2019 年 3 月 1 日

客户名称	发票记录				记账凭证		出库单	备注
	编号	日期	数量（台）	金额（元）	日期	编号	日期	
A 公司	1539	2018－12－17	20		2018－12－17		2018－12－17	√，H

续表

客户名称	发票记录				记账凭证		出库单	备注
	编号	日期	数量（台）	金额（元）	日期	编号	日期	
B公司	1540	2018－12－18			2018－12－18		2018－12－18	√，H
C公司	1541	2018－12－19			2018－12－19		2018－12－19	√，H
D公司	1542	2018－12－20	35	23 400	2018－12－22	转字125	2019－01－20	H
J公司	1543	2018－12－25	28	18 900	2018－12－26	银收字56	2018－12－25	√，H
Q公司	1544	2018－12－28	90	72 540	2018－12－29	转字140	2019－01－14	H
W公司	1545	2018－12－31	68	48 300	2019－01－05	字18	2019－01－01	√，H
K公司	1546	2019－01－05	35	24 000	2019－01－07	转字23	2019－01－05	发票和出库单均为红字，退货
L公司	1547	2019－01－05					2019－01－05	√，H
M公司	1548	2019－01－05					2019－01－05	√，H
N公司	1549	2019－01－06					2019－01－06	√，H
审计说明： √：表示与发货核对相符；H：表示过入明细账和总账。								

（二）案例分析要求

1. 伟达公司的1539至1546号发票与号码分别与4539至4546的出库单号一一对应，假设负责开发票的员工误将1545至1549号发票的日期写成12月31日，请分析这种错误对财务报表的影响，并指出注册会计师如何才能发现这种错误？

2. 结合本案例，请讨论：在审计实务中注册会计师可以考虑选择哪些审计路线实施营业收入的截止测试？

3. 本案例中哪些销售业务需要调整，哪些不需要调整？若本案例中有关发票记录和记账凭证记录做了调整后，对销售收入的期末数如何进行调整？

4. 请列出进行销售截止测试常用的审计程序。

三、本案例需要关注的问题

（一）销售截止测试的目的

销售截止测试就是检查发票开具日期、记账日期和发货日期是否归属于同一适当的会计期间，其主要目的是确定被审计单位主营业务收入的会计记录归属期是否正确，应计入本期或下期的主营业务收入是否被推迟至下期或提前至本期，发现企业期末高估收入或低估收入及利润操纵行为。

在本案例中，由于截至 2018 年 12 月 31 日，最后一张出库单的号码是 4544，其对应的当月最后一张发票号码是 1545，但员工误将 1545 至 1549 号发票的日期写成 12 月 31 日，这种出库单和销售发票不在同一年度的截止错误容易造成企业提前确认收入，注册会计师执行截止测试可以发现这种错误。

（二）截止测试路线

在审计实务中，有三条不同起点的截止测试路线可供注册会计师选择：一是以账簿记录为起点，从报表日前后若干天的账簿记录追查至记账凭证，并检查对应的发票和发运凭证是否与之相符，是否所有营业收入都是真实的，均已开具发票并发货，有无高估收入现象。二是以销售发票为起点，抽取报表日前后若干天的发票存根，追查至发运凭证与账簿记录，确定已开具发票的货物是否已经发货并于同一会计期间确认收入。三是以发运凭证为起点，从报表日前后若干天的发运凭证入手，追查发票开具情况与账簿记录情况，确定营业收入是否已记入恰当的会计期间。

本案例中，对 D 公司和 Q 公司的销售，经与销售合同核对，确定具体供货日期为 2019 年 1 月，但伟达公司将这两笔业务均记入了 2018 年度，入账期间提前，应调入 2019 年，两笔收入共计 95 940 元，调整销售收入的分录为：

借：主营业务收入	82 000	
应交税金——应交增值税	13 940	
贷：应收账款——Q 公司		72 540
——D 公司		23 400

A 公司、B 公司、C 公司、J 公司、L 公司、M 公司、N 公司和 W 公司的销售收入确认日期与开票和发货日期相符，不需要调整。

对 K 公司的退货在 1 月的记录中冲销了 2018 年的销售收入，账务处理正确，不需要调整。

（三）销售截止测试常用的审计程序

进行销售截止测试常用的审计程序包括：

1. 通过测试资产负债表日前后若干天且金额大于某标准的发货单据，将应收账款和收入明细账进行核对；同时，从应收账款和收入明细账选取在资产负债表日前后若干天且金额大于某标准的凭证与发货单据核对，以确定销售是否存在跨期现象。

2. 复核资产负债表日前后销售和发货水平，确定业务活动水平是否异常（如与正常水平相比），并考虑是否有必要追加截止程序。

3. 取得资产负债表日后所有的销售退回记录，检查是否存在提前确认收入的情况。

4. 结合对资产负债表日应收账款的函证程序，检查有无未取得对方认可的大额销售。

5. 调整重大跨期销售。

案例四　应收款项及坏账准备审计

一、本案例学习目标

完成本案例学习后，学生应当能够：了解在应收账款及坏账准备中存在的主要会计舞弊形式及对其进行实质性测试的主要程序和方法，并掌握应收款项函证的过程和方法以及坏账准备计提和转销的审核过程和内容。

二、本案例的关键内容

（一）案例资料

蓝格股份有限公司由原蓝格集团内剥离出的部分优质资产组建而成，并于1997年在上海证券交易所上市，总股本为10 600万股，其中法人股为600万股，国家股为7 000万股，流通A股为3 000万股。公司主营各类大重型机床、专用机械设备、食品机械等产品的开发、制造和销售。

华康会计师事务所派出了以李明为项目组长及以张芳、张迪、谢雨为组员的项目组。审计组于2019年3月15至4月6日对该公司2018年度的会计报表进行审计。在审计应收账款和坏账准备时，注册会计师主要实施了以下审计程序：

（1）通过了解、调查、描述、测试与评价等方法进行控制测试。

（2）对应收款项进行分析性复核。

（3）对大额应收款项进行凭证抽查，并执行函证程序。

注册会计师确定的函证样本和方式如表4－6所示。

表4－6　函证取样表

项　目	余额（万元）	户数（户）	函证方式	函证数量
应收账款	100以上	2	肯定式函证	全部函证
	50～100	4	肯定式函证	全部函证
	10～50	56	肯定式函证	选取20户函证
	1～10	62	否定式函证	选取20户函证
	1以下	34	否定式函证	选取15户函证
预付账款	100以上	1	肯定式函证	全部函证
	50～100	2	肯定式函证	全部函证
	50以下	无		
其他应收款	50以上	5	肯定式函证	全部函证
	10～50	3	肯定式函证	全部函证
	10万元以下	为内部备用金及职工欠款		

在执行函证程序的过程中，注册会计师遇到如下特殊事项：

1. 在选择函证样本的过程中，注册会计师计划将几个贷方余额较大的账户包含在函证范围内，但遭到被审计单位销售经理的强烈反对，其理由是如果对这些客户函证，对方会要求立刻偿还欠款。

2. 在注册会计师发出的应收账款询证函中，有4份没有收到回函，其中：嘉华公司因地址错误，被邮局退回；意林公司先发来传真件回复；滨力公司已经被注销；林银公司已经进入破产清偿程序。

3. 在注册会计师收到的应收账款询证函的回函中有6份存在问题，分别为：丁原公司购买的30万货物的货款已经于12月26日结清；滨海公司购买的20万元货物尚未收到；可达公司已经于12月28日将不符合合同要求的35万元货物退回；德润公司对运输途中损坏的货物已经提出诉讼，要求半价支付，故应收账款应为15万，而非询证函中的30万；益达公司提出其所欠款项已经于12月22日付讫；枫叶公司提出其曾于10月预付一笔30万的货款，希望以此抵销对照单中列示的欠款15万。

对于上述问题，注册会计师采取了相应的审计程序。最后，注册会计师张迪根据要求，编制了“应收款项函证情况汇总表”，其部分内容见

表4－7。

表4－7　应收款项函证情况分析表

被审单位名称：蓝格股份公司　　编制者：张迪　　日期：2019年4月1日
会计截止日：2018年12月31日　　复核者：李明　　日期：2019年4月15日

函证单位	账面余额（元）	收到回函		未收到回函，通过替代程序确认（元）	未确认金额（元）	备　注
		直接确认（元）	实施追加程序后确认（元）			
JD公司	340 000	340 000				
咸阳公司	420 000			420 000		已于次年1月5日收到20万元货款
永锡实业	250 000		140 000			110 000元的差额为串户错误
泛海公司	400 000		493 600			93 600元为漏记错误
友谊公司	1 500 000					账务处理错误
……						
合计	12 300 000	11 000 000	900 000	380 000	10 000	
函证户数占总户数的55%，抽取样本进行函证的金额占应收款项总额的80%，可确认金额占样本总金额的99%						

（二）案例分析要求

1. 结合本案例，请说明注册会计师应如何确定函证对象以及对于每个函证对象，如何选择函证方式？

2. 本案例的事项1中，对于销售经理反对函证一些客户的要求，注册会计师应如何处理？

3. 本案例中，注册会计师对于未收到回函的应收账款应采用哪些审计程序？

4. 对应收账款进行函证时是否需要对所有债务人进行函证？在确定函证规模时应考虑哪些因素？

5. 为取得可靠的证据，注册会计师应如何对函证过程实施控制？

6. 若本案例中对坏账准备的转销抽查时，该公司有一笔转销分录为：

借：坏账准备　　　　　　　　　　　　150 000

银行存款　　　　　　　　　　　　　　　　100 000

贷：应收账款——光明集团　　　　　　　　　　250 000

该笔应收账款的账龄为 3 年整，问对该项业务进行这种处理后，可能会有哪些后果？

7. 本案例中若应收账款和其他应收款计提坏账准备的方法为余额百分比法，两个账户合计的期末余额为 1 010 万元，计提比例为 10%，坏账准备账户的期初余额为 120 万元，本期借方发生额为 181 万元，预付账款和应收票据无需要计提坏账准备的情形。不考虑其他项目的影响，蓝格公司坏账准备本期提取数为 101 万元，请问坏账准备的计提数额是否正确？

三、本案例需要关注的问题

（一）函证的含义

函证（即外部函证），是指注册会计师直接从第三方（被询证者）获取书面答复作为审计证据的过程，书面答复可以采用纸质、电子或其他介质等形式。

（二）应收账款函证的目的

审计准则规定，注册会计师应当对银行存款、借款、应收账款进行函证。尤其是应收账款，除非有充分证据表明应收账款对财务报表不重要，或函证很可能无效，否则不可省略函证程序。若不进行函证，注册会计师应当在工作底稿中说明理由。

应收账款函证的目的是为了证实应收账款账户余额的真实性、正确性，防止和发现被审计单位及其有关人员在销售业务中发生的差错或弄虚作假、营私舞弊行为。

本案例即反映出注册会计师张迪对蓝格股份有限公司应收款项进行函证的过程。

（三）函证对象的确定

注册会计师可以运用抽样方式确定函证样本，样本应当足以代表总体，并包括：

1. 余额较大的项目。
2. 坏账龄较长的项目。
3. 交易频繁但期末余额较小的项目。
4. 重大关联方交易。
5. 重大或异常的交易。

6. 可能存在争议以及产生重大错误或舞弊的交易。

(四) 函证方式的确定

函证方式包括积极方式和消极方式。

1. 积极方式。积极的函证方式，也称肯定式函证，注册会计师应当要求被询证者在所有情况下必须回函。本案例中，注册会计师对于余额较大的应收账款项目实施了肯定式函证。

2. 消极方式。消极的函证方式，也称否定式函证，注册会计师只要求被询证者仅在不同意询证函列示信息的情况下才予以回函。

当同时存在以下情况时，注册会计师可考虑采用消极的函证方式：固有风险和控制风险评估为低水平；涉及大量较小的账户余额；预计不存在大量的错误；没有理由相信被询证者不认真对待函证。

(五) 选定函证对象

执行应收账款的函证程序时，为了提高审计效率，一般不需要对所有债务人进行函证，可以根据审计抽样确定的样本规模，并结合以下几种因素的影响来选定函证对象。

1. 应收账款在全部资产中的重要程度。如果应收账款在全部资产中所占的比例较大，那么，函证量也应相应大一些。

2. 被审计单位内部控制的强弱。如果内部控制比较健全，可以相应缩小函证范围；反之，要扩大函证范围。

3. 以前年度的函证结果。如果以前年度函证中发现重大差异或欠款纠纷较多，函证范围应扩大一些。

4. 函证方式的选择。如果选择肯定式函证，可相应减少函证量；如果选择否定式函证，则应增加函证量。

一般情况下，账龄长、金额大、存在纠纷的应收账款，非正常名称的账户，关联方余额，有贷方余额的账户，是注册会计师必须向债务人函证的对象。

(六) 对未回函的应收账款应实施替代程序

在采取积极的函证方式的情况下，对未回函的被函证对象，应实施替代程序，一般是审阅有关会计资料，主要包括：审阅应收账款明细账和银行存款日记账；抽查有关的会计凭证；核对相关发票、出库单、货运凭证、顾客订单、销售合同等；查找资产负债表日后收回的款项以证明应收账款的存在性。

本案例中：

1. 对退回的嘉华公司的询证函，注册会计师首先应查明退函原因，其次执行替代审计程序。

2. 对意林公司先发来的传真件，注册会计师应直接接收，并要求意林公司寄回询证函原件。

3. 对滨力公司的应收账款，注册会计师应执行替代审计程序，并且追加审计程序以获取滨力公司被吊销的文件及清算报告，建议被审计单位对此坏账加以注销。

4. 林银公司已进入破产清偿程序，注册会计师应提醒蓝格公司对该公司的应收账款及时进行债权登记。

（七）对函证实施过程进行控制

审计准则规定，当实施函证程序时，注册会计师应当对询证函保持控制，包括：

1. 确定需要确认或填列的信息。

2. 选择适当的被询证者。

3. 设计询证函，包括正确填列被询证者的姓名和地址，以及被询证者直接向注册会计师回函的地址等信息。

4. 发出询证函并予以跟进，必要时再次向被询证者寄发询证函。

（八）管理层不允许寄发询证函

在本案例中，在选择询证函样本的过程中，注册会计师计划将几个贷方余额较大的账户包含在函证范围内，但遭到被审计单位销售经理的强烈反对，理由是如果对这些客户函证，对方会要求立刻偿还欠款。对于这种情况，注册会计师应结合具体情况考虑其要求是否合理，如果认为管理层的要求合理，注册会计师应评价管理层不允许寄发询证函对评估的相关重大错报风险（包括舞弊风险）以及其他审计程序的性质、时间安排和范围的影响，并且实施替代审计程序，以获取与这些账户余额或其他信息相关的充分适当的审计证据。如果注册会计师认为这些要求不合理，且被其阻挠不能实施函证，则应视为审计范围受到限制，并考虑该事项对审计报告的影响。

（九）恰当应对回函中有问题的事项

对于回函中有问题的事项，注册会计师应追加审计程序，取得充分适当的审计证据。本案例中，注册会计师应实施以下审计程序：

1. 针对丁原公司购买的 30 万货物的货款已经于 12 月 26 日结清的情况，注册会计师应检查 12 月 26 日及以后的银行对账单及银行日记账，确定该货款的入账日期，以确定该应收账款的真实性。

2. 针对滨海公司购买的 20 万元货物尚未收到的事项，注册会计师应检查相关合同、销售发票及发运凭证，确定该笔业务是否符合销售收入的确认条件，并检查该在途存货是否纳入企业本期的存货盘点表。

3. 针对可达公司将不符合合同要求的 35 万元货物退回的事项，注册会计师应检查退回通知单、退税证明、红字发票及入库单，以确认货物是否退回，如果确实已经退回，应要求企业调整当前收入和相关科目。

4. 针对德润公司对损坏货物提出诉讼的事项，注册会计师应检查涉及诉讼的相关文件，征求律师的意见，以确定应收账款的金额。

5. 针对益达公司提出其所欠款项已经于 12 月 22 日付讫的事项，注册会计师应检查银行记录及银行收款的原始单据和相关明细账。

6. 针对枫叶公司提出其曾于 10 月预付一笔 30 万元的货款，希望以此抵销对照单中列示的欠款 15 万元，注册会计师应检查预付账款明细账、相关银行记录和原始单据，询问公司管理层对此项业务的处理意见。

（十）坏账转销的处理

对刚满 3 年的应收账款不应一次转销，应视其可收回情况进行处理，不能随意转销。本案例中的转销处理会带来的后果是：如果公司内部控制不严，很容易出现当款项收回时，被有关人员贪污挪用的问题。

（十一）坏账准备的计提

本案例中坏账准备的计提数额不正确，根据会计准则的规定，应提金额为：101 +（181 – 120）=162（万元）。

案例五 虚列销售收入

一、本案例学习目标

在完成本案例学习后，学生应当能够：掌握在销售业务中虚列销售收入的主要舞弊形式，掌握在销售收入审计中应用分析程序的要点，掌握注册会计师发现虚列销售收入的审计方法，了解销售业务实质性测试的主要环节及程序、方法。

二、本案例的关键内容

（一）案例资料

大禹公司是一家上市公司，其主要业务是出口电子产品及设备。因受外围经济形势影响，该公司 2017 年和 2018 年两年均出现大幅度利润下滑，因此公司管理层受到了股东的强烈指责。为了提高销售业绩，2019 年，该公司推出如下举措：

第一，开展“先试用再买单”活动，允许顾客试用产品 3 个月，在此期间可随时退货。此项活动令大禹公司销售额增长 20%。

第二，在各个省会城市招募代理商，为鼓励和支持代理商，允许代理商将付款日延迟到其将所代理商品售出之时。

注册会计师实施了分析程序等审计程序，并重点查证了大禹公司的关联交易情况。在审计中，注册会计师发现如下事项：

1. 注册会计师在库房参加实地盘点时，发现公司有一批商品与其他存货分离放置。经询问得知，该货物与顾客要求之规格不符，故顾客未将货物提走。注册会计师发现此笔业务已经入账。

2. 9 月份向天泰公司销售一批设备，该设备将于 3 个月后交货，故暂时单独存放于公司仓库内。天泰公司购买该设备的目的是用于次年 1 月的 1 号工程投标。天泰公司与大禹公司约定，该项业务是附有条件的，若 1 号工程投标失败，它有权取消订单。由于设备发票已经开出，大禹公司已经将其列为当月销售收入。

3. 12 月 5 日，为缓解资金紧张，大禹公司用自己生产的设备与其材料供应商雷利公司的材料进行交换，大禹公司的会计记录显示，大禹公司已根据设备的市场价格开具发票并确认销售收入。设备已经运送到雷利公司，但供应商提出要先对设备进行试运行，故材料需要第二年才能送到本企业。

4. 大禹公司一直向利郎公司购买 M 材料。12 月 10 日，利郎公司提出必须清偿以前的欠款才继续向大禹公司赊销 M 材料。经协商，大禹公司以本公司生产的 A 设备抵偿以前向供货商利郎公司赊购的材料款。A 设备价值较高，目前已经运至利郎公司。大禹公司将此业务列入销售收入。

5. 大禹公司于 2019 年 12 月初以每台 10 万元的价格向天海公司交付了 10 台设备。双方约定，在该公司付清货款前，大禹公司仍对未付款的产品保留法定所有权。截至 12 月 31 日，天海公司共支付货款 50 万元，但大禹公司确认销售收入 100 万元。

（二）分析要求

1. 结合本案例，请说明进行销售收入的分析性复核时应从哪些方面入手？你认为应分析哪些核心指标？

2. 针对事项 1 ~ 4，根据收入确认的原则，请判断大禹公司在销售收入确认中是否存在不妥之处，若存在问题，请提出审计调整意见。

3. 结合本案例，请分别讨论注册会计师应追加什么审计程序，才能查证清楚。

4. 在销售与收款循环审计中为何要关注关联方交易？请说明注册会计师针对关联方交易实施的常规审计程序。

三、本案例需要关注的问题

（一）在销售收入审计中应用分析程序

分析程序是进行销售收入审计的重要程序，通过该程序可以发现销售收入可能存在的高估或低估问题。

在本案例中，可利用分析程序来进行风险评估，并相应追加审计程序，包括：

1. 了解大禹公司的基本情况，关注企业面临的压力、公司治理方面存在的缺陷等可能造成舞弊的因素。

2. 根据收集电子产品及设备行业资料，将大禹公司与同行业公司对比，分析销售增长率、销售毛利率等关键指标是否异常。用近几年的毛利率进行对比分析，看其波动规律，并与该公司所生产产品的价格走势、外部的市场环境、市场占有率等相关因素进行综合分析，以发现公司收入的异常变化。

3. 将本期的收入数与上一期对比，看是否有异常波动；也可将本期数与计划数对比，看其与计划的差异；还可将本期收入与本期的营业费用、管理费用比较，计算销售费用率，看是否有异常变化。主要分析指标可以是销售收入增长率、毛利率、销售费用率等。

4. 收集股东、债权人、其他利害关系人及媒体等社会各界对企业的质疑，对高风险领域追加审计程序。

（二）收入确认的条件

一般而言，企业应当履行合同中的履约义务，即在顾客取得相关商品的控制权时确认收入。

取得相关商品的控制权，是指能够主导该商品的使用并从中获得几乎全部的经济利益。试图舞弊的公司往往通过将不满足收入确认条件的业务入账来实现虚增收入的目的。

在本案例中，企业的多项业务均不符合销售收入的确认条件。例如：

“先试用再买单”活动中，允许顾客试用产品 3 个月，在此期间可随时退货，并没有将所有权上的主要风险和报酬转移给购货方。

事项2中，该项销售业务的成立是以1号工程投标成功为条件的，若1号工程投标失败，对方有权取消订单，故不能在当月确认收入。

事项3中，大禹公司用自己生产的设备与其材料供应商雷利公司的材料进行交换，设备已经运送到雷利公司，供应商提出要先对设备进行试运行，因此与交易相关经济利益未必能够流入企业，故大禹公司不能立刻确认销售收入。

事项5中，双方约定，在该公司付清货款前，大禹公司仍对未付款的产品保留法定所有权。截至12月31日，天海公司共支付货款50万元，故大禹公司应确认销售收入50万元。

本案例中注册会计师应该追加的审计程序如下：

针对“先试用再买单”活动，注册会计师应该检查双方的约定及相关会计处理，重点关注未满3月退回期的业务对销售收入的影响。

针对事项2，注册会计师应该检查企业与天泰公司的合同，向天泰公司发出函证信，要求天泰公司确认其对该设备拥有所有权并将无条件付款，并考虑天泰公司的回函对销售收入的影响。

针对事项3，注册会计师应该检查销售合同及货运凭证，同时检查对方无法及时将材料送到大禹公司的告知函，重点关注销售收入是否真正实现。

针对事项4，注册会计师应该检查销售相关凭证，检查债务重组合同及相关会计处理，重点关注是否是同一债权债务人进行债务抵消，并考虑其对销售收入的影响。

针对事项5，注册会计师应该检查双方约定及相关会计处理，重点关注余款对销售收入的影响。

关联方交易有可能导致销售虚假，高估和低估销售收入，注册会计师要特别关注。

具体做法是：调查向关联方销售的情况，记录其交易品种、价格、数量、金额和比例，并记录占总销售收入的比例。对于合并范围内的销售活动，记录应予合并抵销的金额。

第五章

购货与付款循环审计

案例一　应付账款余额测试

一、本案例学习目标

完成本案例学习后，学生应当能够：掌握购货与付款循环的分析程序，设计应付账款余额的详细测试程序。

二、本案例的关键内容

（一）案例资料

在永锋股份有限公司的年报审计业务中，刘雨等注册会计师负责购货与付款循环的审计业务。下面列举了注册会计师对应付账款余额进行详细测试时执行的部分审计程序。

1. 针对已识别出的需要运用分析程序的有关项目，并基于对被审计单位及其环境的了解，通过进行以下比较，同时考虑有关数据间关系的影响，建立有关数据的期望值，执行如下分析程序：

（1）将本期与购货相关的费用账户余额同以前年度与购货相关的费用账户余额进行比较。

（2）检查应付账款明细清单中是否存在需承担利息的、不属于购货业务的异常应付款项。

（3）将本期重要应付账款的明细项目与以前年度对比分析，检查是否存在异常。

（4）计算本期与应付账款相关的财务比率，如购货占应付账款的比例、应付账款与流动负债的财务比率，与上期比较，检查是否存在异常，各期之间是否存在重大波动，查明原因。

2. 在完成控制测试后，注册会计师通过编制应付账款明细表等工作底稿审查应付账款明细账，见表5－1。

表5－1　应付账款明细表（部分）

被审计单位：永锋股份有限公司　　编制人：刘雨

日期：2019年1月8日　　编号：永锋2018/12

截止日期：2018年12月31日　　复核人：郑明

日期：2019年1月9日　　页　次：20/20

账户名称	期初余额		本期发生额		期末余额		备注
	借方	贷方	借方	贷方	借方	贷方	
阳光公司		200 000	250 000	300 000		250 000	
原扩工厂		82 500	600 000	550 000		32 500	
地博公司		170 000	525 000	500 000		145 000	
迪爱公司		50 000	126 000	120 000		44 000	
明扬公司		260 000	2 500 000	2 600 000		360 000	
远航公司		370 000	2 000 000	2 020 000		390 000	
中太机电		380 000	2 188 000	2 300 000		492 000	
硕英物资		260 000	600 000	870 000		530 000	
维奥工厂		200 000	400 000	100 000	100 000		
大维公司		68 000	900 000	854 000		22 000	
北和公司		76 400	400 000	358 000		34 400	
里司商厦		249 000	211 980	421 000		458 020	
本页合计		2 365 900	10 700 980	10 993 000	100 000	2 757 920	
全部合计		42 124 000	200 109 800	245 806 000	500 000	87 320 200	

注册会计师经过审阅应付账款总账记录，发现2018年7月22日232号记账凭证反映的会计分录是：

借：应付账款　　234 000

　贷：银行存款　　234 000

记账人员在登记总账时将应记入“应付账款”总账中内容错误地串记到“应收账款”总账中，而明细账没有串记。

3. 在取得永锋公司应付账款明细表后，注册会计师刘雨执行了函证应付账款的审计程序。

询证函寄给了永锋公司 2 000 家供应商中的 200 家。注册会计师选择了余额较大的应付账款账户对相应的供应商进行了函证。注册会计师和永锋公司职员花费了大量精力查找应付账款询证函回函与公司账面记录之间的差异。对于那些没有回函的供应商，注册会计师执行了替代审计程序。

4. 结合存货监盘对应付账款进行截止测试。

5. 对会计报表日以后有关内容或记录进行审阅。

（二）案例分析要求

1. 说明注册会计师执行上述分析程序所能发现的错报类别。

2. 根据本案例，请总结注册会计师应如何利用应付账款明细表进行审计。

3. 针对注册会计师执行的函证程序，请回答：

（1）注册会计师在进行函证时需要考虑哪些与应付账款相关的审计目标？

（2）说明注册会计师选择余额较大的应付账款账户进行审计，是否是最有效的样本选择办法？如果仅选择应付账款明细表中的两家公司（供货人）进行函证，请问他应该选择哪两家？假设表中的客户为购货人（债务人），所反映的业务内容是应收账款期初余额、本期发生额和期末余额，刘雨又应该选择哪两家客户进行函证？这两种选择在思考角度上有什么不同吗？

（3）在审计应付账款时所取得的供应商的对账单和应付账款的函证回函均属外部审计证据，但是它们的证据力是不同的，请分析其区别。

（4）就函证的重要程度而言，应付账款与应收账款有何不同？

4. 注册会计师结合存货监盘对应付账款进行截止测试的目的是什么？请举例说明应付账款截止与存货监盘之间的关系。

5. 对于应付账款明细账，注册会计师是否需要对会计报表日以后有关内容或记录进行审阅？如果需要，其主要目的是为了查证什么问题？

6. 对于长期挂账的应付账款，若被审计单位将其转入营业外收入账户，会造成什么问题？

7. 假设注册会计师刘雨在审阅、核对永锋公司 2018 年 12 月末有关应付账款会计资料时，发现“应付账款”中含有本期估价入库的价值 300 万元的购货，经检查未发现反映其具体的户名、品种、数量及金额计算的有关凭证。永锋公司的这种情况是否正常？刘雨应做哪些进一步的实质性测试工作？

三、本案例需要关注的问题

(一)分析程序在购货与付款循环中的应用

分析程序在购货与付款循环中的使用与其在其他循环中的使用同样重要，特别是在发现应付账款的错报方面更是经常使用。本案例中所列示的分析程序即为购货与付款循环中经常使用的分析程序。

在本案例中，注册会计师执行的应付账款分析程序能发现的错报类型如下：

事项1能发现的潜在错报是应付账款和费用的错报。

事项2能发现的潜在错报是不属于应付账款的非商业性负债的分类出现错误。

事项3能发现的潜在错报是虚构或漏记应付账款。

事项4能发现的潜在错报是虚构、漏记或错报应付账款。

(二)应付账款明细表

1. 明细表及作用。在实质性测试工作中，一项基本工作就是获取或编制明细表。审查明细表的目的是证实应付账款以恰当的金额包括在财务报表中，与之相关的计价调整已恰当记录。

本案例涉及的是应付账款明细表，其他案例中还有固定资产及累计折旧明细表、应收账款明细表、主营业务收入明细表等。

明细表比总账反映的内容要详细，通过明细表，注册会计师可以较概括、较具体地了解某一方面会计信息与经济活动的情况，便于下一步审计工作的开展。本案例中，注册会计师从客户处取得了应付账款明细表，如表5-2所示。

表5-2 应付账款明细表

被审计单位：永锋股份有限公司　　编制人：刘雨

日期：2019年1月8日　　编号：永锋2018/12

截止日期：2018年12月31日　　复核人：郑明

日期：2019年1月9日　　页　次：20/20

账户名称	期初余额		本期发生额		期末余额		备注
	借方	贷方	借方	贷方	借	贷方	
阳光公司		200 000	250 000	300 000		250 000	
原扩工厂		82 500	600 000	550 000		32 500	

续表

账户名称	期初余额		本期发生额		期末余额		备注
	借方	贷方	借方	贷方	借	贷方	
地博公司		170 000	525 000	500 000		145 000	
迪爱公司		50 000	126 000	120 000		44 000	
明扬公司		260 000	2 500 000	2 600 000		360 000	
远航公司		370 000	2 000 000	2 020 000		390 000	
中太机电		380 000	2 188 000	2 300 000		492 000	
硕英物资		260 000	600 000	870 000		530 000	
维奥工厂		200 000	400 000	100 000	100 000		
大维公司		68 000	900 000	854 000		22 000	
北和公司		76 400	400 000	358 000		34 400	
里司商厦		249 000	211 980	421 000		458 020	
本页合计		2 365 900	10 700 980	10 993 000	100 000	2 757 920	
全部合计		42 124 000	200 109 800	245 806 000	500 000	87 320 200	

通过这一明细表，注册会计师可以了解到被审计单位有哪些应付账款明细账（客户），以及各个应付账款明细账户的期初余额、本期发生额、期末余额情况，以便下一步进行应付账款的账账核对，确定重点审查的明细账等。

2. 明细表的取得。明细表可以从被审计单位获取，也可以注册会计师自己编制，但一般是从被审计单位获取。

3. 明细表的复核与核对。对从被审计单位获取的明细表，注册会计师需要进行复核，包括：与报表数、总账数和明细账合计数核对是否相符；检查非记账本位币应付账款的折算汇率及折算是否正确；分析出现借方余额的项目，查明原因，必要时做出分类调整；结合预付账款等往来项目的明细余额，调查有无同时挂账的项目、异常余额或与购货无关的其他款项（如关联方账户或员工账户），如有，应予以记录，必要时做出调整。

4. 本案例的情况。本案例中：注册会计师刘雨对表 5 – 2 中所列的应付账款各明细账的期初余额、本期发生额和期末余额及其合计数进行了复核，准确无误；将其与应付账款明细账进行了核对，证明相符；将各明细账期初余额、本期发生额和期末余额的各合计数与应付账款总账进行核对，发现总账中本期借方发生额比明细账合计小、总账期末贷方余额比明细账合计大。

注册会计师经过审阅应付账款总账记录，发现 2018 年 7 月 22 日 232#记账凭证反映的会计分录是：

借：应付账款　　234 000

　贷：银行存款　　234 000

记账人员在登记总账时将应记入“应付账款”总账中内容错误地串记到“应收账款”总账中，而明细账没有串记，造成“应付账款”总账借方少记，同时“应收账款”总账借方多记，故出现了上述应付账款明细表与应付账款总账不相符的情况。由于被审计单位缺乏总账与明细账定期核对制度，所以在未能发现及调整问题的情况下编制了会计报表。

（三）应付账款函证

1. 应付账款函证的目的。注册会计师在进行函证时，需要考虑与应付账款相关的审计目标是查找应付账款的漏报和错报。

2. 应付账款函证的样本选择。函证应收账款的目的是验证年末账户余额的真实性，防止资产的高估，所以，函证时要选择年末具有较大余额的账户，以取得是否存在高估资产的最有力的证据。

与应收账款函证的样本选择原则不同，应付账款函证应选择那些年度内有大量交易金额的账户，而不是在结账日具有较大余额的账户，因为此时函证的目的不是验证具有较大比重的账户余额的真实性，而是寻找未入账的负债。

因此，本案例中注册会计师选择余额较大的应付账款账户进行审计并不是最有效的样本选择办法。如果仅选择应付账款明细表中的两家公司（供货人）进行函证，在本案例中注册会计师应选择明扬公司和中太机电两家供货单位进行应付账款的函证。

如果表中的客户为购货人（债务人），所反映的业务内容是应收账款期初余额、本期发生额和期末余额，刘雨则应该选择硕英物资和中太机电两家客户进行函证。这两种选择在问题考虑上是有所不同的。

3. 函证证据的证明力。在审计应付账款时所取得的供应商的对账单和应付账款的函证回函均属外部审计证据，但是它们的证据力是不同的。其中，应付账款的函证回函证据力更强。因为从被审计单位取得的供应商的对账单与注册会计师直接从被函证单位取得的函证回函比较，前者的独立性与真实性较差。

4. 应付账款函证与应收账款函证的比较。应付账款函证没有应收账款函证重要，因为与应收账款相比，委托人有卖方发票、对账单等外来证据，可以用来核实应付账款，对应收账款则没有类似的凭证予以证明。

函证应付账款是审查应付账款的程序和方法之一，但并不像函证应收账款那样重要，因为复核负债的最大目的在于发现业已存在但未曾入账的债务，而函证已经入账的负债，并不能证明是否存在未曾入账的债务。决算日已经入账的大多数负债在下年度注册会计师完成审核时已告付讫，付款行为进一步证实了已入账债务的可靠性。所以，与应收账款比较，一般情况下，应付账款不需要函证。另外，与应收账款相比，委托人有卖方发票、对账单等外来证据，可以用来核实应付账款，对应收账款则没有类似的凭证予以证明。

(四) 截止和存货监盘之间的关系

确定应付账款截止是否正确时，截止测试与存货监盘的协调统一是非常重要的。通过存货监盘，注册会计师可以获得关于购货截止的信息。例如，假定注册会计师在 12 月 31 日下午完成了存货监盘后，企业又收到一笔金额为 10 万元的存货。如果这笔业务仅包括于存货中或仅包括在应付账款中，都会造成会计报表的错误。故了解存货是否存在错报的唯一办法是协调应付账款截止测试和存货监盘之间的关系。

具体做法是，注册会计师核对纳入存货盘点范围的验货报告的编号和应付账款的记录，以确定是否所有的存货验收报告均已经包含在当期的会计记录中。例如，假设纳入存货盘点范围的最后一张验货报告的编号 3222，则注册会计师应登记这一编号，并将该编号及以前的几张编号的验收报告与供应商发票和应付账款账簿相核对，以确定这些验收报告是否正确反映于当期会计记录中。

(五) 针对应付账款的其他审计程序

本案例中，对于应付账款明细账，注册会计师需要对会计报表日以后有关内容或记录进行审阅，其主要目的是为了查证存在于报表日的应付账款是否完整、是否有未入账的应付账款。

对于长期挂账的应付账款，检查应付账款长期挂账的原因并做出记录，注意其是否可能无须支付，对确实无须支付的应付账款的会计处理是否正确，依据是否充分；关注账龄超过 3 年的大额应付账款在资产负债表日后是否偿还，检查偿还记录及单据，并披露。

若被审计单位将其转入营业外收入账户，会造成虚增利润，减少了资本公积，导致损益和权益不实。

缺乏有关凭证是不正常的。被审计单位有可能虚记购货、虚记负债，或者在货物没有到达的情况下，提前确认购货，当然，也有可能是所购货物已经到达，但是会计核算资料不全。注册会计师应进行相应应付账款的函证，将应付账款及所购货物的总账、明细表、明细账进行核对，要求被审计单位提供有关证明估价入账应付账款存在的证据等，以证实问题的实际形态。

案例二　购货与付款循环内部控制测试

一、本案例学习目标

完成本案例学习后，学生应当能够：掌握购货和付款循环的关键控制活动，掌握注册会计师进行购货与付款循环控制测试的基本程序，了解购货与付款循环实质性测试程序。

二、本案例的关键内容

（一）案例资料

2018 年 10 月 15 至 2019 年 3 月 6 日，华为会计师事务所派出项目组到瑞达股份有限公司，对该公司 2018 年度的会计报表进行了审计。

瑞达股份有限公司主营业务为金属材料和功能材料的生产、加工及销售，高科技产业投资，高科技产品的研制、生产、经销及相关技术服务。2018 年公司主要财务数据和指标（按新会计制度）是净利润 65 142 000 元，每股收益 0. 230 7 元，净资产报酬率 7. 37%，每股经营活动产生的现金流量净额 0. 298 4 元，总资产 906 653 000 元，股东权益（不含少数股东权益）646 538 000元，资产负债率 28. 08%，每股净资产 2. 48 元。该公司在董事会下设有审计委员会，在总经理下设有审计部，审计委员会和审计部在业务上是指导与被指导关系。注册会计师的审计工作得到了该公司内部审计部门的协助。

李芳、张方迪等注册会计师于 2018 年 11 月 1 日至 11 月 7 日对瑞达公司的内部控制制度进行了解和测试。注册会计师记录的瑞达公司采购与付款循环的部分内部控制活动有：

1. 公司规定，采购物资需由采购部门编制请购单，对金额在人民币 100 万元以下的请购单由采购经理负责审批；金额在人民币 100 万元至人民币 500 万元的请购单由总经理负责审批；金额超过人民币 500 万元的请购单需经董事会审批。由于总经理出差而生产线又急需材料，采购经理多次批准了单笔金额超过100万的采购申请并签订了购买合同。

2. 采购人员根据请购单内容编制订购单寄送至供应商处，订购单没有连续编号。每周，采购部门员工汇总本周内生成的所有采购订单并编制采购信息报告。

3. 收到采购发票后，财务部门的应付账款记账员将发票所载信息和验收单进行核对。如所有单据核对一致，应付账款记账员在发票上加盖“相符”印戳并将有关信息输入系统，此时系统自动生成记账凭证过至明细账和总账。季度末，采购部门和财务部门及仓库共同核对采购订单、发票及验收单汇总数，如发现不符，则进行调查处理。

4. 公司仅仅在与顾客发生纠纷时才进行应付账款的调查与分析。

5. 应付账款记账员编制付款凭证，并附相关单证，提交会计主管审批。在完成对付款凭证及相关单证的复核后，会计主管在付款凭证上签字，作为复核证据，并在所有单证上加盖“核销”印戳。

李芳等注册会计师负责审计购货与付款循环。完成控制测试后，注册会计师通过获取应付账款明细表、审查应付账款明细账、函证应付账款、查找未入账的应付账款、审查长期挂账的应付账款等方法进行了实质性测试，并编制了应付账款明细表等工作底稿。

（二）案例分析要求

1. 购货和付款循环有哪些关键控制活动?

2. 根据案例资料，请分析瑞达公司在应付账款内部控制设计与运行方面有哪些缺陷，注册会计师应采用哪些符合性测试程序才能发现这些控制缺陷?请指出上述内部控制缺陷与哪些会计报表项目的何种认定有关?

3. 根据内部控制的要求，公司应根据哪些原始凭证签发付款支票?

三、本案例需要关注的问题

（一）购货与付款环节的关键控制

购货与付款环节的关键控制包括：采购授权、资产保管和其他职能分离，及时记录和独立核对有关业务，付款授权。

（二）购货与付款环节的内部控制测试

购货与付款循环的控制测试主要包括购货业务测试、应付账款测试两部分内容。

1. 测试购货业务内部控制的内容与方法通常包括：

（1）检查应付凭单是否有对应的原始凭证。

（2）查找购货业务经过审批的迹象，并检查应付账款记账员是否已核对采购订单。

（3）审核与订货单样本相对应的验收报告、卖方发票、已付讫支票存根和货物入库单，查验有关的购货记录和现金日记账、银行存款日记账。

（4）检查应付账款记账员是否已复核采购信息报告。同时，检查报告上的采购订单是否按顺序编号以及有否出现任何不符合连续编号的情况。

（5）检查相关的记账凭证及账务处理，复核相关的材料运杂费在不同货物之间的分配。若材料是按计划成本核算的，还应注意材料成本差异的处理。

（6）抽取采购订单、验收单和采购发票检查所记载内容是否核对一致，检查发票上是否盖上“相符”印戳。

2. 测试应付账款内部控制的内容与方法通常包括：

（1）审查预算制度。即是否实行费用预算，是否明确款项支付权限。

（2）审查款项支付。即款项支付凭证是否及时入账，货款支出与记账的职责是否相分离。

（3）审查应付账款凭证的编制。即编制付款凭证时，是否与订购合同、预算计划、验收单和发票相核对。

（4）抽样检查应付账款账户的过账。即在应付账款明细表中选取一定数量的样本，并按所选样本审查应付凭单登记簿和银行存款日记账的过账，以及各明细账户向总分类账的过账，以证实应付账款会计记录的内部控制是否有效。

（5）核对检查所选各明细账户各笔过账所附的原始凭证。这些原始凭证有订货单、验收单、购货发票和已付发票等，注册会计师既要审查这些原始凭证的正确性、合法性，又要核对有关原始凭证所载金额是否同相关明细账户相一致，以证实各有关部门的内部控制是否有效。

（6）审查现金折扣。审查现金折扣时，注册会计师重点应注意两类事项：一是有关人员在现金折扣期限内按发票原价支付货款，然后从供货方收取退款支票和现金；二是企业丧失了本应获得的折扣。如果企业的现金折扣单独记账，注册会计师可以通过计算当期所获现金折扣与进货金额的比率，然后与以前各期相比较的方法审查现金折扣。

（三）瑞达公司内部控制中存在的问题

在本案例中，瑞达公司内部控制存在的问题如下：

1. 在货物购买的审批环节，该公司存在内部控制制度执行不严格的缺陷。

注册会计师可以采用从采购部门的业务档案中抽取订货单（购货合同）样本、审核订货单样本是否附有经授权的请购单的程序发现上述缺陷。

该项控制活动与应付账款的存在认定、管理费用和销售费用的发生认定相关。

2. 订购单没有连续编号属于内部控制缺陷。注册会计师可通过检查订单是否连续编号发现此缺陷。该项控制活动与应付账款的完整性认定有关。

3. 收到采购发票后，应付账款记账员仅将发票所载信息和验收单核对，未与采购订单进行核对。季度末，方由采购部门和财务部门及仓库共同核对采购订单、发票及验收单汇总数。这种控制设计不合理，应该在记账前即由应付账款记账员核对发票、验收单和订单，如发现任何差异，应付账款记账员应该立即通知采购经理，以实施进一步调查。

注册会计师可以采用的审计程序包括：将订货单、发票与验收单相比较，了解它们在数量、价格和型号规格等方面是否一致；对采购发票与验收单不符的事项进行调查；如果付款金额与采购发票金额不符，应经适当层次管理层核准。

该项控制活动与应付账款的存在、权利和义务认定有关。

4. 公司仅仅在与顾客发生纠纷时才进行应付账款的调查与分析属于内部控制缺陷。为实现与采购物品相关的义务均已确认并记录至应付账款的控制目标，每月末，应由应付账款主管编制应付账款账龄分析报告，其内容应包括应付账款总额、应付账款明细账合计数以及应付账款明细账与供应商对账单的核对情况。如有差异，应付账款主管应立即进行调查，如调查结果表明需调整账簿记录，应付账款主管应编制应付账款调节表和调整建议，连同应付账款账龄分析报告一并交至会计主管复核，并经财务经理批准后方可进行账务处理。

注册会计师可以采用的审计程序包括：抽取应付账款调节表，检查调节项目与有效的支持性文件是否相符，以及是否与应付账款明细账相符。

该项控制与应付账款、销售费用和管理费用的完整性认定有关。

（四）内部控制制度对签发付款支票的规定

根据内部控制的要求，公司应根据请购单、订购单、验收报告单、供应商发票及已核准的付款通知书等签发付款支票。

案例三　固定资产审计

一、本案例学习目标

由于固定资产往往在企业资产总额中占有较大比例，其安全性及完整性对企业的生产经营影响极大，固定资产余额的真实与否对企业财务状况的影响也很大，并且其相关的费用也是决定净利润的重要因素，因此，固定资产的审计在会计报表审计中是举足轻重的。

学习本案例，学生应能够：掌握固定资产内部控制目标及主要控制活动，掌握固定资产所有权验证、固定资产租赁以及固定资产折旧和减值准备审查的内容和过程，掌握固定资产清理审计的目的和常用测试程序。

二、本案例的关键内容

（一）案例资料

诚信会计师事务所派出了以注册会计师李辰、季小明为成员的审计组，审计组于2019年2月对绿岛公司2018年度会计报表进行审计。绿岛公司是一个业务涉及港口、超市、物流等多个行业的企业。在审计中，注册会计师通过了解、调查、描述、测试与评价等方法对该公司进行了控制测试，采取了监盘、分析性复核等程序，并实施了固定资产增减与折旧情况审计、验证固定资产所有权、观察固定资产等实质性测试。

在了解内部控制过程中，注册会计师发现被审计单位设立了如下与固定资产相关的内部控制制度。

（1）公司建立了固定资产投资的预算管理制度。每年年末，各资产使用部门应编制部门固定资产购置计划，经部门经理复核并签字后上报至公司预算管理部门。预算管理部门应对各部门上报的预算方案进行审查、汇总，将意见及时反馈编制预算的部门。预算经理孙瑜复核汇总后的固定资产购置预算会上报至总经理齐鲁审批。总经理齐鲁负责召集技术和资产购置部门联合进行投资可行性论证，形成可行性报告并存档管理。金额在人民币50万元以内的固定资产投资预算由总经理齐鲁批准，超过50万元的固定资产投资预算应由董事会批准。

（2）资产使用部门填写请购单（一式三联），经部门经理签字批准，附一同经批准的固定资产投资预算交至采购部。公司董事会对固定资产采购合同重要条款进行审批，并授权总经理齐鲁签署合同。采购合同一式四份，且连续编号。

（3）采购信息管理员将有关信息输入 Y 系统，系统将自动生成连续编号的采购订单（此时系统显示为“待处理”状态）。每月，采购信息管理员核对本月内生成采购订单，并将采购订单存档管理。每月，财务部门应付账款记账员汇总本月内生成的所有采购信息，并与请购单核对，编制采购信息报告。如核对相符，应付账款记账员即在采购信息报告上签字。如有不符，应付账款记账员将通知采购信息管理员，与其共同调查该事项。应付账款记账员还需在采购信息报告中注明不符事项及其调查结果。

（4）每月末，固定资产记账员编制月度内固定资产增、减变动情况分析报告，交至会计主管复核。

（5）每季末，资产使用部门对固定资产进行盘点，由设备管理员编写固定资产盘点明细表，固定资产记账员对盘点结果进行复盘，如有差异，经董事会审批后及时进行账务处理。

在审计中，注册会计师还遇到如下问题：

1. 2018 年 6 月，因无法偿还其长期拖欠的客户货款，绿岛公司用其生产设备锻压机抵债，公司已经将该固定资产进行清理。2018 年，公司报废处理了一台卡车和两台设备，公司进行清理的理由是固定资产已经到了报废年限。

2. 绿岛公司存在多项经营性租赁的固定资产，公司租入一些商铺用于开办绿岛连锁超市。同时，公司还将闲置的厂房租给其他企业使用，每年收取 400 万的租金。

3. 绿岛公司有较多运输业务，但在对其固定资产的存在性实施审计时，由于该行业固定资产在较为广阔的区域内流动，给盘点带来困难。

4. 注册会计师季小明在按盘点表抽盘固定资产的同时，还采用了现场观察“以物查账”的方法，发现绿岛公司现用的营业楼的扩建部分，已投入使用 3 年，固定资产账面无此项目，补充审计程序查验该项目仍在“在建工程”科目反映。

此外，2018 年度，绿岛公司有四项在建工程已经完工但并未结转为固定资产，具体情形如下：甲生产线已经能生产出合格的产品，但目前因生产组织尚未达到最佳状态，尚未达到设计生产能力；乙生产线可以达到设计产量但生产的产品仅有少量合格产品；丙工程实体和安装已经完成且不需要试运行，但尚未办理竣工结算手续；丁工程不需要试运行，其实体建造和安装已经完成，且已经达到预定可使用状态，但资产负债表日后仍需发生少量购建支出。

5. 注册会计师发现绿岛公司将原投入C公司的固定资产，在C公司未经清算和未经中介机构评估的情况下，自行估价收回固定资产30万元，冲减“长期投资”项目。C公司是独立的企业法人，绿岛公司无权自行取消协议和章程所规定的权利和义务。

6. 公司2018年计提固定资产减值准备30万元。

7. 公司所有的固定资产采用直线法计提折旧，其中厂房按25年计提折旧，机器设备按6年计提折旧。注册会计师发现，2018年公司的政策是对年内所有购置和处置的资产计提半年的折旧。

（二）案例分析要求

1. 说明绿岛公司设立的每项固定资产相关内部控制的目的，并指出该公司在固定资产内部控制的哪些环节存在缺陷？

2. 注册会计师对于固定资产清理业务的审计目标通常是什么？其对应的财务报表认定是什么？针对事项1中固定资产的清理事项，注册会计师应执行何种审计程序？

3. 事项2中，注册会计师对于经营性租赁的固定资产应如何审计？

4. 针对事项3中运输企业盘点中遇到的困难，注册会计师应如何解决这一问题？

5. 针对事项4，请指出注册会计师对此类事项应如何处理？请指出注册会计师应采用哪些审计程序？应建议哪些工程不结转固定资产？哪些要结转为固定资产？

6. 针对事项5，请指出该公司会计处理是否正确，并指出注册会计师应在验证固定资产所有权时采用哪些审计程序？

7. 针对事项6，请指出注册会计师应如何审计公司的固定资产减值准备？

8. 针对事项7，请指出注册会计师在复核折旧分录及其计算的正确性时，应注意哪些问题？注册会计师如何发现绿岛公司在固定资产计提折旧上存在的问题？

三、本案例需要关注的问题

（一）固定资产相关内部控制目标

一般说来，企业针对固定资产设置内部控制制度是为了实现下列控制目标：

1. 只有经管理层核准的固定资产投资预算才能执行，只有经核准的采购合同才能执行。

2. 已记录的采购订单内容准确，所有采购订单均已得到处理，固定资产采购交易、固定资产处置及转移、折旧费用、资产减值损失均已准确计算并记录于适当期间。

3. 已记录的固定资产均确认为公司购置的资产，已记录的固定资产处置及转移均为实际发生的，折旧费用、资产减值损失是真实的。

4. 已充分保障固定资产的安全。本案例中，绿岛公司已经设立的各项固定资产相关内部控制的目的如下：

第 1 项控制，其控制目标是保证只有经管理层核准的固定资产投资预算才能执行。

第 2 项控制，其控制目标是只有经核准的采购合同才能执行。

第 3 项控制，其控制目标是所有采购订单均已得到处理。

第 4 项控制，其控制目标是已记录的固定资产均为公司购置的资产。

第 5 项控制，其控制目标是固定资产采购交易均确已记录。

绿岛公司针对固定资产的内部控制主要是针对固定资产投资预算管理与审批、购置环节的，但缺乏针对固定资产折旧及减值、固定资产日常保管、处置及转移环节的内部控制。

（二）固定资产清理业务的审计

注册会计师对于固定资产清理业务的审计目标包括：

1. 资产负债表中记录的固定资产清理是存在的，其对应的财务报表认定是存在的。

2. 所有应当记录的固定资产清理均已记录，其对应的财务报表认定是完整的。

3. 资产负债表中记录的进入清理的固定资产由被审计单位拥有或控制，其对应的财务报表认定是权利和义务。

4. 固定资产清理以恰当的金额包括在财务报表中，与之相关的计价调整已恰当记录，其对应的财务报表认定是计价和分摊。

5. 固定资产清理已按照企业会计准则的规定在财务报表中做出恰当列报，其对应的财务报表认定是列报。

本案例的事项 1 中，绿岛公司用其生产设备锻压机抵债属于由对外投资、非货币性资产交换、债务重组等原因转出产生固定资产清理的，注册会计师应检查相关的合同协议以及股东大会、董事会的决议，确定合同或协议约定的价值是否公允，检查其会计处理是否正确。

对于该公司因使用年限到期而清理的车辆和设备，注册会计师应检查固定资产清理的发生是否有正当理由，是否经有关技术部门鉴定，固定资产清理的发生和转销是否经授权批准，相应的会计处理是否正确。结合固定资产等账项的审计，检查固定资产、累计折旧及固定资产减值准备等账面转入额是否正确。检查固定资产清理收入和清理费用的发生是否真实，清理净损益的计算是否正确，会计处理是否正确。

（三）审计经营性租赁的固定资产

对于经营性租赁的固定资产，应审查是否有符合国家规定且经过管理部门审批的合法合同；租金的收取按合同规定，没有多收或少收现象；租入固定资产是否已经登在备查簿；改良支出的核算符合规定等。

（四）审计固定资产的存在性

在查验有些行业企业的固定资产是否实际存在时，可能有一定困难。运输行业企业的固定资产往往散布在许多地方或正在极为广泛的地区内流动使用，如运货卡车可能大部分正在运货途中，建筑机械正在某个远方城市的工地上。这时，注册会计师可以实施替代性审计程序来查验。如通过审查产权证书、执照登记收据、有投保设备详细说明的财产保险单，以及有关汽油等燃料的消耗和修理开支的明细记录等来确定运输工具的存在。

（五）审计尚未办理移交手续的固定资产

按照会计制度的规定，已投入使用尚未办理移交手续的固定资产，可先行估计价值记账，待确定实际价值后再进行调整。由于绿岛公司未按规定及时结转固定资产，不仅使资产的结构不能如实反映，且又未能及时通过计提折旧使资金得到补偿。因此，注册会计师应做如下审计处理：

1. 应根据审验情况扩大审计范围，结合对被审单位“在建工程”项目的审计，确认在建工程项目是否还存在其他类似的情况，如有类似情况应一并要求被审计单位进行补充会计处理并调整会计报表相应项目的数额。

2. 应将审验情况和被审计单位的调整情况，详细记录于审计工作底稿。

3. 如被审计单位拒绝调整，注册会计师应出具保留或否定意见的审计报告。

对于由在建工程转入的固定资产，注册会计师应检查固定资产确认时点是否符合会计准则的规定，核对固定资产的入账价值是否与在建工程的相关记录核对相符，是否与竣工结算、验收报告等相符。对于已经达到可使用状态，但尚未办理竣工结算手续的固定资产，要检查其是否已经按估计价值入账，并计提折旧。

本案例中，应建议甲、丙、丁结转为固定资产，因为甲、丙、丁均已经达到预计可使用状态，但乙生产线生产的产品仅有少量为合格产品，说明此在建工程尚未达到预定可使用状态，故不能转为固定资产。

（六）关于固定资产所有权的验证

1. 重要性。对于固定资产应验证其所有权，因为它是企业的重要资产，金额一般较大，对企业的生产经营活动有着重要的影响作用。

2. 验证方法。注册会计师季小明应通过审阅产权证书、财产保险单、财产税单、抵押贷款的还款收据等合法书面文件，以确定所审查的固定资产是否确实为企业所拥有的合法财产。

对于新增的固定资产，季小明可以索取客户财产的产权证书副本。

季小明应审查有关合同、发票、付款凭证，并与财产税单进行核对。

季小明发现绿岛公司将原投入C公司的固定资产，在C公司未经清算和未经中介机构评估的情况下，自行估价收回固定资产30万元，冲减“长期投资”项目。C公司是独立的企业法人，绿岛公司无权自行取消协议和章程所规定的权利和义务。

（七）关于固定资产减值准备的审计

如被审计对象是执行新会计制度的单位，注册会计师在审计时还应注意企业是否按规定正确地计提了固定资产减值准备。

固定资产减值准备审计的方法如下：

1. 核对固定资产减值准备报表数、总账数与明细账合计数是否相符。如不符，应查明原因，做审计记录并进行审计调整。

2. 检查固定资产减值准备是否按单项资产计提。

3. 检查对长期闲置不用、在可预见的未来不会再使用且已无转让价值的固定资产，对由于技术进步等原因已不可使用的固定资产，虽然固定资产尚可使用、但使用后产生大量不合格品的固定资产等，是否依照规定按其账面价值全额计提减值准备。

4. 对已全额计提减值准备的固定资产是否依照规定不再计提折旧。

5. 检查已计提减值准备的固定资产价值又得以恢复时，是否依照规定在原已计提减值准备的范围内转回。

6. 检查固定资产减值准备在会计报表附注和资产减值准备明细表中的披露是否恰当。

（八）折旧的审计

在复核折旧分录及其计算的正确性时，注册会计师应先通过复核客户编制的折旧费用明细表和询问客户，确定客户在被审年度所采用的折旧方法。其次，还必须确定本年度所采用的折旧方法是否与上一年度一致。对于连续审计的客户，注册会计师可通过复核去年的工作底稿来确定其一致性。在确定折旧提取的合理性时，应考虑以下两个因素：一是客户过去估计的固定资产使用年限；二是现有资产的剩余使用年限。注册会计师可通过重新计算来验证折旧的正确性。

事项 7 中，注册会计师应重新计算一些主要固定资产的折旧，测试一些本年度增加和报废的固定资产的折旧，应该会发现固定资产折旧中存在的问题。

第六章

筹资与投资循环审计

案例一　负债融资审计

一、本案例学习目标

本案例主要反映负债融资的审计过程及相关问题。完成本案例学习后，学生应当能够：熟悉内部控制调查表的结构，了解负债融资核算中主要会计舞弊形式、审核方法及其审计调整，了解负债融资审计工作所形成的主要审计工作底稿，掌握企业负债融资业务的审计目标、内部控制制度的关键控制点及控制测试程序和方法，了解融资的实质性测试程序。

二、本案例的关键内容

（一）案例资料

立新会计师事务所于2019年2月10至3月5日对华兴股份有限公司2018年度的会计报表进行了审计。该事务所派出了以王英为组长及以王军、张明、刘佳为组员的项目组。

华兴股份有限公司（以下简称“华兴公司”）的主营业务是节能电光源、照明电器、仪器设备的开发、制造和销售；照明电器技术以及生产所需原材料和设备的销售及进出口国际贸易等。

注册会计师通过了解、调查、描述、测试与评价对被审计单位进行了控制测试。

王军负责编写了长期借款内部控制调查表，如表6－1所示。

表 6－1　长期借款内部控制调查表

<table>
<tr><td>被审计单位名称</td><td></td><td>编制人</td><td></td><td>日期</td><td></td><td>索引号</td><td></td></tr>
<tr><td>调查项目</td><td>长期借款</td><td>复核人</td><td></td><td>日期</td><td></td><td>页次</td><td></td></tr>
<tr><td colspan="3">调查内容
借款：借款申请表是否经恰当批准，借款合同金额、期限等内容是否与借款申请表内容一致
会计记录：借款合同金额、期限等内容是否与借款申请表内容一致；新增借款是否记入长期借款明细账贷方；是否登记借款备查账；明细账记录内容是否与借款备查账内容一致；借款备查账记录内容是否与借款合同一致；还款金额、期限等内容是否与付款申请表内容一致；偿还借款是否记入长期借款明细账借方；是否登记借款备查账
偿还借款：付款申请表是否经恰当批准；是否与借款合同规定还款日一致</td><td>是</td><td>否</td><td>不适用</td><td>信赖与否</td><td>符合性测试</td></tr>
<tr><td colspan="4">审计意见</td><td colspan="4">复核意见</td></tr>
</table>

注册会计师还实施了针对负债融资的实质性测试的审计程序。表 6－2 和表 6－3 是注册会计师在执行审计工作时编制的审计工作底稿的一部分。

表 6－2　审计目标与认定对应关系表

被审计单位：华兴股份有限公司　　索引号：FK

项目：长期借款　　报表截止日：

编制人：　　复核人：

编制日期：　　复核日期：

审计目标	财务报表认定				
	存在	完整性	权利和义务	计价和分摊	列报
A：资产负债表中记录的长期借款是存在的					

续表

审计目标	财务报表认定				
	存在	完整性	权利和义务	计价和分摊	列报
B：所有应当记录的长期借款均已记录					
C：资产负债表记录的长期借款由被审计单位拥有或控制					
D：记录的长期借款以恰当的金额包括在财务报表中，与之相关的计价调整已恰当记录					
E：长期借款已按照企业会计准则的规定在财务报表中作出恰当列报					

表 6－3　审计目标与审计程序对应关系表

审计目标	可供选择的审计程序	索引号	执行
D	1. 获取或编制长期借款明细表	FK2	
	复核加计是否正确，并与总账数和明细账合计数核对是否相符，减去将于一年内偿还的长期借款后与报表数核对是否相符		
B	2. 检查被审计单位贷款卡，核实账面记录是否完整。对被审计单位贷款卡上列示的信息与账面记录核对的差异进行分析，并关注贷款卡中列示的被审计单位对外担保的信息		
	3. 对长期借款进行函证	FK2	
	4. 检查长期借款的增加。对年度内增加的长期借款，检查借款合同和授权批准，了解借款数额、借款条件、借款用途、借款日期、还款期限、借款利率，并与相关会计记录核对	FK2 FK4	
A，B，D	5. 检查长期借款的减少。对年度内减少的长期借款，检查相关记录和原始凭证，核实还款数额，并与相关会计记录核对	FK2 FK4	
	6. 复核长期借款利息。根据长期借款的利率和期限，复核被审计单位长期借款的利息计算是否正确，如有未计利息和多计利息，应做出记录，必要时进行调整	FK2	

续表

审计目标	可供选择的审计程序	索引号	执行
	7. 检查借款费用的会计处理是否正确。检查资产负债表日被审计单位是否按摊余成本和实际利率计算确定长期借款的利息费用，并正确计入财务费用、在建工程、制造费用、研发支出等相关账户，是否按合同利率计算应付未付利息计入应付利息科目，是否按其差额计入“长期借款——利息调整”。同时应检查专门借款和一般借款的借款费用资本化的时点和期间、资产范围、目的和用途等是否符合资本化条件	FK3	
	⋮		
E	11. 检查长期借款是否已按照企业会计准则的规定在财务报表中做出恰当列报		
	（1）被审计单位是否按信用借款、抵押借款、质押借款、保证借款分别披露		
	（2）对于期末逾期借款，是否分别按贷款单位、借款金额、逾期时间、年利率、逾期未偿还原因和预期还款期等进行披露		
	（3）被审计单位是否在附注中披露与借款费用有关的下列信息：		
	①当期资本化的借款费用金额		
	②当期用于计算确定借款费用资本化金额的资本化率		

注册会计师王军在对负债筹资业务进行审查时，遇到以下两种事项：

1. 该公司于2018年1月1日以12万元的价格发行面值为10万元的五年期债券，票面利率为12%。经审查，该公司2018年12月30日的第97号凭证的会计分录是：

借：财务费用　　　　120 000

　贷：应付债券——应计利息　　　　120 000

其摘要为计提应付债券的利息费用。经与原始凭证核对，是2018年1月1日以12万元的价格发行的票面利率为12%、面值为10万元的五年期债券。根据规定，溢价摊销应冲减财务费用。

2. 2018年12月31日的第90号凭证分录为：借记“财务费用”300 000元，贷记“长期借款”300 000元。其摘要为工程借款利息支出。经与原始凭证核对并实际查验该工程，该工程尚未竣工。

（二）案例分析要求

1. 除了本案例中内部控制调查表中所列示的关键控制之外，负债融资内部控制的关键控制点还有哪些？

2. 请将上表中相应审计程序对应的审计目标填入表格中空白处，并在表中审计目标对应的认定处打√。

3. 除了案例中提到的内容，注册会计师在审查长期借款时还应注意把握哪些审查要点，请将其他可选择的审计程序及审计目标填入表 6－5 中空白处。

4. 针对王军在审计中遇到的长期借款利息处理问题，请指出企业会计处理的不当之处，并填写审计说明及调整分录。

5. 负债筹资是企业传统筹集资金的方式，除了本案例中所分析的被审计单位的会计错误与舞弊的形式之外，请列举还可能存在的其他一些错弊。

6. 假设注册会计师王军在对华兴公司负债业务进行审查时，发现该公司于 2018 年 4 月 1 日向海淀工行取得流动资金借款 200 000 元，期限是 3 个月，借款月利率为 5.5‰，该公司的会计处理为：

（1）取得借款时：

借：银行存款　　200 000

　贷：短期借款　　200 000

（2）4 月、5 月、6 月底预提利息时：

借：营业外支出　　1 100

　贷：短期借款　　1 100

（3）6 月底归还借款时：

借：短期借款　　203 300

　贷：银行存款　　203 300

请指出该公司会计处理的不当之处，并分析该公司对这项业务的不当处理是否会影响年度的损益状况，并进行相应的账项调整。

三、本案例需要关注的问题

（一）关于负债融资内部控制的关键控制点

本案例中，除了内部控制调查表中所列示的，负债融资还有以下关键内部控制：如是否对计划和合同的制定进行授权控制；对长期借款是否有资产担保；是否定期或不定期地进行核对；对借款利息是否经常复核；等等。

（二）关于长期借款的认定、审计目标和实质性审计程序

为了实现审计目标，注册会计师必须确认各个被审计项目的审计目标与管理当局认定间的联系。本案例中，长期借款的相关审计目标与认定和审计程序之间的对应关系如表6－4所示。

表6－4　审计目标与认定对应关系表

被审计单位：华兴公司　　　　索引号：FK

项目：长期借款　　　　报表截止日：

编制人：　　　　复核人：

编制日期：　　　　复核日期：

审计目标	财务报表认定				
	存在	完整性	权利和义务	计价和分摊	列报
A：资产负债表中记录的长期借款是存在的	√				
B：所有应当记录的长期借款均已记录		√			
C：资产负债表记录的长期借款由被审计单位拥有或控制			√		
D：记录的长期借款以恰当的金额包括在财务报表中，与之相关的计价调整已恰当记录				√	
E：长期借款已按照企业会计准则的规定在财务报表中作出恰当列报					√

（三）其他长期借款审计程序

除了案例中所列示的审计程序，还可实施一些程序，如：审查年末有无到期未偿还的借款，逾期借款是否办理了延期手续；审查借款是否在资产负债表上恰当披露，一年内到期的长期借款是否已转到流动负债；等等（如表6－5所示）。

表6－5　审计目标与审计程序对应关系表

审计目标	可供选择的审计程序	索引号	执行
D	1. 获取或编制长期借款明细表	FK2	
	（1）复核加计是否正确，并与总账数和明细账合计数核对是否相符，减去将于一年内偿还的长期借款后与报表数核对是否相符		
	（2）检查非记账本位币长期借款的折算汇率及折算是否正确，折算方法是否前后期一致		
B	2. 检查被审计单位贷款卡，核实账面记录是否完整。对被审计单位贷款卡上列示的信息与账面记录核对的差异进行分析，并关注贷款卡中列示的被审计单位对外担保的信息		
A，C，D	3. 对长期借款进行函证	FK2	
A，B，C，D	4. 检查长期借款的增加。对年度内增加的长期借款，检查借款合同和授权批准，了解借款数额、借款条件、借款用途、借款日期、还款期限、借款利率，并与相关会计记录核对	FK2 FK4	
A，B，D	5. 检查长期借款的减少。对年度内减少的长期借款，检查相关记录和原始凭证，核实还款数额，并与相关会计记录核对	FK2 FK4	
D	6. 复核长期借款利息。根据长期借款的利率和期限，复核被审计单位长期借款的利息计算是否正确。如有未计利息和多计利息，应做出记录，必要时进行调整	FK2	
A，D	7. 检查借款费用的会计处理是否正确。检查资产负债表日被审计单位是否按摊余成本和实际利率计算确定长期借款的利息费用，并正确计入财务费用、在建工程、制造费用、研发支出等相关账户，是否按合同利率计算应付未付利息计入应付利息科目，是否按其差额计入“长期借款——利息调整”。同时应检查专门借款和一般借款的借款费用资本化的时点和期间、资产范围、目的和用途等是否符合资本化条件	FK3	
C	8. 检查被审计单位用于长期借款的抵押资产的所有权是否属于被审计单位，其价值和实际状况是否与担保契约中的规定相一致		
A，D	9. 检查被审计单位与贷款人进行的债务重组。检查债务重组协议，确定其真实性、合法性，并检查债务重组的会计处理是否正确		

续表

审计目标	可供选择的审计程序	索引号	执行
	10. 根据评估的舞弊风险等因素增加的其他审计程序		
E	11. 检查长期借款是否已按照企业会计准则的规定在财务报表中做出恰当列报		
	（1）被审计单位是否按信用借款、抵押借款、质押借款、保证借款分别披露		
	（2）对于期末逾期借款，是否分别按贷款单位、借款金额、逾期时间、年利率、逾期未偿还原因和预期还款期等进行披露		
	（3）被审计单位是否在附注中披露与借款费用有关的下列信息： ①当期资本化的借款费用金额 ②当期用于计算确定借款费用资本化金额的资本化率		
	（4）一年内到期的长期借款是否列为一年内到期的非流动负债		
	（5）被审计单位在资产负债表日或之前违反了长期借款协议，导致贷款人可随时要求清偿的负债，是否归类为流动负债		

（四）长期借款利息资本化的审计

1. 会计制度规定。根据企业会计制度规定，企业为购建固定资产而借入的专门借款所发生的借款利息，在所购建的固定资产达到预定可使用状态前所发生的，应当予以资本化，计入所购建固定资产的成本；在所购建的固定资产达到预定可使用状态后所发生的，应于发生当期直接计入当期财务费用。

2. 实际中的问题及本案例的情况。在实际中容易出现两种不正确的做法：

第一种错误做法是将应记入所购建固定资产成本的借款利息错误地记入财务费用，以降低在建工程成本，增大财务费用，减少当期利润；第二种错误做法是将应记入财务费用的利息错误地记入所购建固定资产的成本，以增大在建工程成本，减少财务费用，增加当期利润。

本案例中的情况，属于第一种错误。注册会计师填写的审计说明及调整分录如表 6 – 6 所示。

表 6－6　银行借款利息审计工作底稿

被审计单位：华兴公司　　编制人及日期：王军　2019－02－16　　索引号：H9－1
审计项目：财务费用　　复核人及日期：王英　2019－03－01　　页次：22
会计期间：2018 年度

审计说明及调整分录	该公司 2018 年 12 月 31 日的第 90 号凭证分录为：借记"财务费用"300 000 元，贷记"长期借款"300 000 元。其摘要为工程借款利息支出。经与原始凭证核对，并实际查验该工程，该工程尚未竣工。根据有关规定，该项工程借款利息支出在尚未完工并办理竣工手续之前应记入"在建工程"。华兴公司应做如下调整： 借：在建工程　300 000 　贷：财务费用　300 000
审计结论：调整后借款利息金额可以确认	

（五）关于债券发行价格总额与债券面值总额差额的摊销的审查

1. 会计制度的规定。企业会计制度规定：溢价或折价发行债券，其债券发行价格总额与债券面值总额的差额，应当在债券存续期间分期摊销。摊销方法可以采用实际利率法，也可以采用直线法。

若不摊销，则会影响当期损益和应付债券的准确性。

2. 本案例的情况。在审查应付债券时，注册会计师王军发现溢价发行的企业债券实际收到的金额与债券票面金额的差额没有在债券存续期间分期摊销，王军应要求该公司冲减财务费用，调整账务处理。注册会计师填写的审计说明及调整分录如表 6－7 所示。

表 6－7　审计说明及调整分录

审计说明及调整分录	经审查，该公司于 2018 年 1 月 1 日以 12 万元的价格发行面值为 10 万元的五年期债券，票面利率为 12%。经审查，该公司 2018 年 12 月 30 日的第 97 号凭证的会计分录是： 借：财务费用　120 000 　贷：应付债券——应计利息　120 000 其摘要为计提应付债券的利息费用。经与原始凭证核对，是 2018 年 1 月 1 日以 12 万元的价格发行的票面利率为 12%、面值为 10 万元的五年期债券。根据规定，溢价摊销应冲减财务费用。该笔业务的正确的会计分录为： 借：财务费用　80 000 　　应付债券——利息调整　40 000 　贷：应付债券——应计利息　120 000
审计结论：调整后借款利息金额可以确认	

（六）负债融资中的常见错误形式

负债筹资是企业筹集资金的传统方式，本案例中所分析的被审计单位的会计错误与舞弊的形式是负债筹资中存在的主要问题，但并不是全部。负债融资记录还可能存在其他一些错弊，如：

1. 混淆长期借款和短期借款的界限。

2. 未经批准擅自扩大或变相扩大债券发行规模。

3. 向证券管理机构和人民银行呈报虚假材料，募集债券时向社会公众和投资法人公布虚假的债券发行简章。

（七）短期借款利息费用的会计处理

1. 该公司对预提借款利息每月 1 100 元的会计处理不当。按企业会计制度的规定，每月预提 1 100 元的借款利息的入账会计分录为：

借：财务费用　　1 100

　贷：应付利息　　1 100

因此，该公司三个月共少记财务费用和应付利息各 3 300 元，同时又错误地多记营业外支出和短期借款各 3 300 元。

2. 因为无论把利息费用记入“营业外支出”科目还是“财务费用”科目，其数额都在该年度损益中抵减。因此，尽管该公司的会计分录中使用的科目不对，但不会影响该企业该年度的损益。

3. 账项调整为：

借：财务费用　　3 300

　贷：营业外支出　　3 300

案例二　权益融资审计

一、本案例学习目标

本案例将重点研究权益融资的控制测试程序，权益融资核算中主要会计舞弊形式、审核方法及其审计调整，权益融资的审计程序及所形成的主要审计工作底稿等。学习本案例，学生应重点掌握未遵守资本保全原则、多列或少列资本公积或盈余公积等会计错弊形式及其测试过程和方法。

二、本案例的关键内容

（一）案例资料

北方会计师事务所派出了以赵新为组长及以李欣、张红、刘丽为组员的项目组，于2019年2月12至3月8日对东安股份有限公司2018年度的会计报表进行审计。东安股份有限公司（以下简称“东安公司”）属纺织工业化学纤维行业，其主营业务范围是聚酯切片及化纤、纺织原料及成品的生产及销售等。

李欣等人主要负责权益融资的审计。李欣等注册会计师的审计方法和过程如下：

1. 通过了解、调查、描述、测试和评价对被审计单位进行了控制测试。
2. 审阅“实收资本”账户，审查无形资产投资占企业注册资金比例，审查受捐赠财产的账务处理情况，审查盈余公积形成问题。

在审计中，注册会计师发现如下情况：

1. 2018年10月20日的第60号凭证分录为：借记“银行存款”5 000元，贷记“营业外收入”5 000元。其摘要为接受捐赠5 000元，所附原始凭证是捐赠协议和银行存款回执。

2. 李欣审阅东安公司“盈余公积”总账下“一般盈余公积”明细账时，发现贷方一处记录摘要内容为“收到股利收入”金额200 000元，调阅该笔记账凭证，记账凭证显示的会计分录为：

借：银行存款　　200 000

　贷：盈余公积　　200 000

所附原始凭证为银行通知单，显示对方付款理由为“年底分派股息”，再查阅该公司“对外投资”账户，证实确有对外长期股权投资。

（二）案例分析要求

1. 结合本案例，请指出权益融资中出现错弊的特点和审计方法。
2. 注册会计师应如何审查盈余公积？
3. 针对审计中注册会计师发现的问题提出你的看法。

三、本案例需要关注的问题

（一）权益融资的错弊及审查

权益融资与负债融资在融资途径和过程上有差别，在会计错误和舞弊的形式及其审查方法方面，也有不同点：

1. 权益融资中容易发生未遵守资本保全原则、无形资产投资超过企业注册资金规定的比例、多列或少列资本公积或盈余公积等会计错弊形式。

2. 注册会计师应通过审阅合约及核对有关所有者权益方面的账户和凭证来验证问题。

（二）关于接受资产捐赠的审计

企业接受捐赠的现金资产和非现金资产，都应记入资本公积；外商投资企业接受捐赠的现金，应按接受捐赠的现金与现行所得税率计算应交的企业所得税。

（三）本案例的情况

本案例中，东安公司将接受捐赠的现金错误地列入“营业外收入”账内，从而虚增了当期损益，减少了所有者权益。

审计结论如表 6－8 所示。

表 6－8　资本公积审计工作底稿

被审计单位：东安公司　　编制人及日期：李欣 2019－02－16　　索引号：I3－1

审计项目：资本公积　　复核人及日期：李明 2019－03－06　　页次

截止日：2018 年 12 月 31 日

审计说明及调整分录	经审查，2018 年 10 月 20 日的第 60 号凭证分录为：借记“银行存款”5 000 元，贷记“营业外收入”5 000 元。其摘要为接受捐赠 5 000 元，所附原始凭证是捐赠协议和银行存款回执，证明确为捐赠。会计人员把应作为资本公积的捐赠未列入“资本公积”账户，使利润虚增。东安公司应做如下调整： 借：营业外收入　　5 000 　贷：资本公积　　5 000
审计结论：调整后资本公积金额可以确认	

（四）关于盈余公积的审计

注册会计师一般应实施以下审计程序对盈余公积进行审计：

1. 获取或编制盈余公积明细表，复核加计是否正确，并与报表数、总账数及明细账合计数核对是否相符。

2. 收集与盈余公积变动有关的董事会会议纪要、股东（大）会决议以及政府主管部门、财政部门批复等文件资料，进行审阅，并更新永久性档案。

3. 对法定盈余公积和任意盈余公积的发生额逐项审查至原始凭证，包括：审查法定盈余公积和任意盈余公积的计提顺序、计提基数、计提比例是否符合有关规定，会计处理是否正确；审查盈余公积的减少是否符合有关规定，取得董事会会议纪要、股东（大）会决议，予以核实，检查有关会计处理是否正确。

盈余公积是企业从净利润中提取形成的。

本案例中，李欣审阅东安公司“盈余公积”总账下“一般盈余公积”明细账时，发现贷方一处记录摘要内容为“收到股利收入”金额 200 000 元，调阅该笔记账凭证，记账凭证显示的会计分录为：

借：银行存款　　200 000

　贷：盈余公积　　200 000

所附原始凭证为银行通知单，显示对方付款理由为“年底分派股息”。李欣再查阅该公司“对外投资”账户，查明确有对外长期股权投资。据此，李欣认为东安公司把本应作为投资收益的股利收入错入了盈余公积账。后查明，该公司为了少纳所得税，故意隐瞒收入。

案例三　投资审计

一、本案例学习目标

投资与筹资是紧密相连的，投资需要以筹资为基础。在审计工作中，对投资的审计也需要在筹资审计的基础上进行。本案例将重点研究投资的控制测试程序，投资核算中主要会计舞弊形式、审核方法及其审计调整，投资审计工作所形成的主要审计工作底稿等。学习本案例，学生应重点掌握投资成本核算合规性审计，以及权益法运用过程中的问题及其审查过程和方法。

二、本案例的关键内容

（一）案例资料

瑞丰股份有限公司是一家从事水产品养殖、加工、深度综合开发及销售，生物工程研究、开发及食品、饮料销售的公司。

新化会计师事务所派出了以李华为组长及以张颖、赵超、刘敬军为组员的项目组于 2019 年 2 月 10 至 3 月 4 日对该公司 2018 年度的会计报表进行审计。

张颖等注册会计师主要负责投资业务的审计。注册会计师的审计方法和过程如下：

（1）通过了解、调查、描述、测试与评价对被审计单位进行了控制测试。

（2）通过审查投资成本，发现投资成本不实问题；审查股利的会计处理情况，发现虚减投资收益问题；审查权益法，发现有不当运用问题；此外，注册会计师还盘点和询证了有价证券等。

注册会计师在审计中发现的其他具体问题如下：

1. 注册会计师张颖在审查瑞丰公司 2018 年 12 月 31 日的资产负债表和该年度利润表时发现，该公司对 A 公司进行长期股权投资 600 000 元，占 A 公司总资本的 1/2，会计上采用成本法核算，由于没有收到利润分成款，故未反映投资收益。经查证，A 公司 2018 年度实现净利润 200 000 元。

2. 瑞丰公司 2007 年向投资单位 B 公司投资 5 000 万元，2009 年瑞丰公司为拓展海外市场向 B 公司借款 4 000 万元并记录在其他应付款中，该笔款项直至 2018 年尚未归还。2018 年 9 月，瑞丰公司未经过与 B 公司协商即根据占用的资金数额直接冲减了其对 B 公司的长期股权投资 4 000 万元。

3. 甲公司持有 C 公司 40% 的普通股权，采用权益法核算，截至 2018 年末该项长期股权投资账户余额为 380 万元，2017 年末该项投资减值准备余额为 12 万元，C 公司 2018 年发生净亏损 100 万元。2018 年 12 月 25 日，瑞丰公司与 Y 公司签署协议，将其对 C 公司投资以 400 万元的价格转让给 Y 公司，Y 公司已经支付价款 300 万元，财务人员说产权过户手续正在办理中。瑞丰公司以该项长期股权投资正在转让之中为由，不再计提减值准备。

4. 瑞丰公司 2007 年 1 月 1 日用 25 万元现金购买 D 公司 20% 的股权，对其有重大影响。D 公司净资产账面价值为 140 万元，公允价值也是 140 万元。9 月 30 日 D 公司获得其他公司捐赠 8 万元，2018 年度 D 公司获得净利润 50 万元。12 月 31 日，瑞丰公司根据 D 公司的报表确认了 16 万元的投资收益。

5. 注册会计师张颖在审查长期股权投资时，发现瑞丰公司于 2018 年 1 月 2 日以 52 万元购入 E 企业实际发行在外股数的 10%，并支付 2 000 元相关费用。该公司对于这项投资采用成本法核算。2018 年 5 月 2 日 E 企业宣告分派现金股利，瑞丰公司可获现金股利 4 万元。2018 年 7 月 2 日瑞丰公司又以 180 万元购入 E 企业实际发行在外股数的 25%，并支付 9 000 元相关费用。此次购买股票后，该公司所购股数占 E 企业实际发行在外股数的 35%。注册会计师审阅了瑞丰公司对 E 企业增加投资后的会计核算过程，发现其并未改成本法为权益法。

6. 该公司会计报表附注中列示了如下有关长期股权投资的信息：

（1）子公司、合营企业和联营企业清单见表 6 - 9。

表 6－9　股权投资清单

企业名称	注册地	业务性质	持股比例
A 公司	沈阳	采矿	50%
B 公司	青岛	家电生产销售	5%
C 公司	北京	软件研发	40%
D 公司	广州	医药研发销售	20%
E 公司	天津	化工机械生产销售	35%

（2）被投资单位 A 公司因债务纠纷出现大部分流动资金被银行冻结的情况，故向本企业转移资金能力受到限制。

（3）不存在与对子公司、合营企业及联营企业投资相关的或有负债。

7. 瑞丰公司于 2018 年 10 月与 F 公司签订了金额为 6 000 万元、期限为 6 个月的委托理财协议。2018 年 12 月，F 公司汇来 2 000 万元款项，瑞丰公司据此确认投资收益 2 000 万元。

（二）案例分析要求

1. 根据上述资中事项 1，指出该公司用成本法核算长期股权投资是否正确？指出其做法对 2018 年度对外投资的资产价值和投资收益的影响。

2. 针对事项 2，注册会计师应提出什么建议？

3. 针对事项 3，注册会计师应采取什么审计程序？

4. 事项 4 中，瑞丰公司的会计处理是否正确，注册会计师应提出什么样的审计建议？

5. 事项 5 中，瑞丰公司对 E 公司的投资是否应采用权益法？为确定瑞丰公司的长期股权投资所采取的权益法是否适当，可以运用哪些审计程序和方法？

6. 审查瑞丰公司对外投资的会计报告披露，应注意哪些问题？请你运用专业判断，指出瑞丰公司会计报表附注中对长期股权投资的披露可能存在的不合理之处。

7. 事项 7 中，瑞丰公司确认投资收益的会计处理是否正确？如不能确认，注册会计师应采取哪些进一步的审计程序？

三、本案例需要关注的问题

（一）成本法和权益法核算的一般规定

会计准则规定，对投资收益的核算方法有成本法和权益法两种方法。

1. 成本法，就是按股权投资的投资成本计价核算的方法。投资企业的长期股权投资，不随着接受投资企业所有者权益的增减变动而变动，其账面价值反映的是该项投资的投资成本，并且股权投资的价值一经入账，除追加或收回投资外，一般不再进行调整。

2. 权益法是指投资企业的长期股权投资，按照占接受投资单位资本总额的比例，随着接受投资企业所有者权益的增减变动而变动。长期股权投资反映的价值，不是企业的投资成本，而是投资企业对接受投资企业所有者权益的份额。

3. 投资企业长期股权投资占接受投资单位有表决权的资本总额20%或20%以上，或者投资虽然不足20%但有重大影响，应采用权益法。

企业因减少投资等原因对被投资单位不再具有重大影响时，应当中止采用权益法，或企业因增加投资等原因对被投资单位具有了重大影响时，应当改成本法为权益法。

（二）本案例的情况

1. 事项1中，该公司存在的主要问题是：对长期股权投资会计处理方法的选择不正确，对该项投资业务应采用权益法进行会计处理。该公司使用成本法导致2018年度漏计了对外投资的资产价值和投资收益。对A公司投资本年度应计投资收益是200 000×1/2＝100 000（元），应为：

借：长期股权投资　　100 000

　贷：投资收益　　100 000

2. 事项2中，瑞丰公司未经过双方协议就直接冲减B公司的长期股权投资是不正确的，因为根据会计准则和相关法规的规定，长期股权投资不能随意冲减，并且其他应付款与长期股权投资是不同性质的科目，不可以随意直接冲销。注册会计师应建议瑞丰公司将该笔冲销长期股权投资和其他应付款转回，并且建议其在财务报表附注中披露其占用关联方资金的情况。

3. 事项3中，注册会计师应追加审计程序，以查明长期股权投资转让是否真正完成，如果股权转让确实已经完成，应建议该公司处置该长期股权投资，如果至12月31日，股权转让没有真正完成，应建议瑞丰公司确认投资损失并根据长期股权投资的可回收性计提减值准备。

4. 事项4中，9月30日D公司获得其他公司捐赠8万元，属于被投资单位除净损益以外的所有者权益的其他变动，不应确认为投资收益，瑞丰公司只能对2018年度D公司获得净利润50万元确认投资收益。其调整分录为：

借：投资收益　　160 000

贷：长期股权投资——损益调整　　　　　　　　　　160 000

借：长期股权投资——其他权益变动　　　　　　　160 000

贷：资本公积——其他资本公积　　　　　　　　　　160 000

（三）对长期股权投资会计处理的审查程序

为确定瑞丰公司的长期股权投资所采取的权益法是否适当，可以运用下列审计程序和方法：通过询问管理当局或函证接受投资企业等方式，确认企业是否确实对接受投资企业具有控制、共同控制或重大影响，检查企业是否对这些项目采用了权益法。如果企业未按有关规定选择权益法核算，注册会计师应该取得该企业不能对接受投资企业拥有控制、共同控制或重大影响的证据。在权益法下，企业“长期股权投资”账户反映的投资额要随着接受投资企业净资产的增减变动而变动，注册会计师应尽量取得被投资企业经过审计的年度会计报表。如被投资企业是股票上市公司，其年度会计报表可以从公开渠道取得，否则，注册会计师应与担任被投资企业审计工作的注册会计师或与被投资企业联系，函证获得所需情况或数据。

事项5中，瑞丰公司于2018年1月2日以52万元购入E企业实际发行在外股数的10%，并支付2 000元相关费用。根据规定，该公司对于这项投资采用成本法核算是正确的。2018年5月2日E企业宣告分派现金股利，瑞丰公司可获现金股利4万元。2018年7月2日瑞丰公司又以180万元购入E企业实际发行在外股数的25%，并支付9 000元相关费用。由于该公司此次购买股票后，该公司所购股数占E企业实际发行在外股数的35%，根据规定，瑞丰公司对于此项投资应采用权益法核算。注册会计师审阅了瑞丰公司对E企业增加投资后会计核算过程，发现其并未改成本法为权益法，这样就影响了损益和长期股权投资的准确性，应建议其改为权益法，并追溯调整。

（四）投资活动的披露要求

企业在披露投资活动信息时，应把握以下内容：

1. 当期发生的投资净损益，其中重大的投资净损益项目应单独披露。

2. 应披露短期投资、长期债权投资和长期股权投资的期末余额，其中长期股权投资中属于对子公司、合营企业、联营企业投资的部分应单独披露，包括：合营企业和联营企业当期的主要财务信息，包括资产、负债、收入、费用等的合计金额；被投资企业的名称、注册地、业务性质、投资企业的持股比例和表决权比例；与对子公司、合营企业及联营企业投资相关的或有负债；当期及累计未确认的投资损失金额；向投资企业转移资金的能力受到严格限制的情况。

3. 在会计报表附注中应披露当年计提的短期投资跌价准备和长期投资减值准备的金额。

4. 在会计报表附注中应披露投资的计价方法。

5. 在会计报表附注中，应披露投资企业期末的短期投资和长期投资账面价值合计占该企业净资产的比例。

6. 采用权益法时，在会计报表附注中，应披露投资企业与被投资单位会计政策的重大差异，如投资企业的存货计价与被投资单位不同等。

7. 在会计报表附注中应披露投资变现及投资收益汇回的重大限制，如被投资单位在境外，由于境外所在地外汇管制等原因，投资收益的汇回受到限制等。

可见，本案例中关于长期股权投资的披露中缺少以下内容：表决权比例、当期及累计未确认的投资损失金额以及合营企业和联营企业当期的主要财务信息。

（五）投资收益的审计

注册会计师在审计投资收益时，应将审计程序与对交易性金融资产、可供出售金融资产、持有至到期投资、长期股权投资、交易性金融负债等项目的相关审计结合，验证确定投资收益的记录是否充分、准确；对于重大的投资收益项目，注册会计师应审阅相关文件，复核其计算的准确性，并确定其应为投资收益。

本案例中，注册会计师应取得并审查委托理财协议及理财账户的对账单，并向F公司发函证明此笔投资收益是否属实，若不属实，应建议瑞丰公司加以调整。

第七章

货币资金审计

根据货币资金审计业务具有综合性强这一特点，本教材将货币资金的收入审计主要放到了销售与收款、投资与筹资案例中；将货币资金的支付审计主要放到了购货与付款和生产循环案例中；本章案例主要体现存量货币资金的审计。这一章，安排了三个案例。

案例一　达美集团货币资金审计

一、本案例学习目标

在货币资金的审计案例中，将重点研究货币资金的控制测试程序，货币资金的确认方法，会计核算中可能存在舞弊形式、审核方法及其审计调整，货币资金审计工作所形成的主要审计工作底稿等。

二、本案例的关键内容

（一）案例资料

诚信会计师事务所派出以杨福为项目组长及以李力、张同、刘为为组员的项目组对达美股份有限公司进行年报审计。诚信会计师事务所与被审计人达美股份有限公司有长期的签约关系。自2005年开始，诚信会计师事务所就已经开始接受达美股份有限公司委托，对其进行年度会计报表审计。

注册会计师李力等在达美股份有限公司2019年度的会计报表审计中主要负责货币资金及相关问题的审计。

达美股份有限公司是一家上市较早的商业类公司，公司主业为商品零售业务，同时有一部分房地产开发业务，并与某网站合作开展网上售货业务。公司对零售业务部分采用售价金额核算法，毛利率的计算结转采用分类毛利率法，定期对库存商品进行盘点，有一套相对严密的内部管理制度。公司自上市后业绩一直较为平稳，股价波动不大。

在对该公司货币资金的内部控制采用“调查表法”“检查凭证法”“实地考察法”进行符合性测试的基础上，注册会计师发现该公司货币资金的内部控制存在一定的漏洞，主要表现在以下几个方面：

（1）财务部稽核人员对收款台的现金盘点不及时，未能坚持经常进行不定期盘点。

（2）通过查看支票登记本发现，存在领用的票据号码不连续、领用支票不登记的现象。

（3）基本能坚持对现金和银行存款的支付审批制度，但在审批的职责权限划分上不够明确，从抽查的支付凭证来看，对相同业务的审批有时是财务经理的签字，有时是业务经理的签字，控制不够严格。

在发现了上述问题之后，注册会计师确认该公司的内部控制属于中等信赖程度，因此，适当地扩大了对达美股份有限公司货币资金进行的实质性测试范围。注册会计师实施的部分审计程序如下：

1. 采取盘存法对现金进行突击性盘点。盘点时间为 2020 年 2 月 2 日下午 5 点，盘点日确认的现金实存数为 4 460 元，达美公司 2 月 1 日账面库存现金余额为 1 000 元，2 月 2 日发生的现金收支尚未入账，其中现金收入 5 000 元，现金支出 3 000 元，2020 年 1 月 1 日至 2 月 1 日现金账上记录的现金收入总额为 16 000 元，现金支出总额为 15 000 元。

2. 采取抽查法检查现金日记账和银行存款日记账。

3. 取得银行存款余额调节表，采取审阅法、调节法等方法检查真实性。

4. 利用函证法对银行存款的真实性和合法性进行审查。函证前，被审计单位财务人员提出，注册会计师不必对 A 银行和 B 银行进行函证，原因是 A 银行目前账户余额为零，而 B 银行已经将银行对账单交给注册会计师。注册会计师拒绝了被审计单位财务人员的建议，向达美股份有限公司本年发生过存款业务的所有银行发出了询证函。

5. 由于没有取得截止银行对账单，注册会计师采用了替代审计程序。

经过注册会计师对上述内容进行认真的检查、仔细的核对，针对审计过程中发现的达美股份有限公司“服装柜组发生短款次数频繁”“私设小金库”“出租出借银行账号”“因购货单位支付空头支票而未及时调账”“短期贷款未入账”“达美劳动服务公司明显存在开阴阳发票”“短期投资记账错误”等问题，注册会计师与达美股份有限公司进行了意见交换，并严肃地提出了要求其纠正错误的建议。

（二）案例分析要求

1. 货币资金的关键控制点有哪些？

2. 结合案例中注册会计师执行的现金盘点程序，请分析：现金盘点方式和盘点时间应如何安排？盘点时应要求被审计单位哪些人员参加？如果出纳人员临时外出尚未返还，注册会计师应该怎么办？如果盘点中发现差错注册会计师该如何处理？本案例中，注册会计师推算的 12 月 31 日的现金实存数应为多少？如果审查的结果为盘亏，其原因为出纳刘民本人挪用现金，注册会计师是否应提出调整建议？

3. 对现金和银行存款进行凭证抽查时应重点关注哪些方面？

4. 注册会计师测试银行存款余额调节表的目的是什么？注册会计师取得余额调节表后应检查哪些内容？本案例中，若银行对账单中企业已收、银行未收的未达账项 234 000 元，经与银行日记账核对后已于 1 月 3 日收妥，那么是否还应调整企业 12 月 31 日银行存款数？对于银行已收、企业未收和银行已付、企业未付的事项，注册会计师应如何应对？对于跨年度的未达账项，注册会计师应对被审计单位提出什么要求？

5. 注册会计师对银行存款进行函证的目的是什么？什么时候注册会计师需要对银行存款进行函证？本案例中，注册会计师为什么拒绝被审计单位人员的建议向包括 A 银行和 B 银行在内的所有银行发出询证函？注册会计师索取的 2019 年度被审计单位的银行对账单目的是什么？为保证能够直接收到询证函回函，注册会计师应对询证函的收发采用哪些控制措施？

6. 从哪些迹象可以发现企业存在出租出借账号问题？

7. 注册会计师取得截止银行对账单的目的是什么？如果不能获取截止银行对账单，注册会计师应采用何种替代审计程序？

三、本案例需要关注的问题

（一）货币资金内控制度

货币资产是极易被贪污挪用的对象，为避免发生舞弊，必须建立健全有效的货币资金内控制度。在内控制度中要充分体现不相容职务的分离，并要有运行良好的审核和核对制度。

货币资金审计中，注册会计师要关注一些关键控制点，就是那些不加控制就容易产生错误舞弊的业务环节。货币资金的关键控制点主要有：

1. 记账与出纳分离。

2. 登记日记账与登记总账职务分离。

3. 对现金进行突击盘点。

4. 出纳和登记日记账以外的人员定期编制银行存款余额调节表。

5. 支票领用的审批和登记制度。

6. 出纳与财务印章分别保管等。

另外，要注意，再好的内控制度也要人来执行，若有关人员蓄意舞弊，再好的控制制度也只能流于形式。本案例中有内控制度执行不当的例证，尽管该公司有相对完善的货币资金的内控制度，但在执行中未能得到很好的坚持，致使收款人员有机可乘，从中贪污现金。

（二）运用调节法对现金进行突击式盘点

盘点现金是证实现金存在的重要审计程序，但盘点日与会计截止日一般不一致，在编制盘点表时必须注意调整，并关注盘点日到会计截止日之间的收支是否真实；在盘点时应确保存放在不同地点的现金同时盘点，不能相互流动。

现金盘点方式应采用突击盘点以避免出纳员在盘点前有机会采取掩盖错误和舞弊的措施。在时间安排上，应避开企业现金收支的高峰时段，故一般应在企业上午上班前或下午下班后进行现金盘点。盘点时应要求被审计单位会计主管和出纳员参加。如果出纳人员临时外出尚未返还，注册会计师应暂时将企业保险柜封存，待出纳员回来后再继续盘点工作。如果在盘点中发现差错，注册会计师应及时通知管理当局并查明错误的原因，并提出审计调整意见。

本案例中，可以推断 2019 年 12 月 31 日的应存数为 4 460 +（3 000 + 15 000）－（5 000 + 16 000）= 2 460 元。

如果审查的结果为盘亏，其原因为出纳刘民本人挪用现金，注册会计师应提出调整建议，调整分录为：

借：其他应收款——刘民　　1 000

　贷：现金　　1 000

（三）抽查凭证的要求

对现金和银行存款进行凭证抽查时应重点关注以下方面：

1. 对现金和银行存款的凭证抽查时，要重点审核其账户对应关系，分析其合理性，对于一些特殊对应关系的凭证应进一步审核其所附原始凭证的真实性、合法性。对于有疑问的业务一定追查到底。

2. 在凭证抽查中对同类业务还应综合分析。如本案例中的修理费舞弊问题，对各种支出和收入要运用分析性复核的方法，分析其可能性。

3. 进行凭证抽查时，不能仅停留在账户对应关系、审批手续、金额相符等表面现象上，要深入分析业务内容和其合理性，对发现的疑点要紧追不放，这样才能将问题查清。

4. 对货币资金大额收支凭证的抽查应结合其他业务的处理进行分析。

（四）测试银行存款余额调节表

注册会计师测试银行存款余额调节表的目的是为了确定客户的员工是否认真编制了银行存款余额调节表、验证客户账面记录的银行存款余额经过调节后是否与实际银行存款金额相符。

取得银行存款余额调节表后，注册会计师应检查银行存款余额调节表中的未达账项的真实性以及未达账项在资产负债表日后的入账情况。对银行存款的审查应当注意未达账项，尤其对长期未达账项要进行分析。

为了验证未达账项的真实性，应向银行取得会计截止期后一段时间的对账单，对长期的未达账项要提请被审计单位进行调整，必要时应验证有关的支持性凭证，对在途时间较长的货币资金应持怀疑态度，验证其真实性。

对于银行已收企业未收和银行已付企业未付的事项，注册会计师应要求被审计单位查明其是否属于本单位的未收未付事项，并询问企业当期未入账的原因。对于跨年度的未达账项，注册会计师应提请被审计单位查实并提供情况。

在本案例中，如果在银行存款余额调节表的数据中，若银行对账单企业已收，银行未收的未达账项 234 000 元经与银行日记账核对后已于 1 月 3 日收妥，仍应调整企业 12 月 31 日银行存款数。因为此项审计业务为年报审计，尽管该笔未达账项在次年 1 月 3 日收到，但截至 12 月 31 日企业银行存款的实际数额中不应包括 234 000 元，而且数额较大，远远超过了货币资金分配的重要性水平，所以，必须对这笔未达账项进行调整。

（五）对银行存款的函证

实施函证程序，可以帮助注册会计师获取可靠性高的审计证据，以应对由于舞弊或错误导致的特别风险。《中国注册会计师审计准则第 1312 号——函证》第十二条规定，注册会计师应当对银行存款、借款（包括零余额账户和在本期内注销的账户）、借款及与金融机构往来的其他重要信息实施函证程序，除非有充分证据表明某一银行存款、借款及与金融机构往来的其他重要信息对财务报表不重要且与之相关的重大错报风险很低。如果不对这些项目实施函证程序，注册会计师应当在审计工作底稿中说明理由。

注册会计师通常直接从银行或其他金融机构取得银行存款的询证函。利用银行存款的函证程序，可以发现企业可能存在的账外资金和贷款。银行存款的函证程序是证实银行存款存在的重要方法，通过函证可以很容易发现企业有可能存在的银行存款多计和少记的舞弊。

在函证银行存款余额时，除了对经常提供对账单的开户行进行函证外，由于企业经常多头开户，有些账户较少发生业务，尤其是一些专用存款账户，函证时也不能漏掉。应向企业所有开过户的银行函证，有时某些账户年末余额也许为零，但注册会计师为了查清真实情况，也必须对其进行函证。

本案例中，A 银行户头年末存款余额为零，但仍有可能存在银行借款和其他账外资金或负债存在。对于 B 银行账户而言，虽然注册会计师已经取得其对账单，但对账单只能证明列示在银行余额调节表上的在途存款和未兑现支票的真实性，并不能帮助注册会计师发现其他未入账的银行存款和借款的存在性，故注册会计师应对 A 和 B 银行在内的所有银行发出询证函。

（六）审查出租出借账号问题

注册会计师从以下迹象中可以发现企业存在出租出借账号问题：

首先，从银行对账单与企业日记账的核对中，可能发现存在银行对账单有一收一付，且金额相等，但企业银行存款日记账中没有登记的情形，并且企业支票存根也会出现缺号现象。

其次，有的企业为了掩饰出租出借账号问题，会签订虚假合同，当收到款项时做“银行存款”和“应付账款”的增加，过几天后再做退款处理，将账户转平。

（七）取得截止银行对账单

截止银行对账单是指由银行直接寄给会计师事务所的客户的部分期间（通常是资产负债表日后 7 至 10 日内）的对账单及对账单涉及的凭证，如存款单副联、注销支票等。

注册会计师获取截止银行对账单的目的是用客户无法接触到的证据验证银行存款余额调节表中的项目。

如果注册会计师没有获得截止银行对账单，可以采用核对期后银行对账单的替代审计程序。这种替代审计程序的目的是检查客户是否存在涂改银行对账单所附凭证的行为。具体步骤是：加总计算所有的注销支票以及银行存款借记通知、贷记通知，将结算结果与银行对账单余额相核对，确定客户是否存在涂改行为。

案例二　现金盘点及审计

一、本案例学习目标

完成本案例学习后，学生应当能够：掌握现金盘点方法的应用，能够设计并执行针对现金的审计测试程序，了解备用金关键内部控制。

二、本案例的关键内容

（一）案例资料

在永兴公司的审计业务中，注册会计师张华对库存现金执行了解内部控制、内部控制测试和业务实质性测试程序。在审计库存现金时，注册会计师将工作的重点放在库存现金的控制测试。

2020 年 1 月 10 日上午 8 时，会计师事务所派出的张华对永兴物资贸易公司的库存现金进行突击盘点，盘点情况如下：

现钞：100 元币 10 张，50 元币 13 张，10 元币 19 张，5 元币 11 张，1 元币 29 张，5 角币 38 张，1 角币 4 张，硬币 5 角 8 分。现钞总计 1 943. 98 元。

已收款尚未入账收款凭证 3 张，计 130 元。

已付款尚未入账的付款凭证 5 张，计 520 元。其中有马明借条一张，日期为 2013 年 7 月 15 日，余额 200 元，未经批准和说明用途。

2020 年 1 月 10 日企业现金账面余额为 1 890. 20 元，2020 年 1 月 1 日至 2020 年 1 月 10 日收入现金 4 560. 16 元，支出现金 4 120 元，2019 年 12 月 31 日库存现金账面余额为 1 060. 04 元。

在对永兴物资贸易公司的备用金等进行审计测试时，审计师还发现了该公司出纳员李华贪污公款的情况：永兴公司出纳员李华从公司收发室截取了顾客马力寄给公司的分期付款的 5 000 元支票，存入了由他负责的公司零用金银行存款账户中。然后，在该存款户中以支付劳务费为由，开具了一张以自己为收款人的 5 000 元的支票，签名后从银行兑取了现金。在与客户对账时，李华将应收账款（马力）账户余额扣减 5 000 元后作为对账金额发给马力，表示 5 000元款项已经收到。10 天后，李华编制了一张会计凭证，将应收账款（马力）账户调整到正确余额，但银行存款账户余额却比实际多列了 5 000 元。

月底，在编制银行存款余额调节表时，王玉在调节表上虚列了两笔未达账项，将银行存款余额调节表调平。

（二）案例分析要求

1. 在审计库存现金时，注册会计师将工作的重点放在库存现金业务的控制测试而不是账户的期末余额，原因是什么？

2. 根据李华贪污公款的情况，分析该公司内部控制制度中存在哪些重要缺陷？

3. 本案例中，如果注册会计师执行业务实质性测试后并未执行进一步的余额详细测试，其前提条件是什么？控制测试和业务实质性测试的工作量取决于什么？

4. 根据资料编制库存现金盘点表，计算出盈亏，并推算出 2019 年 12 月 31 日库存现金实存额。

三、本案例需要关注的问题

（一）库存现金内部控制

库存现金是一个特殊账户，其金额往往并不重要，但在审计业务中不能被忽略。注册会计师要重点关注库存现金被贪污的可能性。本案例中，李华贪污公款的过程说明该单位内部控制存在重要缺陷，表现在：记账、收款与出纳功能没有分离；没有由出纳和登记日记账以外的人员定期编制银行存款余额调节表；登记现金日记账没有与登记应收账款总账和明细账的职务分离；缺乏支票领用的领导审批制度；出纳与财务章没能分别保管。

虽然库存现金余额往往比较小，但如果频繁报销时，可能存在大量不恰当的业务，所以验证备用金时，注册会计师应当更侧重现金业务的控制测试，而非账户的期末余额。

（二）库存现金的实质性测试

1. 针对库存现金的实质性审计程序通常包括：核对库存现金日记账与总账的金额是否相等，检查非记账本位币库存现金的折算汇率及折算金额是否正确；监盘库存现金；抽查大额库存现金收支；检查原始凭证是否齐全、记账凭证与原始凭证是否相符、账务处理是否正确、是否记录于恰当的会计期间等内容；根据评估的舞弊风险等因素增加的其他审计程序。

控制测试和业务实质性测试的工作量取决于现金业务发生的次数、金额及注册会计师对相关错报风险的评估。当现金有关控制风险评估较低且年内发生的报销次数较少时，注册会计师方可不执行进一步审计程序。

2. 2019 年 12 月 31 日库存现金实存额为：1 890.20 + 4 120 − 4 560.16 = 1 450.04元。

案例三　测试银行存款余额调节表

一、本案例学习目标

掌握银行存款余额调节表的编制方法和测试方法，了解通过银行账户转账腾挪资金的常见舞弊手法。

二、本案例的关键内容

（一）案例资料

注册会计师张华负责审计兴达公司的一般银行存款。客户尚未编制12月31日的银行存款余额调节表。在与公司管理者沟通之后，注册会计师决定在一位财务人员协助下编制银行存款余额调节表。注册会计师检查了兴达公司2019年12月的一般银行存款户的银行存款日记账的收支业务与银行对账单。兴达公司2020年2月28日银行对账单余额为313 546元，银行存款日记账为310 000元。此外，注册会计师还取得下列信息：

1. 2019年12月28日，银行对账单上收到外地汇款18 500元，该款项系公司从外地采购专户转入的款项，采购专户的银行存款日记账已经记账，但当月一般存款户日记账上无此记录，此业务记录于2020年1月7日。

2. 2019年12月22日，对账单上有存款利息400元，日记账上为600元（查系记账凭证写错）。

3. 2019年12月25日，对账单付出18 500元，但12月31日企业日记账仍无此记录。

4. 2019年12月28日，日记账上有存入转账支票24 000元，但对账单上无此记录。

5. 2019年12月28日，日记账上有付出转账支票22 000元，但对账单上无此记录。

6. 对账单有2020年2月28日收到托收款5 500元，但日记账无此记录。

（二）案例分析要求

1. 根据上述资料编制银行存款余额调节表，列示调节后的银行存款账面余额。

2. 编制必要的调节分录。

3. 假定上述事项1中的未达账项是员工故意舞弊造成的，请分析相关人员的最可能的动机是什么？

4. 假设企业存在缺少与银行存款相关的职责分离等内部控制缺陷，为了查明银行存款账户中存在的舞弊问题，注册会计师可能采用哪些审计程序？

三、本案例需要关注的问题

（一）编制银行存款余额调节表

独立、正确地编制银行存款余额调节表是银行存款内部控制的一项重要内容。注册会计师要能够针对银行存款余额调节表展开测试。本案例中被审计单位尚未编制银行存款余额调节表，注册会计师应能够在编制银行存款余额调节表的过程中针对相关内容展开测试。本案例中，注册会计师应编制的银行存款余额调节表如表7－1所示：

表7－1　银行存款余额调节表　　2019年12月31日

	银行存款日记余额		银行对账单余额
	310 200		313 500
加：银行已收企业未收	18 500	加：企业已收银行未收	24 000
	5 500		
减：银行已付企业未付	18 500	减：企业已付银行未付	22 000
记账错误	200		
调节后余额	315 500	调节后余额	315 500

（二）调节分录

借：银行存款　　200

　贷：财务费用　　200

（三）挪用公司资金典型方式

试图贪污公款的人有时候会通过在不同银行间转移资金并且推迟记录的方式来挪用公司资金。事项1中，从外地采购专户转入一般存款户的款项没有记账，而仅记录付款业务，这表明公司员工可能试图掩盖其贪污银行存款的行为。

（四）应对内部控制存在的缺陷

当企业银行存款相关的职责分离等内部控制存在缺陷时，审计一般银行存款账户时注册会计师要特别关注银行存款中存在的舞弊风险，必要时应对银行存款余额表进行扩展测试。扩展测试的目的是验证被审计年度最后一个月的所有业务是否正确地反映于银行存款余额调节表中，并且银行存款余额调节表中所有项目是否得到正确处理。

第八章

生产与仓储循环审计

生产与仓储循环是产品制造企业特有的环节。本循环安排了四个案例，重点研究存货审计和生产成本审计。

案例一　迅捷股份有限公司生产与仓储循环审计

一、本案例学习目标

完成本案例学习后，学生应当能够：了解生产与仓储循环审计的内部控制制度，重点掌握存货截止测试的程序与方法，存货所有权的验证过程，存货计价测试的方法，存货内部控制，存货控制测试要点等。

二、本案例的关键内容

（一）案例资料

康泰会计师事务所向迅捷股份有限公司派出了以郑明为项目组长及以李和芳、林琳、刘华雨为组员的项目组。本次审计为迅捷股份有限公司成立以来的首次审计。

迅捷股份有限公司属于轻工业类纸浆制造企业，公司主营业务为纸、纸板、纸箱制品。公司是某省重点扶持的骨干企业之一，国家火炬计划重点高新技术企业。公司经过不断的产品结构调整与优化，产品质量和技术装备均达到国内先进水平，主导产品可替代进口，公司目前生产规模和经济效益连续多年居某省造纸业首位，全国同行业前列。公司坚持以废纸为主要原料，辅以商品木浆，减少污染，力争实现经济与环保双赢发展。

该公司在董事会下设有审计委员会，在总经理下设有审计部，审计委员会和审计部在业务上是指导与被指导关系。注册会计师的审计工作得到了该公司内部审计的协助。

审计组于 2020 年 2 月 15 至 3 月 6 日对该公司 2019 年度的会计报表进行审计。注册会计师林琳等主要负责生产与仓储循环的审计。

注册会计师执行的部分程序如下：

1. 通过了解、调查、描述、测试与评价对被审计单位进行控制测试。

2. 通过执行分析程序、编制存货明细表并将其与明细账、总账、报表余额进行核对，监盘存货，验证存货所有权，检查存货品质状况，审查存货跌价准备、存货计价等，进行分析性复核、存货截止测试等实质性测试。

3. 对上一年度的会计记录进行适当审阅并与前任 CPA 沟通。注册会计师林琳在对公司存货项目的相关内控制度进行研究评价后，记录了公司存货方面的主要内部控制制度，下面是从工作底稿中摘录的部分内容：

（1）质量检验员比较所收材料与采购订单的要求是否相符，并检查其质量等级。验收无误后，质量检验员签发预先编号的验收单，作为检验材料的依据。对于单价在人民币 10 000 元以上的材料，还需质检经理验收签字。

（2）根据预先编号验收单，仓库管理员负责将购入材料的采购订单编号、验收单编号，材料数量、规格等信息输入 ERP 系统，经仓储经理复核并以电子签名方式确认后，系统自动更新材料明细台账。

（3）仓库管理员分别于每季和年度终了对存货进行盘点并编写存货盘点明细表，财务部门对盘点结果进行复盘，若发现差异经仓储经理、财务经理、生产经理复核后及时处理并调整入账。

（4）仓库管理员将原材料领用申请单编号、领用数量、规格等信息输入 ERP 系统，经仓储经理复核并以电子签名方式确认后，系统自动更新材料明细台账。

（5）生产成本记账员根据原材料出库单，编制原材料领用凭证，与 ERP 系统自动生成的生产记录日报表核对材料耗用和流转信息；由会计主管审核无误后，生成记账凭证并过至生产成本及原材料明细账和总分类账。每月末，各个生产车间分别与仓库核对原材料、半成品及产成品转入转出记录，如有差异，仓库管理员编制差异分析报告，经仓储经理和生产经理签字确认后交财务部门进行调整。

注册会计师在审计过程中发现公司存在下述可能导致错误的情况：

一是存货盘点欠缺认真，盘点过程中发货业务没有完全终止，对初次盘点结果，并无第二组人员进行复盘。

二是由红特公司代管的甲材料可能并不存在。

三是通过销售与收款循环审计发现已销产成品可能未进行相关会计处理。

四是迅捷公司将明光公司存放在仓库中的乙材料计入本公司存货项目中。

五是通过非货币性交换取得的丙材料比现行市价高。

（二）案例分析要求

1. 说明上述每一项内部控制涉及的企业业务活动及控制目的、受影响的相关交易和账户余额及其认定。

2. 针对上述可能导致错误的5种情况，注册会计师林琳应当采用什么实质性程序进行审查？各自的审计目标是什么？能获得什么类型的审计证据？

3. 注册会计师如何对原材料存货进行截止测试？

三、本案例需要关注的问题

（一）存货和仓储循环内部控制

存货是企业在生产经营过程中为了消耗或耗用而持有的各种有形资产，包括各种原材料、辅助材料、包装物、低值易耗品、委托加工材料、在产品、产成品和商品等。由于存货在企业的流动资产项目中占有较大的比重，故存货项目的真实性、正确性直接影响到资产负债表中存货项目的公允性。因此，加强存货审计对于促进企业健全内部控制制度、提高存货管理水平起着重要的作用。存货和仓储循环涉及的业务活动主要包括：材料验收和仓储活动、计划和安排生产活动、生产与发运活动以及存货管理活动。注册会计师应了解、评估并测试企业在各个环节的内部控制制度。

本案例中：

第1部分的项目内部控制涉及的企业业务活动是材料验收与仓储，其控制目的是保证已验收材料均附有有效采购订单，受影响的相关交易和账户余额及其认定是存货的存在性。

第2部分的项目内部控制涉及的企业业务活动是材料验收与仓储，其控制目的是保证已验收材料均已准确记录，受影响的相关交易和账户余额及其认定是存货的计价、分摊和完整性及主营业务成本的准确性、分类和完整性。

第3部分的项目内部控制涉及的企业业务活动是材料验收与仓储，其控制目的是保证已验收材料均已记录于适当期间，受影响的相关交易和账户余额及其认定是存货的存在和完整性及主营业务成本的计算。

第4部分的项目内部控制涉及的企业业务活动是生产与发运，其控制目的是保证发出材料均已准确记录，受影响的相关交易和账户余额及其认定是存货的计价和分摊及主营业务成本的准确性、完整性和分类。

第 5 部分的项目内部控制涉及的企业业务活动是生产与发运，其控制目的是保证已记录的生产成本均为真实发生且与实际成本一致，受影响的相关交易和账户余额及其认定是存货的存在、计价和分摊及主营业务成本的发生和准确性。

（二）存货审计实质性程序

针对上述公司存在的可能情况，注册会计师林琳应当采用如下实质性程序进行审查：

1. 注册会计师林琳应要求该公司对期末存货进行重盘，注册会计师适当抽点，审计目标是确定存货审计单位盘点结果的记录可靠性和对控制程序的遵循情况，能够获取书面证据。

2. 注册会计师林琳应询问被审计单位管理当局并向红特公司函证代管的甲材料，审计目标是确定存货的存在性、会计记录完整性以及所有权，能够获取书面证据。

3. 注册会计师林琳应对期末存货进行截止测试，审计目标是确定存货的存在性和会计记录完整性，能够获取书面证据。

4. 注册会计师林琳应采取询问管理当局、函证、进行截止测试等程序，目标是确定存货的所有权、会计记录的完整性，能够获取口头证据和书面证据。

5. 对通过非货币性资产交换获得的存货，注册会计师林琳应检查其入账的有关依据是否真实、完备，入账价值和会计处理是否符合相关规定，目标是确定存货的所有权、存在、完整性和准确性，能够获取书面证据。

（三）存货截止测试

存货截止测试的主要目的是证实所有应当记录的存货均已记录，次要目的是证实资产负债表中记录的存货是存在的。针对原材料的截止测试包括入库截止测试和出库截止测试。

原材料入库的截止测试程序是：在原材料明细账的借方发生额中选取资产负债表日前后若干张、一定金额以上的凭证，并与入库记录（如入库单、购货发票、运输单据）核对，以确定原材料入库被记录在正确的会计期间；在入库记录（如入库单、购货发票、运输单据）中选取资产负债表日前后若干张、一定金额以上的凭证，与原材料明细账的借方发生额进行核对，以确定原材料入库被记录在正确的会计期间。

原材料出库截止测试程序是：在原材料明细账的贷方发生额中选取资产

负债表日前后若干张、一定金额以上的凭证，并与出库记录（如出库单、销货发票、运输单据）核对，以确定原材料出库被记录在正确的会计期间；在出库记录（如出库单、销货发票、运输单据）中选取资产负债表日前后若干张、一定金额以上的凭证，与原材料明细账的贷方发生额进行核对，以确定原材料出库被记录在正确的会计期间。

案例二　存货监盘

一、本案例学习目标

完成本案例学习后，学生应当能够：了解存货监盘的审计目的，掌握监盘的主要审计程序，掌握监盘的技术要领。

二、本案例的关键内容

（一）案例资料

泰达公司是一家上市公司。在 2019 年财务报表审计中，会计师李阳和王刚负责泰达公司下属工厂的期末存货监盘任务。此次审计是注册会计师首次接受委托。

在制定监盘计划前，客户提出，由于公司年底业务繁忙，希望注册会计师将存货监盘时间安排在期中进行。在制定监盘计划时，注册会计师主要根据各种存货监盘所耗费的时间确定了样本规模，并选定了测试项目。

在监盘泰达公司存货时，注册会计师遇到以下情况：

1. 2020 年 2 月 15 日，注册会计师在对第一仓库的 A 材料进行实物清点时发现，该企业 2019 年 12 月 31 日资产负债表“存货”金额为 2 000 万元，根据存货明细账知道，2019 年 12 月 31 日 A 材料为 2 000 千克，单价 100 元，金额共计 20 万元。注册会计师监盘 A 材料的结果为：2 200 千克，单价 100 元，金额 22 万元。对 A 材料明细账的收发记录进行测试后，确认：共收400 千克，金额为 4 万元，共发 200 千克，金额为 2 万元。

2. 存货 B 分别存放在第二、第三和第四仓库，由于人手不足，公司计划安排在一周内将其盘点完毕。

3. 存货 C 所在仓库由于地处偏远，发生山体滑坡，注册会计师无法进行监盘。

4. 存货 D 已经质押给供货商韵达公司，此次未纳入盘点。

5. 因首次接受委托，注册会计师未能对上期存货进行监盘，但上期存货金额对本期报表影响较大。

6. 存货 E 是散装存放的液体，确定其质量和数量比较困难。

7. 存货 F 没有参与盘点，经询问得知已经出售，但暂未出库。

8. 被审计单位制定盘点计划中规定，由于 G 存货比较重要，由两组人员参与盘点，一组完成盘点，另一组进行二次盘点，以保证准确性。但实际盘点过程中，注册会计师发现，为了节约时间，两组人员同时盘点了不同的存货，并没有进行二次盘点。

9. 注册会计师在对成品库中的产成品——设备进行实物清点时，发现一些设备的明细账、保管账和实物三者数量、金额存在不符之处，如表 8－1 所示：

表 8－1 设备核对审查表

产品名称	明细账			保管账			盘点数量（台）
	单价（元）	数量（台）	金额（元）	单价（元）	数量（台）	金额（元）	
甲设备	10 000	40		10 000	39		39
乙设备	20 000	30		20 000	30		31
丙设备	30 000	20		30 000	19		20
丁设备	40 000	10		40 000	8		8

10. 企业有一批生产所需的燃料存放在港口的公共仓库内，该批燃煤占企业流动资产的比例达 15％。

注册会计师完成存货监盘程序后，公司财务经理要求注册会计师给他一份注册会计师编制的存货盘存记录复印件，以便纠正客户盘点结果与注册会计师盘点结果之间的差异。注册会计师拒绝了这一要求。

（二）案例分析要求

1. 注册会计师对委托人存货进行监盘的审计目标是什么？在监盘时被审计单位和注册会计师的责任分别是什么？

2. 如果客户要求注册会计师将监盘时间安排在期中，在什么条件下注册会计师可以同意客户的要求？

3. 注册会计师为什么根据监盘花费的时间而非所盘点的存货项目的数量来确定监盘的抽样规模？在选择监盘项目时，注册会计师应重点关注哪些项目的盘点？

4. 根据资料中事项 1，判断 A 材料金额是否真实。

5. 根据本案例中事项2至事项10，请说明注册会计师针对所执行的监盘项目应采取怎样的审计程序。

6. 制定存货监盘计划时，在实地盘点存货过程中，注册会计师应如何选择监盘项目？

7. 在实地盘点存货过程中，注册会计师通常使用哪些审计程序？

三、本案例需要关注的问题

（一）存货监盘的含义和目标

存货监盘是指注册会计师现场监督被审计单位存货的盘点，并进行适当的抽查。监盘的目标是注册会计师可以检查存货，观察被审计单位盘点结果的记录可靠性和对控制程序的遵循情况。

（二）存货监盘的会计责任和审计责任

建立准确盘点存货的程序，定期盘点存货，合理确定存货的数量和状况是被审计单位管理当局的责任。

实施存货监盘可以确定存货盘点方法的有效性，获取有关期末存货数量和状况的充分、适当的审计证据，是注册会计师的责任。

（三）存货监盘的“监”的体现

1. 参与盘点前的规划。如盘点小组的构成与分工、盘点表的格式、盘点时间安排等。

2. 监视或巡视。

3. 计量器具的测定。

4. 抽点。一般抽查比率不低于10%，注册会计师应对抽点过程和结果做出记录，如果发现差异，除督促更正外，还要扩大抽点范围。

（四）监盘计划

1. 存货监盘计划包括的内容：一是存货监盘的目标、范围及时间安排；二是存货监盘的要点及关注事项；三是参加存货监盘人员的分工；四是抽查的范围。

2. 编制存货监盘计划应当注意的问题。一是了解存货的内容、性质、各项目的重要程度及存放场所；二是查阅以前年度的存货监盘工作底稿；三是考虑实地察看存货的存放场所，特别是金额较大或性质特殊的存货；四是考虑是否需要利用专家的工作或其他注册会计师的工作；五是复核或与管理当局讨论其存货盘点计划。

3. 复核或与管理当局讨论其存货盘点计划时，注册会计师应当考虑的因素包括：一是盘点的时间安排，例如，对在不同场所的同种存货应安排在同一时间盘点；二是存货盘点范围和场所的确定；三是盘点人员的分工及胜任能力；四是存货的计量工具和计量方法；五是盘点表单的设计、使用与控制；六是盘点结果的汇总及盘盈盘亏的分析、调查与处理。

4. 监盘的时间。注册会计师主要根据客户的存货永续盘存文件的准确性来确定客户是否可以在年末之前进行实地盘点，只有客户具备对存货永续盘存文件的充分内部控制时，才能够在期中进行盘点。如果客户没有永续盘存记录且存货金额重要，则公司必须在接近会计期末时进行实地盘点，注册会计师也应在同一时间进行相应测试。

实务上，对于老客户，注册会计师一般可于报表日或接近报表日监盘，若在接近报表日监盘，应注意对监盘日至期末间的永续记录进行测试。

对于新客户以及期末未能监盘的老客户可于会计期末以后监盘。本案例中，注册会计师不能答应新客户要求中期监盘的要求，因为初次接受委托，在制定监盘计划时一般尚不能确认存货的永续盘存记录的准确性。

为了确定报表日存货实存数，应使用调节法编制盘点日到期末的存货余额调节表。

例如，针对本案例中的事项1，用调节法计算，A材料金额=22万－4万+2万=20万元，故资产负债表日的A存货是真实的。

5. 监盘的抽样规模和项目选择。由于监盘测试的重点是观察客户的盘点程序，而不是选择测试项目，故存货监盘的样本规模通常无法表示为存货项目的数量。实务中，注册会计师可以根据花费的时间确定样本规模。

在选择测试项目时，注册会计师需要重点关注最重要的存货项目的盘点和一般存货中有代表性的样本的盘点，并与管理当局讨论是否有过时或损坏的存货项目，以及某些重要存货未纳入盘点的原因。

（五）监盘的替代程序

如果由于被审计单位存货的性质或位置等原因导致无法实施存货监盘，注册会计师应当考虑能否实施替代审计程序，获取有关期末存货数量和状况的充分、适当的审计证据。

注册会计师实施的替代审计程序主要包括：

1. 检查进货交易凭证或生产记录以及其他相关资料。

2. 检查资产负债表日后发生的销货交易凭证。

3. 向顾客或供应商函证。

（六）本案例中情况

事项2中，将存货B安排在一周内盘点是不正确的，因为这会给被审计单位转移存货应付监盘留下机会，正确的做法是与被审计单位沟通协调并合理安排人手，对在不同场所的同种存货安排在同一时间盘点。

事项3中，由于对存货C注册会计师无法进行监盘，这时，注册会计师首先应评估审计风险，提请被审计单位改日重新盘点以便注册会计师能实施监盘程序，并对该期间的存货交易进行测试。其次，若确实无法实施监盘，注册会计师应实施替代审计程序，主要包括：检查进货交易单据或生产记录等取得存货的相关资料、检查资产负债表日后发生的销货交易凭证记录、向顾客和供应商函证等。另外，如果替代审计程序无法取得充分适当的审计证据，注册会计师应考虑出具无法表示意见或有保留意见的审计报告。

事项4中，由于存货D已经质押给供货商韵达公司，此次未纳入盘点，注册会计师应向韵达公司函证，确定存货的数量和金额。如果D存货的金额所占比例较大，注册会计师还应考虑到韵达公司去实施存货监盘或利用其他注册会计师的工作。

事项5中，因首次接受委托，注册会计师未能对上期存货进行监盘。注册会计师在获取本期存货余额充分、适当的审计证据后，应实施查阅前任注册会计师的工作底稿、审阅上期存货盘点记录、抽查上期存货增减变化的记录以及对上期存货毛利等进行分析性复核的审计程序，以获取存货期初余额的审计证据。

事项6中，存货E是散装存放的液体，确定其质量和数量比较困难。注册会计师可使用容器、测量棒等专业器具进行监盘，并可参看企业的永续盘存记录，必要时要利用专家的工作。

事项7中，存货F没有参与盘点，经询问得知已经出售，但暂未出库。注册会计师应取得F的规格数量等有关资料，必要时考虑向存货所有者实施函证程序，以证明F存货的所有权。

事项8中，被审计单位制定盘点计划中规定，由两组人员参与盘点，一组完成盘点，另一组进行二次盘点，以保证准确性。但实际盘点过程中，注册会计师发现，为了节约时间，两组人员同时盘点了不同的存货，并没有进行二次盘点。此时，注册会计师应通知被审计单位管理层纠正这种做法。

事项9中，甲设备、丁设备保管账和实际盘点结果相符，但与明细账核对不符，可能是产品因毁损、丢失或报废后未冲销明细账而仅减记了保管账所致。

乙设备保管账和明细账结果相符，但实际盘点却出现了盘盈，这可能是因为产品入库后未能及时登记保管账和明细账，或者是因为产成品发生退货却未及时登记保管账和明细账造成的。

丙设备实际盘点数与明细账相符，但却与保管账不符，可能是产品入库后未及时登记保管账所致。

上述问题说明企业存货收发和保管内部控制制度存在较严重缺陷。

事项 10 中，注册会计师一般不需要对存放于公共仓库的存货实施监盘，而是通过向保管人函证的方式来验证存储在公共仓库的存货。但如果涉及的存货金额占流动资产的比例较大，则应执行追加审计程序，包括调查保管人的业务情况，取得由独立注册会计师出具的关于保管人的货物保管业务的内部控制的报告，在可能的情况下可实地观察保管人盘点委托人的存货。

案例三　生产成本审计

一、本案例学习目标

本案例涉及生产与费用循环中生产成本的有关内容，生产成本是审计的重要内容。

完成本案例学习后，学生应当能够：了解生产成本核算中，料、工、费的归集和分配过程，掌握成本核算控制制度要点，掌握生产成本的分析复核程序和生产成本在完工产品和在产品之间分配的审查过程，会填写相互有钩稽关系的单证和账表，掌握如何收集证据和复核，掌握生产成本审计的实质性测试程序。

二、本案例的关键内容

（一）案例资料

华硕会计师事务所派出了以郑雨为项目组长及以李芳、张一迪、刘华为组员的项目组，于 2020 年 2 月 15 日至 3 月 5 日对永晟股份有限公司 2019 年度的会计报表进行了审计。该公司所处行业为摩托车业，主营业务为摩托车、助力车及其零部件的研制与开发。

生产成本的审计主要是指对企业生产经营过程中发生的成本费用及其会计核算的真实性、合法性、合规性进行的审计与评价，这些工作对于监督企业严格遵守会计制度规定的成本开支范围、正确地计算产品成本、合理地处理各利益相关者之间的关系均有十分重要的意义。因此，华硕会计师事务所派郑雨等经验丰富的注册会计师负责此部分审计。

项目组执行的部分审计方法和程序如下：

第一，通过了解、调查、描述、测试与评价等方法对被审计单位进行控制测试。

公司设置了一些有关成本核算的控制，其中涉及从领用原材料到完工产品入库这一过程的相关实物和成本控制。审计工作底稿中记录了公司成本核算方面的内部控制制度，下面是这些控制制度的一部分：

（1）将原材料、在产品和产成品存放于相互独立的地点，并限制无关人员进入。

（2）使用事先编号、需要审批的请购单、领料单等凭证控制存货的流转。

（3）填写请购单、领料单等凭证的人员直接将这些凭证的副联送达会计部门，而不经过保管资产的人员。

（4）由不接触或保管资产的人员负责管理永续盘存存货主文件。

第二，编制了生产成本汇总明细表并将其与总账数、明细账合计数进行核对。

通过这些方法，对生产成本进行了分析复核，检查了车间在产品盘存资料并将其与成本核算资料进行核对，检查了生产成本在完工产品与在产品间的分配。

注册会计师刘华对比了 2019 年各月同一产品的单位成本，发现 Q 型摩托本年度产品单位成本较上年度有较大幅度增长，在本年度内，12 月产品单位成本尤其比其他月份和以前年度金额大。注册会计师了解到的情况排除了材料价格上涨的因素，进一步抽查成本计算单后发现，Q 型摩托 12 月成本计算单中直接材料的单位用量异常增高，需要进一步抽查凭证和进行材料盘点，以进一步确认是什么原因导致年末材料的用量较大。

在实施分析程序和其他审计程序后，注册会计师发现下列事项可能影响生产成本。

1. 注册会计师重点抽查了 12 月的有关成本归集与分配的凭证，发现了两笔凭证存在疑点：一笔是在建工程领用的材料价值 1 232 000 元，记入了 Q 型摩托车的 12 月份成本计算单中；另一笔在建工程工人的工资及福利费用金额为 592 800 元，也记入了 Q 型摩托车的成本中。通过进一步审计，注册会计师了解到被审计单位在 12 月份新上马一项在建工程，有关该项工程的开支全部计入 Q 型摩托产品成本开支中，经与有关人员询问，确认无误。

2. 由于执行新准则，将企业主要备件确定为固定资产，本期已经计提折旧，但未进行追溯调整。

3. 因年度考核工作尚未完成，企业将上年度应发给生产线工人的奖金于本年发放并计入本年生产成本。

4. 因市场行情不好，公司某生产线本年一直停产，公司对其仍继续计提折旧费用60万元，并将折旧费用计入制造费用。

5. 本年企业进行A生产线的大修理，由此造成的停工损失计入管理费用。

6. 公司会计政策规定，产成品成本核算采用实际成本法，发出产成品和原材料采用先进先出法。经审计，注册会计师确认乙材料的期初余额及所有数量单价是正确的。注册会计师另外还取得了公司2019年乙材料的相关资料，如表8－2所示。

表8－2　永晟股份有限公司2019年乙材料出库汇总明细表

日期	摘要	入库			出库			结存		
		数量（件）	单价（元）	金额（元）	数量（件）	单价（元）	金额（元）	数量（件）	单价（元）	金额（元）
1月1日	期初余额							1 000	2.5	2 500
2月21日	入库	1 000	2.2	2 200				2 000	2.35	4 700
2月28日	出库				500	2.5	1 250	1 500	2.3	3 450
5月20日	入库	1 500	3	4 500				3 000	2.65	7 950
5月31日	出库				300	2.65	795	2 700	2.65	7 155
6月30日	出库				200	2.65	530	2 500	2.65	6 625
7月31日	出库				200	2.65	530	2 300	2.65	6 095
8月31日	出库				200	2.65	530	2 100	2.65	5 565
9月30日	出库				200	2.65	530	1 900	2.65	5 035
10月2日	入库	2 000	1.5	3 000				3 900	2.06	8 035
11月30日	出库				300	2.65	795	3 600	2.65	7 240
12月31日	期末余额							3 600	2.01	7 240

7. 固定资产大修理费用的核算由原来的预提方式改为发生时一次性计入当期费用，本期发生的大修理费用已经计入当期费用，期初预提费用尚有余

额 5 万元在期末还未曾冲销。

8. 注册会计师编制了公司 12 月的生产成本汇总明细表，见表 8 - 3。

表 8 - 3　永晟股份有限公司 12 月份生产成本汇总明细表　单位：元

项目	期初余额	本期发生			完工结转	期末余额
		直接材料	直接人工	制造费用		
W 型摩托	543 000	6 400 488.47	442 842.00	1 277 689.25	8 664 019.72	—
Q 型摩托	—	31 906 018.21	2 390 039.39	5 864 116.47	40 160 174.07	—
Z 型助力车	—	12 631 237.78	1 263 123.78	991 514.70	14 885 876.26	—
Y 型助力车	67 089	24 437 340.50	2 443 734.05	11 110 349.36	37 991 423.91	67 089
合计	610 089	75 375 084.96	6 539 739.22	19 243 669.78	101 701 493.96	67 089

9. 注册会计师对永晟股份有限公司的主营业务成本进行审计，通过审查该公司的主营业务成本明细表，并与有关明细账、总账核对，发现账表之间数字完全相符。有关数字如下：

原材料期初余额	10 000 元
本期购进原材料	25 000 元
原材料期末余额	8 000 元
本期销售材料	3 000 元
直接人工成本	15 000 元
制造费用	12 000 元
在产品期初余额	23 000 元
在产品期末余额	25 000 元
产成品期初余额	40 000 元
产成品期末余额	38 000 元

该注册会计师通过对有关记账凭证和原始凭证的审计，发现以下问题：

（1）经对期末在产品的盘点发现，在产品的实际金额为 38 000 元。

（2）领而未用的原材料计 3 000 元，未做处理。

（3）为在建工程发生的人工工资计入生产成本 2 000 元。

（二）案例分析要求

1. 本案例中，公司采用的成本核算控制制度中规定：①将原材料、在产品和产成品存放于相互独立的地点，并限制无关人员进入；②使用事先编号、需要审批的请购单、领料单等凭证控制存货的流转；③填写请购单、领料单等凭证的人员直接将这些凭证的副联送达会计部门，而不经过保管资产的人员。这些控制制度的主要目的是什么？

2. 企业为什么限制保管或接触资产的人员管理存货永续盘存文件？存货永续盘存文件对于注册会计师测试存货的时间和范围有何影响？

3. 本案例中，注册会计师执行的分析复核程序能发现什么潜在错报？对相关成本费用，审计中经常要用到的分析复核程序有哪些？

4. 上述 1 ~7 中的事项对企业有哪些影响？注册会计师应提出哪些调整意见？

5. 通过对事项 8 中 12 月生产成本汇总明细表审查，你对被审单位的四种产品有哪些了解？

6. 针对事项 9 中的情况，注册会计师应当采用什么实质性程序进行审查？

7. 在确定成本分摊的合理性时，注册会计师需要考虑的主要因素是什么？为什么注册会计师非常重视成本核算记录？

三、本案例需要关注的问题

（一）成本核算控制制度

为实现生产成本的正确计算与处理，公司有必要制定和执行有效的成本核算内部控制制度。本案例中，永晟股份有限公司成本核算控制制度中规定：①将原材料、在产品和产成品存放于相互独立的地点，并限制无关人员进入；②使用事先编号、需要审批的请购单、领料单等凭证控制存货的流转；③填写请购单、领料单等凭证的人员直接将这些凭证的副联送达会计部门，而不经过保管资产的人员。上述规定的目的是对资产进行实物控制以杜绝由于滥用和盗窃等原因造成的资产损失。

（二）永续盘存存货记录

永续盘存存货记录在企业的成本核算控制中非常重要，企业要通过限制接触保证其安全性。这种重要性表现在：永续盘存存货记录可以提供存货库存的记录，这些记录可用于确定购买或产生存货的时间；永续盘存存货记录可以提供关于原料领用和产成品销售的记录，这些记录可用于检查积压的存货；当企业调查存货实地盘点结果和账面记录的差异时，永续盘存存货记录有助于界定保管责任。

永续盘存存货记录会影响注册会计师监盘存货的时间和范围。如果客户存在充分、准确的永续盘存存货记录，则注册会计师可以在资产负债表日之前进行实地盘点，从而节省大量审计成本。如果关于存货监盘的控制风险较低时，注册会计师还可以适当缩小对存货的测试范围。

（三）关于生产成本的分析复核

生产成本的审计主要涉及直接材料、制造费用、产成品以及其他费用的审计。在对相关成本费用的审计中经常要用到分析复核。执行分析程序时，注册会计师应根据对被审计单位及其环境的了解，通过比较相关数据建立其对有关数据的期望值。

注册会计师在审计生产成本时经常进行的比较程序包括：对生产成本进行分析复核，检查当年各月及前后各期同一产品的单位成本是否有异常波动，判断是否有调节成本的迹象；分别比较前后各期及本年各月的生产成本项目，确定成本项目是否有异常变动；分析同一产品前后年度的直接材料成本、直接人工成本及制造费用占生产成本的比率，看有无重大波动，如有应查明原因；比较仓库记录的材料领用量和生产部门记录的材料领用量，调查存在的差异；比较工资部门记录的人工成本和根据生产部门记录的实际工时计算的人工成本，如其差异超过期望值，应分析其差异并查明原因。

本案例中注册会计师就采用了分析复核程序，对比了2019年各月同一产品的单位成本，发现Q型摩托本年度产品单位成本较上年度有较大幅度增长，并采取进一步审计程序以查明原因。采用上述分析程序的目的是发现影响存货和销售成本的存货单位成本中存在的错报。

（四）本案例中发现的其他异常问题

事项1中，应计入在建工程的材料费和工人的工资及福利费用计入了生产成本，是造成成本偏高的因素。注册会计师应建议将其从生产成本中转出，计入在建工程成本。

事项2中，企业主要备件列为固定资产并不影响本期生产成本，但注册会计师应建议企业采用追溯调整法。

事项3中将上年度生产工人奖金计入本年生产成本会使本年生产成本升高。因为按照权责发生制，本期应发放给职工的奖金不应推迟计入下一年度，故注册会计师应建议企业将此项人工费用调出，计入上一年度。

事项4中对本年度闲置设备计提的折旧费用计入制造费用是不正确的，也会造成生产成本虚增，注册会计师应建议企业将其计入管理费用。

事项5中固定资产大修理停工造成的损失应计入制造费用，注册会计师应建议企业将其从管理费用中调出。

事项6中乙材料的出库成本计算不正确，该企业规定材料出库使用先进先出法，但实际执行时仅2月的材料成本是用先进先出法计算的，后面的材料出库成本都采用了加权平均法，故注册会计师应建议其调减生产成本 480 万元。

事项 7 中将本期发生的大修理费直接计入本期制造费用会导致生产成本增加，注册会计师应建议企业将大修理费用冲减预提费用的期初余额后再计入本期费用。

（五）审核生产成本汇总明细表

与注册会计师使用的其他明细表一样，注册会计师可以通过审查生产成本汇总明细表得到有关生产成本的明细和汇总信息。本案例中，从事项 8 中的生产成本汇总明细表至少可以获得以下信息：注册会计师抽查的这一期间，被审单位有两种产品（即 Q 型摩托和 Y 型助力车）的成本较高，应重点审计；每种产品的料、工、费比例中，直接材料所占比重都是最大的，因此对材料的审查应作为重点。

（六）针对事项 9 中的对策

针对情况（1），注册会计师应要求该公司对期末存货进行重盘，审计人员适当抽点。

针对情况（2），注册会计师林琳应对期末存货进行截止测试。

针对情况（3），注册会计师林琳应采取询问管理当局、函证、进行截止测试等程序。

（七）成本分摊的主要考虑因素

在确定成本分摊的合理性时，注册会计师需要考虑的主要因素是成本分摊是否符合公认会计原则以及是否与以前年度一致。注册会计师非常重视成本核算记录是因为它直接影响存货的期末计价。

案例四　工资薪酬审计

一、本案例学习目标

完成本案例学习后，学生应当能够：了解应付职工薪酬的范围和控制流程，掌握工资薪酬内部控制要求。

二、本案例的关键内容

（一）案例资料

华为会计师事务所派出项目组到瑞达股份有限公司进行年审。审计组于 2020 年 2 月 15 日至 3 月 6 日对该公司 2019 年度的会计报表进行了审计。

李芳、张方迪等注册会计师对瑞达公司的工资与薪酬相关内部控制制度进行了解和测试。注册会计师在工作底稿中记录的瑞达公司采购与付款循环的内部控制活动有：

人事信息管理员将新员工的信息输入用友工资管理系统的员工档案，系统自动生成连续编号的新入职人员通知单，由用人部门复核后交财务部，作为发放工资依据。

人事信息管理员根据经适当审批的解除、终止劳动合同审批表，将离职员工的信息输入工资管理系统中的员工档案，并生成连续编号的离职人员通知单，由用人部门复核后交财务部，作为停止发放工资的依据。

注册会计师在审计中发现如下错误：

1. 生产工人的工资发生错误，原因是标准工时（每天 8 小时）和加班工时（超出 8 小时的工时）出现高估，并非实际工时。

2. 工资系统放于人事科的电脑中，这台电脑也用于人事科的日常办公业务。

3. 工资系统中的管理人员加班费标准被负责工资录入的员工擅自修改，造成公司的经济损失。

4. 工资系统中输入系统的标准工时和加班工时等时间记录出现错误。

（二）案例分析要求

1. 指出公司设计的各项工资薪酬内部控制的目标。

2. 针对公司存在的错报，请指出可以防范上述错误的一项或多项内部控制制度。请列举注册会计师如何发现这些问题采用的符合性测试程序。

3. 请指出该公司的会计处理中存在的问题。

三、本案例需要关注的问题

（一）工资薪酬内部控制的目标

一般情况下，一个完善的工资薪酬内部控制制度应实现下列控制目标：

1. 员工名册新增项目和删除项目均为真实有效的，新增员工均确已记入员工名册，离职员工均确已从员工名册中删除。

2. 用以计算工资的工作时间数据均为真实发生的，员工工作时间均确已完整记录和输入，输入系统的时间记录均为准确的。

3. 准确计算和记录工资费用，工资费用于适当期间进行记录，支付的工资与实际工时记录相关，常备数据变动均为真实和准确的，并及时处理。

本案例中公司设计的各项工资薪酬内部控制的目标是：

第 1 项控制的目标是保证员工名册新增项目均为真实有效的。

第 2 项控制的目标是使得离职员工均已从员工名册中删除。

（二）公司工资薪酬内部控制存在的问题

第 1 项中，标准工时和加班工时计算有误造成生产工人的工资发生错误，可采用的内部控制制度有：生产工人每天进出厂区时必须将自己的考勤卡插入打卡机以便记录工作时间。人事信息管理员将打卡机每天记载的每个工人的工时按照标准工时和加班工时记录于工时记录单，月末交给生产经理复核批准后输入工资管理系统，系统生成“工时统计表”。管理人员每月填写当月工作时间表，由所在部门主管审批签字后，在次月第一个工作日结束之前交给人事信息管理员。

第 2 项中，工资系统不能保证只有经适当授权的人员才能接触工薪数据，可以采用的控制政策是只有人事经理和薪资主管有权接触工资系统里的工资信息。人事信息管理员有权限进行时间记录和员工档案维护。

第 3 项中的错误是不能保证常备数据变动均为真实和准确的，并及时处理。控制制度应规定，如果需要修改员工社保基金的使用基数和扣除率，或是需要对生产工人每工时工资率、职员月工资及各项补贴标准、每小时加班费、公司缴纳社保费比率等基准进行调整，应由董事会批准。经批准后，薪资主管填写工资信息，输入或更改申请单，经人事经理批准后输入或修改工资系统内的信息，并经人事经理核对后在工资系统中电子批准生效。

第 4 项中，工时记录不正确，应采用的控制措施是人事信息管理员将经生产经理签字的工时记录单以及经所在部门主管或经理签字的管理人员工作时间表交给薪资主管，薪资主管检查输入工资系统的工作时间是否与“工时统计表”一致。

第九章

损益形成与分配循环审计

在这一章里，主要向大家介绍两个案例：宏光有限责任公司损益形成审计案例和申泽股份有限公司利润分配审计案例。学习本章以后，希望学生通过注册会计师对利润分配的顺序、构成项目来源的真实性以及利润分配的标准和比例的审查，能够发现利润形成与分配核算中的主要舞弊形式，从而正确地确认公司利润的形成与分配的真实性、合法性，为投资者和相关人员提供正确无误的财务信息。

案例一　损益形成审计

一、本案例学习目标

完成本案例学习后，学生应当能够：了解损益形成环节的控制测试程序和实质性测试程序，掌握损益形成核算中的主要会计舞弊形式、审核方法及其审计调整，了解损益形成审计工作所形成的主要审计工作底稿。

二、本案例的关键内容

（一）案例资料

金舟会计师事务所派出以张洋为项目组长及以程华秋、鲁林、魏民为组员的项目组进驻宏光有限责任公司（以下简称“宏光公司”）开展年报审计业务。审计人与被审计人是第一次签约关系。

宏光公司主营业务为家用电器原料、设备的加工、制造、销售及电器百货的零售买卖。2019 年主要财务数据和指标是：净利润 1 959 万元，净资产收益率为 6.12%，经营活动产生的现金流量净额 10 318 万元，总资产 31 605 万元，所有者权益 16 021 万元，资产负债率 32.18%。

注册会计师运用调查表法、流程图法、检查凭证法、实地考察法、审阅、核对、追踪、查询、函证法及分析复核等审查方法，对宏光公司进行审计。

他们首先根据审计计划的安排，通过调查表、流程图等方法对内部控制进行调查了解，以文字描述的形式对调查结果进行描述，并运用检查凭证法、实地考察法等方法对损益形成的内部控制进行测试。根据测试结果他们认为关于损益形成的内部控制有的方面是健全有效的，有的方面还存在着缺陷。概括讲，符合性测试的结果是：

损益形成环节内部控制比较健全的方面：宏光公司销售环节的内部控制制度、成本费用的内部控制制度、货币结算制度和利润核算制度等已经设置并发挥作用；责任分工明确，能够按规定的程序和审批权限办理审批手续。

损益形成环节内部控制存在的主要问题：宏光公司对投资收益尚未设置严格的登记制度，难以分清各项投资收益的界限；年末库存证券的盘点清单没有与投资明细表中投资种类、本年增减数额、年末余额和投资收益进行核对；该公司损益类项目的总账与明细账之间缺乏定期的核对制度；经测试发现营业外收支存在不及时入账的问题，影响了利润总额中营业外收支项目核算的及时性和准确性。

根据控制测试的情况，注册会计师决定对损益形成的各项目增加施行实质性测试的时间和范围，获取更多的审计证据。

执行符合性测试后，注册会计师又执行了实质性测试程序，包括：

1. 编制利润总额分析表进行初步分析与复核。注册会计师运用分析复核方法，通过对宏光公司的2019年度利润表中的本年实际利润总额与上年数加以审核比较以后，宏光公司本年实际利润总额4 527万元，比上年利润总额4 277万元有明显的增长趋势，增加了250万元。注册会计师进一步分析了宏光公司利润构成的变动情况，发现该公司的利润总额中营业利润增幅较大。从利润总额分析表看，营业利润的增长是在其他业务利润和主营业务利润增长的基础上实现的。尽管该公司的主营业务利润和其他业务利润都超过了上一年，但是主营业务利润的增长幅度小于其他业务利润。其他业务利润是企业基本生产经营以外的活动，过多地从事这类活动，将妨碍企业有效地开展基本生产经营活动。这表明该公司在生产经营、利润的有效管理等方面仍存在着一定问题。

2. 审查利润总额各构成项目的明细账。注册会计师运用审阅、复核、追踪、查询及函证等审查方法，检查了宏光公司年度内各损益形成明细账，包括：

（1）对营业利润构成项目明细账的审核。主要是看其是否有虚构利润和隐瞒利润的现象。其中发现“冰峰公司”明细账在12月29日有一笔借方发生额20万元，注册会计师认为这项记录金额较大并发生于月末不寻常，于是将明细记录与有关记账凭证（转字912号）进行了核对，注册会计师审阅这张记账凭证时发现它没有附任何原始凭证，进一步追查发票存根，没有发现相应的销售发票，查阅产成品仓库账，也没有发现提货记录。经向冰峰公司发函询证后，注册会计师确定这笔销售业务是宏光公司为完成2019年利润目标虚构的。

（2）投资收益明细账的审核。通过审查投资净收益的记录是否完整、计算是否正确，确定投资净收益在会计报表上的披露是否恰当。注册会计师指出宏光公司的投资收益中隐瞒风华公司转来的投资利润13 200元和漏记2019年度的国库券投资收益16.8万元的事实，并责令进行调整，调增利润13 200元和补记国库券投资收益16.8万元。

（3）对营业外收支明细账的审核。主要审查营业外收支的记录是否完整、计算是否正确，确定营业外收支在会计报表上的披露是否恰当。注册会计师对营业外收支的明细账进行审计，指出：宏光公司在2019年度未对为绿鸟公司向银行借款90万元提供担保这一诉讼案件做相应的会计处理，该公司盘点库存原材料短缺的账务处理，以及其他应收款余额按5%的比例计提坏账准备等问题，并提出相应账务调整要求。

3. 注册会计师调整与审定了利润表中各构成项目的金额。审计项目组主要对利润总额各构成项目和各项目结转“本年利润”账户的情况加以审核，看其是否有异常事项。

在审查中，项目组注册会计师发现下列情况：

（1）宏光公司当年结转主营业务成本为61 683万元，而实际应结转61 022万元。

（2）宏光公司外销商品一批，销售成本30万元，已于12月29日运出，此项商品系CIF付款条件的在途货物，会计部门对此已贷记销售收入35万元。

（3）宏光公司12月6日支付了11万元的2020年度广告费，均已计入当年的期间费用。

（二）案例分析要求

1. 根据本案例，请总结审计项目组在利润形成审计中是如何施行实质性测试程序的?

2. 如果作为项目组注册会计师，你认为在实施损益形成审计时，会与哪些业务循环的审计相联系？

3. 请针对金舟会计师事务所对宏光公司 2019 年度会计报表进行审计中发现的情况，分析宏光公司存在的问题。

三、本案例需要关注的问题

本案例研究了损益表审计中损益形成审计的程序、方法，反映了损益形成中所存在的会计错弊及其审计调整过程和结果。通过本案例我们可以明确以下问题。

（一）损益形成审计特定的审计目标

损益形成的审计属于损益表审计的重要组成部分。其主要审计目标是审核会计期内已实现利润总额的真实性、合法性，揭示损益形成核算中的会计差错和弊端。

企业利润的形成取决于一定期间收入与费用的配比方式。根据我国会计制度规定，利润总额的形成主要来源于三大部分，即营业利润、投资净收益、营业外收支净额。企业的利润总额通过“本年利润”账户核算，一般在期末将本期各项损益转入“本年利润”账户，进行配比，并计算本期所形成的利润或亏损。本案例中，审计项目组结合损益形成环节的特点，通过审核与“本年利润”账户相关的各损益类账户，审查损益形成的真实性、合法性，以实现本次损益形成审计的目标。

（二）损益形成的控制测试

对损益形成的控制测试有特定的程序和内容。本案例中，注册会计师对损益形成的控制测试是根据内部控制及其审计的基本理论与方法，针对损益形成各构成项目的特点，分析宏光公司内部控制的关键控制点，在此基础上研究被审计单位损益形成的内部控制制度。

（三）损益形成的实质性测试

损益形成实质性测试的程序和方法与其他业务环节的实质性测试既有共性也有其特点。

其共性表现在：损益形成审计也需要在进行内部控制测试的基础上确定实质性测试的范围和重点。其特点在于：注册会计师一般要编制利润总额分析表，运用分析复核方法将本年度损益形成各项目金额与上年度相应金额进行核对，分析差异的成因；审阅损益形成各明细账，查找漏记或错记损益形成项目的情况。这些程序与方法有其特定的运用过程。如在审阅损益形成明细账时注册会计师应从损益形成明细账中选择重点项目，审阅所记录的摘要、日期、金额等内容，核对其是否与发票、收据、盘盈盘亏报告等原始单据以及现金日记账、银行存款日记账的有关项目保持一致。

损益形成审计的特殊性主要表现在：审查范围广、内容繁多，而且必须与收入、费用和成本的审查相联系。项目组注册会计师在实施损益形成审计时，会将其与购货与付款循环、销货与收款循环、生产与费用循环及筹资与投资循环相联系。

利润指标是一个反映综合性经营成果的指标，这一指标的数额真实、准确，取决于各损益构成项目的真实、准确。因此，在确认利润指标时，首先应审核各损益构成项目的数额。此外，利润组成中的支出项目属于收益性支出，在审查利润数额时，还要注意被审计单位是否存在混淆资本性支出与收益性支出界限的情况。

本案例中，审计项目组在利润形成审计中施行了下述实质性测试程序：

首先，项目组注册会计师将2019年利润表中利润总额各构成项目与对应的总账、明细账中年末余额加以核对；将各明细账期初余额、本期发生额和期末余额的各合计数与利润构成项目的总账年末余额进行核对，证明相符，并编制审计工作底稿——利润总额分析表，运用分析复核方法，将本年度损益形成各项目金额与上年度相应金额进行对比，分析差异形成的各种原因；之后，重点对与利润总额形成的三大部分，即营业利润、投资净收益、营业外收支净额相关的各明细项目进行全面审查；最后，编制审计工作底稿，调整并审定利润表中各构成项目的金额。

（四）金舟会计师事务所审查后发现的异常情况

1. 第一个情况是宏光公司当年多结转了主营业务成本661万元(61 683 - 61 022)，对此在利润表中应调减主营业务成本661万元。

2. 第二个情况是宏光公司CIF付款条件的在途货物。此时，商品的产权尚未转移，该外销商品应作为该公司的存货，而不应计入主营业务收入。在利润表中应调减主营业务收入35万元和主营业务成本30万元。

3. 第三个情况属于宏光公司提前计入费用的问题。当年支付的2020年度广告费，按会计制度规定应计入2020年度的营业费用。在利润表中应调减2019年度的营业费用11万元。

案例二　利润分配审计

一、本案例学习目标

本案例通过对利润分配环节所进行的控制测试程序，来发现利润分配核算中存在的主要会计舞弊形式，指出应当采用的审核方法及如何进行审计调整。学习本案例，应重点掌握利润分配业务中内部控制的关键点及其测试过程，明确该业务存在的主要会计舞弊形式，掌握其审核程序与方法、审计调整的过程及结果，以及利润分配审计工作所形成的主要审计工作底稿等。

二、本案例的关键内容

（一）案例资料

景鸣会计师事务所派出以董平为项目组长及以胡润发、何明为组员的项目组负责申泽股份有限公司（以下简称“申泽公司”）的年报审计业务。胡润发等注册会计师负责利润分配环节的审计。

申泽公司主营业务为制造、加工、销售化学药品、制剂、生化制品、医疗器械及相关技术服务。2019 年主要财务数据和指标（按新会计制度）是净利润 39 834 360 元，每股收益 0. 129 1 元，净资产收益率 7. 26%，每股经营活动产生的现金流量净额 0. 403 2 元，总资产 77 826 025 元，股东权益（不含少数股东权益）322 512 067 元，资产负债率 30. 21%，每股净资产 2. 13 元。

注册会计师运用检查凭证法、实地考察法、审阅、核对、追踪、查询及分析复核等审查方法对以下内容进行了审计。

1. 对利润分配环节进行控制测试。注册会计师首先通过调查表等方法对申泽公司的内部控制进行了调查了解，以文字表述的形式对调查结果进行了描述，并运用检查凭证、实地考察等方法对利润分配环节的内部控制进行了测试，在此基础上，对申泽公司内部控制的健全、有效性做出了评价。

（1）申泽公司利润分配环节内部控制比较健全的方面包括：申泽公司的利润分配表由专职人员负责编制；按公司章程的规定，申泽公司由董事会制定利润分配方案，由股东大会审议批准董事会制订的利润分配方案；该公司是股份有限公司，一方面按新会计制度规定健全了有关利润分配的总账和明细账的设置，另一方面根据股份制公司的特点，规定在提取了法定盈余公积和法定公益金后，先支付优先股股利，提取任意盈余公积金，之后支付普通股股利。

（2）申泽公司利润分配环节内部控制存在的主要问题是：申泽公司的财会部门尚未健全对利润分配的集中管理、记录和审核控制制度，不能及时反映和监控公司利润，实现合理分配；公司没有定期将利润分配明细账与总账进行核对，这样可能使得二者账账不符；有关利润分配各总账账户余额与利润分配表、利润表中对应项目之间缺乏定期的核对制度；存在不按利润分配的顺序进行分配的问题，影响了利润分配表中会计信息的真实性。

根据控制测试的情况，注册会计师决定在进行实质性测试时，要对利润分配在较大范围内实施审核程序，不仅要对利润分配各明细账进行审阅，而且要通过表表、账表、账证以及证证等核对，运用专业判断给异常事项定性，并提出审计调整建议。

2. 对利润分配和未分配利润进行实质性测试。由于利润分配环节的错弊集中体现在不按规定分配利润和漏缴所得税，为此审计项目组在利润分配的审查过程中，以审核申泽公司违反规定税前分配利润、不按规定确认应税利润和利润分配项目不真实等问题作为切入点，对违反规定在税前分配利润、利润分配时不按规定确认应税利润、利润分配项目不真实三项重点项目实施了实质性测试。结合对利润分配的审计，注册会计师对未分配利润也实施了实质性程序。

通过审计，注册会计师发现申泽公司 2019 年度存在税前向其控股子公司多分配投资利润以转移母公司利润、用税前利润弥补亏损、漏缴所得税的情况；对应做调整的永久性差异事项，没有做任何调整；虚列“待决应付款”以藏匿材料的成本贷差，从而达到扩大公司福利和增发奖金的目的。注册会计师指出了公司存在的问题，同时提出了审计调整分录的建议。

（二）案例分析要求

1. 如果申泽公司是外资企业，注册会计师在进行利润分配审计时，在本案例审查内容的基础上，还应审查哪些内容？

2. 注册会计师应如何对未分配利润实施实质性测试？

3. 假定注册会计师在审查“利润分配——应付普通股利”时，发现企业已按股票面值 10% 的比率发放了普通股股利，减除发放股利后的盈余公积账面余额，不足注册资本的 5%。他向股东和企业内部管理人员进行调查，结合使用审阅和分析复核方法，了解到申泽公司连续两年发生亏损，2019 年度在用任意公积金弥补亏损后，企业的法定盈余公积金已接近法律规定的最低界限，近期股票价格一直处在下跌状态，如果今年不按时发放股利，其股票价格可能发生狂跌。于是，经董事会研究决定，拟以股票面值 10% 的比率发放股利；按此比率计算，动用后的法定盈余公积的剩余额将不足注册资本总额的 5%。尽管如此，财务部还是按董事会的决定发放了股利。你认为该公司分配利润的方法存在哪些问题？违背了哪项制度规定？应如何调整？

4. 假定 2020 年 3 月 12 日，申泽公司董事会根据 2019 年年初未分配利润余额和 2019 年度审计后的净利润，审议通过如下分红派息预案：“按 2019 年度审计后净利润的 10% 和 5% 分别提取法定盈余公积和法定公益金；以 2019 年 12 月 31 日总股本 30 000 万股（每股面值 1 元）为基数，每 10 股送 3 股、派现金 0. 50 元；剩余未分配利润滚存至下一年度；资本公积每 10 股转 2 股”。申泽公司对上述业务并未做出会计处理。对上述利润分配方案，注册会计师应如何向申泽公司提出审计调整意见？

三、本案例需要关注的问题

（一）利润分配审计的审计目标

注册会计师审计利润分配的目标是证实企业对本年实现的净利润是否按规定的顺序和标准分配并恰当披露。

（二）未分配利润的实质性测试

在审计未分配利润时，注册会计师应实施如下实质性测试程序：

1. 获取或编制利润分配明细表，复核加计是否正确，与报表数、总账数及明细账合计数核对是否相符。

2. 核对未分配利润年初数与上年审定数是否相符，检查涉及损益的上年审计调整是否正确入账。

3. 获取与未分配利润有关的董事会会议纪要、股东（大）会决议、政府部门批文及有关合同、协议、公司章程等文件资料，并更新永久性档案。

4. 检查董事会会议纪要、股东（大）会决议、利润分配方案等资料，对照有关规定确认利润分配的合法性。

5. 检查未分配利润变动的相关凭证，结合所获取的文件资料，确定其会计处理是否正确。

6. 了解本年利润弥补以前年度亏损的情况，确定本期末未弥补亏损金额。如果已超过弥补期限，且已因为抵扣亏损而确认递延所得税资产的，应当进行调整。

7. 检查本期未分配利润变动除净利润转入以外的全部相关凭证，结合所获取的文件资料，确定其会计处理是否正确。

8. 结合以前年度损益科目的审计，检查以前年度损益调整的内容是否真实、合理，注意对以前年度所得税的影响。对重大调整事项应逐项核实其发生原因、依据和有关资料，复核数据的正确性。

9. 检查未分配利润是否已按照企业会计准则的规定在财务报表中做出恰当列报。

（三）利润分配实质性测试的程序和方法及与其他环节测试的共性与特点

利润分配实质性测试和其他环节测试的相同之处在于均需要在进行内部控制测试的基础上确定实质性测试的范围和重点。

其特点主要表现在：在利润分配实质性测试中，注册会计师经常运用审阅法、复核法、逆查法审核利润分配明细账以及有关的记账凭证和原始凭证，确定利润分配表中各构成项目是否真实存在，还需要函证外部投资者确定被审计单位投资收益的真实数额。

本次测试审计中，项目组以税前利润、应税利润和税后利润是否正确确认作为审核的切入点和测试的重点。

（四）核查应税利润的真实性

核查应税利润的真实性是利润分配审计的一项重要内容。由于企业在确定应税利润时要在利润总额（即税前会计利润）的基础上经过一系列的调整，主要是将计算会计利润时多扣除的不符合税法规定的费用项目予以调增，因此应注意审查不得扣除项目的列支是否正确。

（五）股利发放的有关规定

按会计制度规定，企业当年无利润时，不得向投资者分配利润。但股份有限公司在经股东大会特别决议，可按不超过股票面值6%的比率用盈余公积分配股利，但动用后的法定盈余公积不能低于注册资本的5%。

本案例中，2019年度在用任意公积金弥补亏损后，企业的法定盈余公积金已接近法律规定的最低界限，公司仍以股票面值10%的比率发放股利；按此比率计算，动用后的法定盈余公积的剩余额将不足注册资本总额的5%。该公司的上述处理违反了会计制度的相关规定。

（六）利润分配的会计处理

对申泽公司的利润分配方案，注册会计师应向申泽公司提出下述审计调整意见。

1. 根据申泽公司董事会股利分配方案，对派发的现金股利1 500万元，注册会计师应建议申泽公司做如下账务调整：

借：利润分配——应付普通股股利　　　　15 000 000

贷：应付股利　　　　　　　　　　　　　　　15 000 000

2. 根据申泽公司董事会股利分配方案，资本公积每10股转2股，共转股本6 000万元，注册会计师建议申泽公司做如下调整分录：

借：资本公积　　　　　　　　　　　　　　60 000 000

贷：股本　　　　　　　　　　　　　　　　60 000 000

第十章

审计法律责任与审计质量控制

本章的两个案例分析和研究了注册会计师审计法律责任和会计师事务所质量控制问题。案例一从“银广夏”和“安然”两个案件看审计风险及注册会计师的审计法律责任。案例二通过一个会计师事务所的审计业务操作流程，分析和研究了在独立审计过程中存在的质量控制问题及其改进措施。

案例一　“银广夏”和“安然”

一、本案例学习目标

注册会计师的审计法律责任是审计理论界研究的焦点问题，也是审计工作中的实务问题。本案例通过对发生在我国的“银广夏”事件和发生在美国的“安然”事件进行介绍和内容剖析，研究注册会计师的审计法律责任问题。

完成下列案例学习后，学生应该能够：了解注册会计师执业的法律环境，理解注册会计师法律责任的形成机理，说明注册会计师对客户的责任和应对诉讼的抗辩理由，说明注册会计师需要承担的对第三方的责任和应对诉讼的抗辩理由，说明注册会计师民事、行政、刑事责任的构成要素和影响判定的因素，说明注册会计师行业及个人应采取哪些措施降低诉讼风险。

二、本案例的关键内容

（一）案例资料

1. 银广夏案例。

（1）背景情况。银广夏集团全称是广夏（银川）实业股份有限公司，1994 年 6 月 17 日以“银广夏 A”的名字在深圳交易所上市。最初公司的主要业务为软磁盘生产，然后便逐渐进入了全面多元化投资阶段。银广夏集团于

1994 年在天津成立的控股子公司——“天津广夏”，原名为天津保洁制品有限公司。天津广夏公司于 1996 年通过德国西·伊利斯公司进口了一套由德国伍德公司生产的二氧化碳超临界萃取设备。1998 年，天津广夏接到了来自德国诚信贸易公司的关于购买萃取产品的第一张订单。这张订单给天津广夏带来了 7 000 多万元的收入。

1999 年，银广夏利润总额为 1.58 亿元，其中 76% 来自天津广夏。银广夏 1999 年年报中公布的每股盈利为 0.51 元，并实行了历史上首次 10 转赠 10 的分红方案。

2001 年 3 月，银广夏公布了 2000 年年报，在股本扩大一倍的情况下，每股收益增长超过 60%，达到每股 0.827 元，盈利能力之强，令人瞠目结舌。

对集团进行年度报表审计的是深圳中天勤会计师事务所。

（2）银广夏的问题所在。天津广夏萃取产品异常之高的产量和价格，经过多方面的证实是不可能的。《财经》杂志的记者对此事进行了调查，最后查明：一是与天津广夏签订订单的德国诚信贸易公司仅是一个注册资金为 10 万的小公司，根本就没有能力与天津广夏签订如此大额的订单；二是从天津海关取得的证据表明，天津广夏提供的报关单根本就不存在，通过伪造购销合同、伪造出口报关单、虚开增值税专用发票、伪造免税文件和伪造金融票据等手段，虚构主营业务收入，虚构巨额利润。

（3）中天勤的问题。中天勤的问题在于：注册会计师在执业过程中连最起码的职业谨慎都没有。对银广夏进行年报审计的注册会计师未能对关键证据亲自取证。审计所需的重要证据，如海关报关单、银行对账单、重要出口商品单价等，均由被审计单位提供，注册会计师不但没有对审计证据的真伪给予应有的关注，反而对这些证据过分依赖。他们甚至都没有执行必要的审计程序就出具了无保留意见的审计报告。

（4）事件结果。在事情真相大白之后，银广夏集团崩溃，进入了“PT”公司的行列。中天勤会计师事务所也由于此案件的影响，信誉全失，签字注册会计师刘加荣、徐林文被吊销注册会计师资格；事务所的执业资格被吊销，其证券、期货相关业务许可证也被吊销；同时，中天勤会计师事务所的负责人、签字注册会计师等人被移送公安机关追究刑事责任。

2. “安然”案例。

（1）背景情况。安然公司（ENRON）是美国最大的天然气采购商及出售商。该公司成立于 1930 年，于 1985 年以 24 亿美金收购了另外一家公司，并改名为安然公司。在 2000 年《财富》杂志 500 强中安然排名第 16 位，并连续四年获《财富》杂志“美国最具创新精神的公司”称号。

在美国，安然公司几乎是收入最多的一个公司，但它的利润增长速度远远没有收入增长速度这么快，1996 年它的总利润是 5. 84 亿美元，1998 年是 7. 03 亿，2000 年时是 9. 79 亿。可见其利润并没有太多的增长，由此其利润率每年都是下降的。

到 2000 年底之前，安然公司的股价一直是直线上涨的。2000 年底，美国加州出现了能源危机，随后能源价格暴跌，这使得安然公司利润下降很快，偏离了市场对其的预期。2001 年 10 月 16 日，安然公司宣布第三财季亏损达 6. 38 亿美元。

（2）安然公司的问题所在。安然公司存在如下的问题：

一是利用“特别目的实体”高估利润、低估负债。按照美国会计惯例，如果非关联方在一个“特别目的实体”权益性资本的投资中超过 3%，即使该“特别目的实体”的风险主要由上市公司承担，上市公司也可不将该“特别目的实体”纳入合并报表的编制范围。安然公司不恰当地利用“特别目的实体”，将本应纳入合并报表的三个“特别目的实体”排除在合并报表编制范围之外，这导致该公司 1997 至 2000 年期间高估了 4. 99 亿美元的利润、低估了数亿美元的负债。此外，安然公司还以不符合“重要性”原则为由，拒绝采纳安达信的审计调整建议，这导致公司 1997 至 2000 年期间高估净利润 0. 92 亿美元。

二是通过空挂应收票据，高估资产和股东权益。安然公司于 2000 年设立了四家“特别目的实体”。为了解决这四家公司的资本金问题，安然公司于 2000 年第一季度向它们发行了价值为 1. 72 亿美元的普通股。在没有收到认股款的情况下，安然公司仍将其记录为股本的增加，同时增加了应收票据，这一操作使安然公司同时虚增资产和所有者权益 1. 72 亿美元。此外，2001 年第一季度，安然公司与这四家公司签订了若干份远期合同，根据这些合同，安然公司在未来应向这些公司发行 8. 28 亿美元的普通股，以此交换这四家公司出具的应付票据。安然公司按上述方式将这些远期合同记录为股本和应收票据的增加，又虚增资产和股东权益 8. 28 亿美元。上述两项合计，安然公司共虚增资产和股东权益 10 亿美元。

三是通过设立众多的有限合伙企业，通过自我交易等手段操纵利润。安然公司通过在世界各地设立由其控制的有限合伙企业进行筹资、避税或避险。它设立了约 3 000 家合伙企业和子公司，其中 900 家设在海外的避税地区。为了某些特定目的，安然公司与这些公司进行了不少关联交易，尽管交易价格严重偏离公允价值，但安然公司并未将其列入合并报表进行抵销。这些交易使安然公司虚增了很多资产和利润。

（3）安达信在审计过程中存在的严重问题。在安然事件中，安达信至少存在以下严重问题：一是安达信出具了严重失实的审计报告和内部控制评价报告。自 1985 年成立以来，安然公司的财务报表一直由安达信审计。2000 年度，安达信为安然公司出具了无保留意见加解释性说明段（对会计政策变更的说明）的审计报告和安然公司内部控制能够合理保证其财务报告可靠性的评价报告。但实际上，经安达信审计的安然公司财务报表并不能公允地反映其经营业绩、财务状况和现金流，得到安达信认可的内部控制也不能确保安然公司财务报表的可靠性，安达信的报告所描述的财务状况和内部控制的有效性，严重偏离了安然公司的实际情况。二是安达信对安然公司的审计缺乏独立性。这主要表现为：安达信不仅为安然公司提供审计鉴证服务，而且提供收入不菲的咨询业务，甚至帮助安然公司代理记账；安然公司的许多高层管理人员是安达信的前雇员，他们之间的密切关系至少有损安达信形式上的独立性。三是安达信在已察觉安然公司会计问题的情况下，未采取必要的纠正措施。早在 2001 年 2 月，安达信的资深合伙人就已经在讨论是否解除与安然公司的业务关系，理由是安然公司的会计政策过于激进。而这个时间是在安达信为安然公司出具 2000 年度的审计报告（2001 年 2 月 23 日）之前。四是销毁审计工作底稿，妨碍司法调查。2000 年 10 月，安达信注册会计师大卫·邓肯销毁了数以千计的关于安然公司的重要审计资料。

（4）审计工作所依据的会计准则存在的问题。在安然公司采用的财务手段中，其中一个是“特别目的实体”（这点我们已在前面论述），而“特别目的实体”是美国的会计惯例。如果严格按照会计法规和审计准则来说，安达信可以认为安然公司关于“特别目的实体”的账务处理是正确的。所以在“安然”事件中，美国会计法规也要承担一部分责任，因为美国会计准则是以具体规则为基础的准则，这样做，虽然操作性较好，但容易被规避。为了减少审计风险，应更多地采用以基本原则为基础的准则和规则。

（5）事件结果。2001 年 12 月 2 日，安然公司向纽约破产法院申请破产保护，其在破产申请文件中开列的资产总额为 498 亿美元。

12 月 8 日，安然的 29 名高级行政人员被以纽约为基地的联合银行起诉，索赔 250 亿美元。指控原因是明知公司的前景欠佳，仍趁机出售数以百万的股票。

12 月 12 日，美国众议院一个特别委员会开始对该公司破产案展开调查。

2002 年 1 月 9 日，美司法部正式开始对安然案进行刑事调查。

2002 年 1 月 16 日，纽约证交所正式取消安然股票相关交易，并拟取消其上市资格。

2002 年 8 月 31 日，安达信美国公司在其总部芝加哥宣布，将退出公司从事了 89 年之久的上市公司审计业务。安达信美国公司已经到了倒闭的边缘。

2002 年 6 月 15 日，美国一个联邦大陪审团裁定安达信会计师事务所在销毁安然公司文件一案中的妨碍司法罪成立，从而使这家美国著名公司面临倒闭的危险。妨碍司法罪成立使安达信公司面临被罚款 50 万美元和察看期 5 年的处罚。

（二）案例分析要求

1. 对于规避注册会计师法律责任这个问题，除了上述案例中提出的建议外，你还有哪些好的建议？

2. 说明我国法律中注册会计师对客户和第三方的责任以及证券法中民事责任和刑事责任的区别。请举例说明注册会计师需要承担的各种法律责任的情况。

3. “安然事件”中，安达信缺乏审计的独立性暴露出什么问题？我们应如何应对？

4. 请指出近年来针对注册会计师的诉讼因素有哪些？对于注册会计师和整个社会来说，诉讼案件增加的负面影响和正面影响有哪些？

三、本案例需要关注的问题

（一）注册会计师审计法律责任的含义

“银广夏”与“安然”事件在社会上造成了很大的反响。在对造假公司进行控诉的同时，遭受损失的中小股东还把中天勤会计师事务所和安达信会计师事务所告上了法庭。可见，注册会计师审计法律责任是一个有现实意义的焦点问题。因此，我们需要关注注册会计师法律责任的有关问题，可以从广义和狭义、普遍意义和特定意义、积极意义和消极意义上分析注册会计师的法律责任。

1. 狭义和广义上的法律责任。狭义上的审计法律责任，其责任主体仅指注册会计师；广义上的审计法律，其责任主体不仅仅是注册会计师，还包括审计委托者、被审计者以及与审计活动有关的利益相关者。

2. 普遍意义和特定意义上的法律责任。普遍意义上的审计法律责任是从约束行为、防范错弊的角度讲的，审计活动各方要对其过去、现在和将来的行为及结果负责，其结果具有规范审计行为的积极作用。

3. 积极意义和消极意义上考量的法律责任。积极意义上的审计法律责任是从某一具体角度讲的，审计活动各方只对自己存在过失和舞弊的行为及其结果负责。一旦追究了某一方面的法律责任，一般说明责任者存在过失或舞弊，具有消极作用和影响。

（二）注册会计师审计法律责任的形成机理——审计期望差距

1. 含义。审计委托者、利益相关者、社会公众等对审计质量的期望（公众期望）与注册会计师、会计师事务所、自律组织等对审计质量的期望（业界期望）之间形成了一种差异，这便是“审计期望差距”。

注册会计师法律责任形成的原因可以从社会、经济、技术等方面分析，但是，从内在讲，审计期望差距是形成注册会计师法律责任的机理。因为注册会计师审计法律责任强调各方在审计活动中所形成的相互责任关系，这一责任关系总是由于某一方或几方的主观或客观原因而发生程度不同的摩擦甚至紊乱，始终需要进行磨合与协调，这种摩擦与紊乱、磨合与协调正是各方对审计活动及其结果具有不同的期望而形成的。

2. 构成要素。加拿大特许会计师协会的审计公众期望委员会在1988年提出了有关审计期望差距的构成要素的研究报告。该报告认为审计期望差距是指公众对审计的需求与公众对目前审计执业的认识之间存在的差距。它可以分为四个部分：可能的准则与现在的准则的差距、现在的准则与现在的执业之间的差距、公众对审计的期望与可能的准则之间的差距、现在的执业与公众对执业认识之间的差距。其中，前两个差距被认为是合理的期望差，有必要通过执业上的改进加以缩小，后两个差距被认为是不合理的期望差，有必要进行进一步的沟通。我们可以根据审计期望差距的要素构成分析审计期望差距所形成的积极方面和消极方面的影响。

通过上述对“银广夏”案例进行的分析可知，中天勤会计师事务所承担法律责任的主要原因是由业绩差距中的实际业绩缺陷造成的。对银广夏进行年报审计的中天勤事务所没有保持应有的执业谨慎，未能严格遵循独立审计准则。而“安然”事件中，安达信事务所承担法律责任，既有业绩差距中实际的业绩缺陷原因，也有准则差距中合理期望的原因。

（三）注册会计师审计法律责任的判定

当注册会计师未能发现重大错报并出具了错误的审计意见时，就可能产生注册会计师是否恪守应有的职业谨慎这一法律问题。如果注册会计师在审计过程中未能尽到应有的职业谨慎，就属于审计失败，这时，法院通常会判决注册会计师和会计师事务所对因审计失败而受损失的各方承担赔偿责任。早期的司法制度倾向于限定注册会计师对第三方的法律责任，但自 20 世纪 70 年代以来，许多法官倾向于让注册会计师对已知的第三方使用者承担法律责任。20 世纪 90 年代美国专家估计，美国会计师事务所诉讼的直接费用支出已经占其审计收费的 20%。由于注册会计师在诉讼中支付的赔偿金额持续上涨，因而不得不提高服务收费。

理论上，判定注册会计师应否承担律责任以及承担的具体形式，应从两个层面的结合点上考虑问题：一个层面是审计结果，另一个层面是审计过程。

法律责任有行政责任、民事责任和刑事责任。三种责任形式的评定所考虑的角度不同。

民事责任追究与否更多地考虑审计结果。因为民事责任主要是赔偿损失、停止侵害等形式，是针对审计的不良结果。

行政责任追究与否主要考虑审计过程。审计活动中，只要审计过程存在过失或舞弊，即使是没有造成不良后果，也要承担行政责任。

刑事责任追究与否要同时考虑结果和过程，而且一般说来，情况较严重。刑事责任是较重的一种责任形式。审计过程和结果都存在问题时，比只存在一个方面的问题时严重。

问题较严重时，三种责任应该同时追究。

中天勤会计师事务所对银广夏公司出具的审计报告对相关投资者造成了直接重大损失，执行审计的注册会计师未保持独立、公正的主观态度，并且也没有严格依照独立审计准则的要求执行有关审计程序，所以，应同时承担行政责任、民事责任和刑事责任。

“安然”事件中，注册会计师也应同时承担民事、行政和刑事这三种责任。

（四）注册会计师法律责任的规范措施

中天勤与安达信这两个事务所（一个是我国最大的事务所之一，另一个是世界上五大事务所之一）的崩溃给了我们很深的震撼，我们应该规范注册会计师审计的法律责任。

1. 本案例提到的规范措施，包括三项：

（1）消除“审计期望差距”，需要社会各界的共同努力。

（2）注册会计师本身应提高业务素质，增强专业技能，强化风险意识，严格执行审计准则。

（3）会计师事务所应当建立、健全风险保障制度，实行合伙制。

2. 其他几个具体措施。

（1）审慎选择审计客户。对于独立审计组织而言，接受委托人的审计委托时必须审慎，因为不正直、管理混乱、账目不全、财务不清或濒临破产的客户有可能将注册会计师推向被告席。注册会计师应通过各种途径了解客户的品格及大致的会计基础工作和财务状况，从而决定是否接受客户的委托。

（2）签订合理、有效的审计协议书。审计协议书是独立注册会计师受托执行审计业务的依据和基础，也是明确双方权利与义务的载体。独立注册会计师无论承办何种业务，都应与委托人签订审计协议书，而且应确保其合理、有效。这样才能真正约束双方认真履行各自的义务、行使各自的权利，从而避免注册会计师法律责任的发生。

（3）寻求律师帮助。注册会计师所在的审计机构或组织应常年聘请熟悉审计业务的律师，在工作过程中与其详细讨论潜在的审计风险并认真考虑其建议。在发生法律责任诉讼后，由律师参与或代理诉讼，也是避免或解除不应由自己承担法律责任的重要措施或途径。

（4）加强职业后续教育。一般来说，注册会计师人才的素质是由会计师资格教育质量、注册会计师资格考试质量和注册会计师职业后续教育质量三个方面的因素综合决定的。目前国内的事务所比较注重注册会计师的资格考试环节。而从国际上看，从注册会计师职业较为发达的国家、地区到国际大型会计公司，都无一例外地将注册会计师职业后续教育摆到了极其重要的地位。但我国目前的规范性条约《职业后续教育基本准则》，对后续教育的内容、形式等规定得较为笼统，不利于后续教育的具体落实。因此，一方面，我国要对相关法规进行修订；另一方面事务所也要积极主动地开展后续教育，尤其应增强法制意识和诉讼案例的培训，提高事务所以及注册会计师的自身法律修养。

（5）会计师事务所的审计业务和咨询业务要分开。为避免利益冲突、保持注册会计师的独立性，会计师事务所最好不要对一家公司同时开展以上两种业务。目前，国际五大会计师事务所在美国证券交易委员会的要求下，也在逐渐拆分其咨询业务。

（6）成立注册会计师法律责任的专业鉴定委员会。目前我国注册会计师行政处罚的裁定和实施权归属于省级以上人民政府的财政部门，并由省级以上注册会计师协会处理日常工作；民事制裁和刑事制裁的裁定和实施权归属于人民法院。随着市场经济向法制化方向的发展，民事责任及刑事责任将成为注册会计师承担法律责任的重要方式，而法院无疑将成为最终的裁判机构。

但当涉及的诉讼案件专业性很强、技术复杂程度很高时，法院将难以独立对案件做出合理界定。例如，已认定一项会计信息是虚假的，但界定这项会计信息的产生是出于故意还是过失，对提供虚假会计信息人员量刑时非常重要。前者不仅要承担民事赔偿责任，而且要承担刑事责任，后者要依据过失的大小确定不同的民事责任。这即使对专业人士，有时也是难以确认的。因此，中国注册会计师协会应成立专家鉴定委员会，作为注册会计师法律责任界定的权威机构，该机构出具的鉴定报告应同法医鉴定等司法鉴定报告一样，成为庭审的有力证据。在西方，司法机关在判决注册会计师诉讼案件时，也常常主动参考行业自律机构的意见，作为法律责任认定的重要依据。

（五）现行的审计制度缺陷对注册会计师法律责任的影响

“安然事件”中，安达信缺乏审计的独立性是其审计失败的重要因素。安达信缺乏独立性的问题具体表现为：多年来安达信一直为安然提供审计和会计咨询服务，仅2000年安达信从安然公司收取的审计和会计咨询的服务费就分别高达2 500万美元和2 700万美元；安达信有100多名雇员专门为安然提供各种服务，每周从安然收取100多万美元的服务费用；从1995年开始，安然还将其内部审计交给了安达信，甚至连财务长也是从安达信聘用的。这暴露出现行的审计制度存在重要缺陷：承担审计的会计师事务所是由被审计单位自行聘用的，被审计单位如果不满意事务所的审计工作，则该事务所就必然面临被炒鱿鱼的后果，这事实上形成了被审计单位与事务所之间的雇佣与被雇佣关系，被审计单位成了事务所的衣食父母和上帝。巨大的商业利润必然会驱使事务所迎合其雇主的需要，使审计背离独立、客观、公正的要求。目前世界各国基本上都允许会计师事务所为被审计单位提供管理和会计咨询服务，这样做的结果是事务所过度地介入被审计单位的业务活动，必然会将两者的利益更紧密地捆绑在一起，审计也就不可能再具有独立性。

因此，可以采用下述应对措施：由监管机构通过招标方式，综合考虑参与投标会计师事务所的信誉、有无违规记录、资质、实力、内部管理水平等综合因素，并在适当考虑事务所已承担审计业务量及其实力的基础上，为被审计单位选择合适的会计师事务所。禁止会计师事务所向被审计单位提供除外部审计外的其他服务，但可以允许事务所向其他企业提供管理和会计咨询服务。这样，既能保证审计独立性，又不会影响事务所的经济利益。

案例二　会计师事务所审计质量控制

一、本案例学习目标

本案例从注册会计师的职业道德原则、专业胜任能力、工作委派、督导、咨询、业务承接、监控七个方面设计和完善了会计师事务所的全面审计质量控制，在此基础上，建立了计划阶段、实施阶段和报告阶段的审计项目的质量控制程序。

通过学习本案例，学生应重点掌握：建立、健全审计质量控制系统应考虑的因素，注册会计师的职业道德问题和专业胜任能力对审计质量的影响，建立质量责任制的意义，三级复核制度对审计质量控制的意义、

二、本案例的关键内容

（一）案例资料

信永会计师事务所的前身是某市财政局下属单位，最初主要由离退休的财务人员组成。2010 年以前，该事务所急于扩大市场，忽略了专业胜任能力的提高，事务所长期存在人员素质低（以离退休财务人员为主、业务助理人员缺乏实际工作经验）且流动频繁的弊端。事务所一度主要靠领导的私人关系去获取业务，也曾经因“虚假验资”而被人告上法庭。此外，事务所的质量控制制度也不够完善，曾任意简化审计程序，因而造成审计工作底稿上的失误，引发了数次质量事故。

2010 年，信永会计师事务所与另一家会计师事务所合并，成为一家发展迅速的专业化服务机构。此后，事务所主要从事审计、验资、司法鉴定、企业管理咨询、工程造价咨询、工程预（决）算审计、尽职调查等有关业务。信永会计师事务所将发展目标确定为：将高水平的专业服务与技术创新相结合，以客户的效益为己任，以高质量的产品为社会服务。为提高审计质量，信永会计师事务所的领导决定建立健全全面质量控制制度。因此，信永会计师事务所根据其他会计师事务所的先进经验，制定了“审计质量控制档案”，实行审计质量责任制，开展审计工作底稿的质量控制，同时大力提高人员素质。目前信永拥有注册会计师、注册资产评估师、注册税务师、房地产评估师、高级会计师、高级经济师等 60 余名高级专业人员，另外还有 100 多名具备综合知识结构及丰富实践经验的青年业务骨干。

上市公司A公司是信永会计师事务所的常年客户，2019年11月信永会计师事务所接受委托审计A公司2019年度的财务报表，事务所委派注册会计师张年作为该审计项目合伙人。张年已经连续六年担任A公司年报审计的项目合伙人。在制定审计计划时，张年根据其在A公司多年的审计经验，认为A公司2019年度的财务报表不存在重大错报风险，应当直接实施进一步审计程序。在审计过程中，张年要求项目组成员之间互相复核审计工作底稿，并委派其所在业务部的王民负责本项目的质量控制复核。在出具审计报告之前，项目组内部就某重大问题产生了分歧，张年电话咨询了有关专家，但未形成工作底稿。在合同规定日期之前，经主任会计师批准，项目组按时出具了审计报告。在出具审计报告后，王民随机抽取了若干份工作底稿进行复核，并没有发现重大问题。

（二）案例分析要求

1. 你认为建立、健全审计质量控制系统一般应考虑哪些方面的因素？

2. 结合本案例，谈谈专业胜任能力对审计质量的重大影响。

3. 根据一些会计师事务所的先进经验，制定“审计质量控制档案”是很有用的工具，请根据质量控制涉及的因素，尝试列举“审计质量控制档案”应该包含哪些要素？

4. 建立质量责任制有何意义，如何建立？

5. 何谓“三级复核制度”，对审计质量控制有何意义？

6. 你认为信永会计师事务所应如何完善审计工作底稿的质量控制？

7. 会计师事务所为什么必须审慎选择客户？

8. 请指出在审计A公司过程中，信永会计师事务所的注册会计师可能违反审计准则和质量控制准则的情形，并简要说明理由。

三、本案例需要关注的问题

（一）建立健全审计质量控制系统

建立、健全审计质量控制系统应考虑的因素包括：

1. 经营理念。

2. 组织结构。

3. 决策程序。

4. 沟通质量控制程序及方式。

5. 现行质量控制系统。

6. 会计师事务所的规模。

7. 所提供专业服务的性质。

8. 客户类型。

9. 负责人及员工对质量控制观念的接受程度。

10. 会计师事务所的区域分布。

（二）专业胜任能力对审计质量的重大影响

会计师事务所应当确保全体专业人员达到并保持履行其职务所需要的专业胜任能力，以应有的职业谨慎完成委派的工作。会计师事务所应当合理制定并实施职业后续教育计划，据以提高注册会计师的专业胜任能力与执业水平。专业胜任能力包括招聘、专业发展及晋升等三个方面的政策和程序。

会计师事务所如果贸然承接一项超过自身专业胜任能力的委托，很容易陷入困境。专业发展的政策和程序应该合理地保证专业人员具有履行职务所需要的知识和能力，并随着执业进展而不断提高水平。会计师事务所的持续发展有赖于专业人员的经验和知识，这种依赖正随着专业领域的扩展及客户需求的增长而日益变得重要。

本案例的背景资料中提到，2010 年以前，信永会计师事务所只考虑扩大市场，却忽略了专业胜任能力的提高，因而事务所人员长期以离退休财务人员为主，且业务助理人员缺乏实际工作经验，流动频繁。这种专业胜任能力的不足所导致的直接结果就是对新业务不熟悉和“虚假验资”事件的出现，审计质量难以保证也是可以理解的。合并后的事务所注重大力提高人员素质也是为了提高审计质量。

（三）质量控制档案的要素

质量控制档案至少应包括下列要素：

1. 会计师事务所组织结构的描述。

2. 质量控制政策及程序。

3. 建立和维护系统的特定人员的责任。

4. 关于质量控制各个方面信息的样式或表格。

5. 质量控制系统各个方面负责人的姓名。

（四）质量责任制的意义及建立原则

1. 意义。有利于树立全员质量意识，促使注册会计师自觉执行质量控制政策和程序，将质量控制落到实处。

2. 质量责任制的建立可按“谁过错谁赔偿”的原则，在助理人员、项目负责人和事务所之间合理划分责任，把质量责任层层分解，逐项落实到岗位，落实到各级人员。具体地讲：首先，明确助理人员与项目负责人的责任分担。

项目负责人对助理人员的工作负责。如果助理人员的工作底稿记录无误，项目负责人判断有误的过错责任由项目责任人承担。如果工作底稿本身不实的，由具体操作的助理人员负责。项目负责人作为复核人在工作底稿上签字，只负有对有关底稿形式上的审核责任，不承担实质审核责任，不因其审核而解除助理人员的责任。其次，明确项目负责人与事务所的责任分担。项目负责人对其负责的审计项目质量负责。但对已向管理当局请示报告，并按处理意见实施的，可以免责，其过错责任由事务所承担。

（五）三级复核制度

“三级复核制度”是指由事务所项目负责人、部门经理和主任会计师对具体项目工作底稿逐级审查，最后签发审计报告的制度。

“三级复核制度”是一项重要的质量控制制度，对确保审计质量、降低审计风险、明确相关注册会计师的责任有着重要作用。将三级复核制度与注册会计师签名制度、质量考核评价与奖惩制度、风险责任追究制度结合起来，可以更好地发挥“三级复核制度”的质量控制作用。

（六）审计工作底稿的质量控制

审计工作底稿在审计项目质量控制中起到极其重要的作用。审计工作底稿是整个审计过程的记录，是形成审计报告的依据，也是确定或解除注册会计师审计责任的依据。从一些审计案件来看，审计结论失误经常直接表现在审计程序不完备造成的审计底稿不完善上。本案例中，信永会计师事务所早期对审计工作底稿并未足够重视，不完善的地方很多，也造成了几次质量事故。因此，应将审计工作底稿质量管理作为审计项目质量控制的重点，参照其他事务所的先进经验，具体可要求注册会计师采取以下措施：

1. 审计计划应按照审计准则的要求编制，经部门经理审核并完善后报主任室审核。

2. 银行存款余额必须函证。

3. 应收账款、其他应收款的函证回函比例应达到规定的比例，如未达到，应有替代审计程序。

4. 存货盘点（或监盘）应达到规定的比例，存货应有计价测试。生产成本的检查、产品成本结转使用正确的查验程序。

5. 固定资产应有盘点记录，盘点应达到规定比例。不动产的权证应取证或查核原件。

6. 对无形资产应取证有关法律文件。

7. 银行借款应函证。

8. 对于实收资本审计，如属首次审计，应查核资本到位情况。如非首次审计，应关注是否有抽资情况或发生资本金变动情况。

9. 收入审核应结合符合性测试查核发货交付情况。

10. 重要证据一定要请客户盖章，复印件一定要与原件核对一致。

11. 销售成本应有毛利率分析程序、查验成本是否与收入配比的审计程序以及结合存货的计价测试生产成本的检查等程序。

12. 应编制审计小结，经部门经理审核并完善后报主任室审核。

（七）会计师事务所审慎选择客户的对策

为保证审计质量，会计师事务所必须在选择客户时做好如下工作：

1. 会计师事务所应建立质量控制政策和程序以决定是否接受新客户或继续与老客户合作，其目的是降低与那些缺乏正直性的客户打交道的风险。会计师事务所无法为某一客户的正直性和可信赖性做出担保或承诺，而客户的正直性和可信赖性很可能会影响其财务报表的认定。在决定承接业务时，会计师事务所也应该考虑自身的独立性和专业胜任能力，比如特殊行业、特殊领域的知识，会计师事务所的规模，完成委托所需要的人力资源等。

2. 为了提高审计质量，会计师事务所在接受一个新客户前，应对其各个方面进行认真的评价；对于老客户应定期进行再评价。这些评价的目的是：确定可能涉及执业责任的相关风险；确定会计师事务所是否具有专业胜任能力；避免潜在的利益冲突。

（八）案例分析

在A公司年报审计过程中，信永会计师事务所的注册会计师存在下述可能违反审计准则和质量控制准则的情形：

1. 根据职业道德守则的规定，在执行上市实体财务报表审计工作时，因密切关系产生的不利影响尤其重要。针对这次审计业务，职业道德守则要求在不超过五年的期限内轮换关键审计合伙人。本案例中，张年已经连续六年担任A公司的年报审计的项目合伙人，为避免密切关系产生的不利影响，应改派其他注册会计师担任A公司年报审计的项目合伙人。为避免类似问题，信永会计师事务所应制定政策和程序，明确规定项目合伙人轮换的年限标准或者实施项目质量控制复核。

2. 根据审计准则的规定，了解被审计单位、实施风险评估程序是审计的必要程序，不可忽略。本案例中，注册会计师在审计计划中省略了风险评估程序而直接执行进一步审计程序是错误的。

3. 会计师事务所确定复核责任的政策和程序的原则应该是：由项目组内

经验较丰富的人员复核经验较少的人员执行的工作。本案例中项目组成员之间互相复核审计工作底稿是错误的。

4. 会计师事务所需要制定政策和程序，以保持项目质量控制复核人员的客观性。因此，这些政策和程序要求项目质量控制复核人员符合下列规定：如果可行，不由项目合伙人挑选；在复核期间不以其他方式参与该业务；不代替项目组进行决策；不存在可能损害复核人员客观性的其他情形。

作为一个规模较大的事务所，信永会计师事务有能力委派该项目质量控制的复核人员，本案例中由审计项目合伙人委派复核人员是不恰当的。

5. 虽然项目质量控制复核形成的工作底稿可以在审计报告日后完成，但项目合伙人在审计过程的适当阶段应及时实施复核，以便使得重大事项在审计报告日之前得到及时满意的解决。本案例中王民在审计报告出具后才进行复核，其时间安排是错误的。

6. 项目质量控制复核无需复核所有审计工作底稿，但复核的内容应包括：①对关键领域所做的判断，尤其是执行业务过程中识别出的疑难问题或争议事项；②特别风险；③项目合伙人认为重要的其他领域。本案例中，注册会计师随机抽取工作底稿进行项目质量控制复核是错误的。

7. 项目组就疑难问题或争议事项向其他专业人士咨询应形成足够完整和详细的记录，记录咨询情况的工作底稿应包含以下内容：①寻求咨询的事项；②咨询的结果，包括做出的决策、决策依据以及决策的执行情况。本案例中，张年电话咨询了有关专家，但未形成工作底稿是错误的。

第十一章
注册会计师职业道德

案例一　注册会计师职业道德基本原则

一、本案例学习目标

完成本案例学习后，学生应当能够掌握：注册会计师的职业道德基本原则，职业道德概念框架，可能对职业道德产生不利影响的因素，接受新客户时对职业道德的考虑。

二、本案例的关键内容

（一）案例资料

卫兰是一名在一家大型会计师事务所工作了18个月的注册会计师。卫兰所在的会计师事务所设置了包括合伙人、高级经理、项目经理、审计员、业务助理在内的五个岗位级别，每个岗位又分为3个级别，如审计员分为一级审计员、二级审计员和三级审计员。一般情况下，事务所会在新员工工作一年之后将其由业务助理晋升为一级审计员。在晋级之前，将由更高级别的员工对下级员工晋级进行考核打分。卫兰目前是一级审计员，和其他经验较少的一级审计员一样，她从未被安排去管理一个具体的审计项目，一般仅仅是奉命执行具体的审计步骤。

2019年11月，卫兰参加了对马克商贸公司的财务报表审计。马克商贸公司是一家全国领先的家居建材用品零售商，拥有234家连锁商店，并连续5年被行业杂志评为“最受欢迎的专业零售商”。但该公司最近一年处境比较困难，在过去12个月内，由于受到供应商物价上涨、同行竞争加剧以及国内房地产限购政策的影响，马克商贸公司的利润大幅下降。在2019年度，该公司的审计前净利润仅为100万元左右。

在马克商贸公司的资产中，存货一向是比例最大的项目。在今年的审计中，存货尤为重要，若发现重大的调整，将会使马克商贸公司的利润由正转负。

2020年1月，事务所的高级经理李杰派卫兰编制存货审定表。卫兰的任务是对她和其他几位审计员在过去2个月内1 000个小时的工作进行总结，通过分析审计证据形成关于马克商贸公司存货的审计结论。在卫兰试图得出审计结论时，她逐渐意识到，她并不能确定马克商贸公司的存货是否正确，因为该客户存货跌价准备的年终余额仅有30万元，不足存货总额的0.5%，但同行业其他公司本年的存货跌价准备比率达到了2%。于是卫兰找到李杰说，她认为不应该确认存货的余额。但李杰明确表示反对卫兰的立场，他认为项目组已经耗费了大量的时间，并且根据约定应该很快出具审计报告，不应该再节外生枝。此外，李杰还暗示卫兰，他将负责对她的晋级考核。卫兰知道，李杰希望在审计报告中出现这样的关键语句，即“在所有重大方面都能公允反映并且符合公认会计原则”，于是回到自己的办公桌前，拿起笔开始撰写存货审计结论。

（二）案例分析要求

1. 你认为卫兰在存货审定表上会写上什么结论？如果你处于卫兰的位置，你能够得出什么结论？为什么？你认为李杰的处理是否恰当？如果遇到金额尚存在疑问的账户，你会采取与卫兰一样的处理方式吗？

2. 把存货审计这种重要事项分配给卫兰这样的经验并不丰富的注册会计师，这种做法恰当吗？

三、本案例需要关注的问题

（一）注册会计师职业道德的含义

注册会计师的职业道德是指在审计实践中应当遵循的行为规范，是对注册会计师思想意识、品德修养等方面规定的基本要求。

国家注册会计师应当遵循《中华人民共和国审计法》第六条关于“客观公正、实事求是、廉洁奉公、保守秘密”和《审计机关注册会计师职业道德准则》第4条的具体规定。

民间注册会计师应遵循中国注册会计师协会发布的《中国注册会计师职业道德基本准则》中关于“一般原则、专业胜任能力与技术规范、对客户的责任、对同行的责任”等方面的具体规定。

（二）注册会计师职业道德基本原则

基本原则是对注册会计师应当具备的职业道德所做的原则性要求，也是整个职业道德中最基本的要求。注册会计师的职业道德基本原则包括：诚信、客观和公正、独立性、保密、专业胜任能力、应有的关注以及良好的职业行为。

（三）专业胜任能力与技术规范

注册会计师应当做到：保持和提高专业胜任能力，遵守独立审计准则等职业规范，合理运用会计准则及其他相关技术规范；不承担不能胜任的业务；在执业时妥善规划，并对业务助理人员的工作进行指导、监督和检查；不以其职业身份对未审计或未鉴证事项发表意见；不对未来事项的可实现程度做出保证；对审计过程中发现的违反会计准则及相关技术规范的事项，应当按照独立审计准则的要求进行适当处理。

根据相关职业道德要求的要求，在确定是否具有接受新客户或现有客户的新业务所需的胜任能力、素质和资源时，会计师事务所需要评价新业务的特定要求和所有相关级别的现有合伙人和员工的基本情况，要考虑会计师事务所是否拥有足够的具有必要胜任能力和素质的人员。

本案例中，事务所派经验不足的卫兰担任存货这类重要事项的审计负责人，是不恰当的行为。

（四）对客户的责任

注册会计师对客户所负的责任包括：按时保质地完成委托业务的责任；保密的责任；按规定标准收费的责任。

（五）对同行的责任

注册会计师对同行的责任包括：配合同行工作；不得损害同行利益；不得雇佣正在其他会计师事务所执业的注册会计师；不得以不正当手段与同行争揽业务。

（六）其他责任

注册会计师的其他责任是指：不得有可能损害职业形象的行为；不得采用强迫、欺诈、利诱等方式招揽业务；不得对自身能力进行广告宣传以招揽业务；不得以向他人支付佣金等不正当方式招揽业务；不得向客户收取服务费之外的任何利益；不得允许他人以本所或本人的名义承办业务。

（七）可能对职业道德产生不利影响的因素

可能对职业道德产生不利影响的因素包括：自身利益、自我评价、过度推介和外在压力。外在压力导致不利影响的情形主要包括：

1. 会计师事务所受到客户解除业务关系的不利影响。

2. 审计客户表示，如果会计师事务所不同意对某项交易的会计处理，则不再委托其承办拟议中的非鉴证业务。

3. 客户威胁将起诉会计师事务所。

4. 会计师事务所受到降低收费的影响而不恰当地缩小工作范围。

5. 由于客户员工对所讨论的事项更具有专长，注册会计师面临服从其判断的压力。

6. 会计师事务所合伙人告知注册会计师，除非同意审计客户不恰当的会计处理，否则将影响晋升。

在本案例中，李杰暗示卫兰负责对她晋级的考核，强迫下属隐瞒真相，发表无保留意见，因此在外在压力下，卫兰可能确认不正确的存货余额，违反客观公正原则。

案例二　独立性

一、本案例学习目标

完成本案例学习后，学生应当能够理解独立性的含义。

二、本案例的关键内容

（一）案例资料

注册会计师行业是一个劳动强度很大的行业，因此很多人会最终跳槽到其他公司做财务总监。2018 年 2 月，受雇于信达会计师事务所的王敏就面临着这样一次选择的机会。王敏自 2016 年以来一直负责吴迪股份有限公司的审计业务。2017 年底，吴迪股份有限公司的财务总监辞职了，于是公司总经理陆彦打电话给王敏，邀请她到该公司担任财务总监。

在与陆彦谈话后，王敏与信达会计师事务所的合伙人张国强就自己的独立性问题进行了讨论。对照了相关准则后，二人都认为王敏确实存在独立性问题。但因为事务所目前缺少合适的人手，而且王敏表明态度会保持独立性，因此事务所在王敏决定接受邀请之前仍派她继续负责吴迪股份有限公司 2018 年报表的审计工作，王敏在事务所的好友及下属张荣参与了相关审核工作。

2019 年 5 月，王敏正式接受邀请到吴迪股份有限公司担任财务总监。2020 年，吴迪股份有限公司继续邀请信达会计师事务所作为其年报的审计人，信达会计师事务所也派出另外一位注册会计师张倩接管吴迪股份有限公司的审计业务。2019 年，信达会计师事务所所租的房屋到期，经王敏帮助协商，信达会计师事务所租用了吴迪股份有限公司的一处房产作为办公场所。由于王敏是会计师事务所的老员工，尽管已经调到新单位，王敏仍与原来的同事保持着良好的友谊，经常在工作之余在一起聚会聊天。

（二）案例分析要求

1. 独立性对于注册会计师执行审计业务时保持客观和公正有何意义？请解释一下什么是注册会计师的独立性？

2. 本案例中有哪些行为违反了注册会计师独立性原则？

3. 你认为注册会计师是否可以接受其原来客户的邀请成为其雇员？在本案例中，信达会计师事务所应采取何种措施应对王敏的跳槽以维护职业道德？

三、本案例需要关注的问题

（一）独立性的含义

客观和公正原则要求审计项目组成员、会计师事务所与审计客户保持独立。在执行审计业务时，审计项目组成员、会计师事务所应当维护公众利益，独立于审计客户。

独立性包括实质上的独立性和形式上的独立性。实质上的独立性是一种内心状态，使得注册会计师在提出结论时不受损害职业判断的因素影响，诚信行事，遵循客观和公正原则，保持职业怀疑态度；形式上的独立性是一种外在表现，使得一个理性且掌握充分信息的第三方，在权衡所有相关事实和情况后，认为会计师事务所或审计项目组成员没有损害诚信原则、客观和公正原则或职业怀疑态度。

本案例中有三处违反独立性原则，表现在：

1. 会计师事务所在王敏接受邀请之前仍派她继续负责吴迪股份有限公司并让张荣进行审核工作。

2. 原来的同事经常与王敏在工作之余一起聚会聊天。

3. 经王敏帮助协商，信达会计师事务所租用了吴迪股份有限公司的一处房产作为办公场所。

（二）针对注册会计师加入审计客户的应对措施

如果审计项目组前任成员或会计师事务所前任合伙人加入审计客户，担任董事、高级管理人员或特定员工，除非同时满足下列条件，否则将被视为损害独立性：①前任成员或前任合伙人无权从会计师事务所获取报酬或福利

（除非报酬或福利是按照预先确定的固定金额支付的，并且未付金额对会计师事务所不重要）；②前任成员或前任合伙人未继续参与，并且在外界看来未参与会计师事务所的经营活动或专业活动。

注册会计师是可以跳槽到其客户中任职的。如果审计项目组某一成员知道自己在未来某一时间将要或有可能加入审计客户，将因自身利益对独立性产生不利影响。会计师事务所应当制定政策和程序，要求审计项目组成员在与审计客户协商受雇于该客户时，向会计师事务所报告。在接到报告后，会计师事务所应当评价不利影响的严重程度，并在必要时采取防范措施消除不利影响或将其降低至可接受的水平。防范措施主要包括：

1. 将该成员调离审计项目组。

2. 由审计项目组以外的注册会计师复核该成员在审计项目组中做出的重大判断。

本案例中王敏一旦已经开始商讨受聘事项，就不应再参与事务所对该公司的审计业务，信达会计师事务所仍让其审计吴迪股份有限公司的业务是错误的，属于未能采取防范措施消除不利影响或将其降低至可接受的水平。

案例三　诚信原则与保密义务

一、本案例学习目标

完成本案例学习后，学生应当能够理解注册会计师应该遵循的诚信原则和保密义务。

二、本案例的关键内容

（一）案例资料

张华是信达事务所的高级经理，自 2017 年以来，他一直是天门股份有限公司的年报审计负责人。2020 年 2 月，信达事务所对天门公司 2019 年度的财务报表出具了无保留意见的审计报告。天门公司将 100 份财务报告分发给债权人、证监会等企业和政府部门。

2020 年 6 月，信达事务所的员工发现天门股份有限公司 2019 年度的财务报表存在重大错误，该公司下属部门面临倒闭，其商品都在 2020 年初打折出售，但公司 2019 年的财务报表中并没有对这部分存货提取减值准备。这笔错误导致天门公司 2019 年度财务报表上的净利润由亏变盈。其他债权人先后证实，他们正是根据这份错误的报表继续向天门公司提供赊销和贷款的。

张华与天门公司就2019年年报中的问题进行沟通，天门公司反应很激烈，并且提出，若信达事务所撤回审计意见并通报第三方，属于违反保密性原则，该公司将提起诉讼。2020年6至8月，张华带领的审计小组成员处于左右为难的境地，因为天门公司是信达事务所的重要客户，若撤回审计意见并通知财务报表的使用者，事务所可能会失去这个客户。经过与天门公司的沟通，事务所提出一个折中方案，即事务所重新出具审计报告，由天门公司自行向报表使用者寄送新的财务报表。但后来事务所得知天门公司并没有寄送新的财务报表，信达事务所并未采取下一步措施。

（二）案例分析要求

1. 你是否认为信达事务所已经遵循了应有的职业准则？请说明理由。

2. 假设信达事务所2020年度不再承接天门股份有限公司的审计业务，按照职业道德的要求，此时若信达事务所发现了2019年度报表中存在的重大错误，应当承担什么责任？

3. 如果信达事务所将2019年财务报表中的错误通报第三方，你认为事务所是否违反了保密性原则？

三、本案例需要关注的问题

（一）诚信原则

诚信原则要求注册会计师在所有职业活动中保持正直，诚实守信。注册会计师应该遵循诚信原则。

为遵守诚信原则，当注册会计师认为业务报告中存在虚假或误导性陈述时，不得与这些信息发生牵连。如果注册会计师注意到已经与有问题的信息发生牵连，则应采取措施消除牵连。

本案例中，注册会计师虽然更正了审计报告与财务报表，但未能通知第三方，属于没有完全遵循职业道德原则对诚信的要求。

即使信达事务所2020年度不再担任天门股份有限公司的相关审计工作，此时若信达事务所发现2019年度报表中存在的重大错误，仍应当承担撤回报告和通知相关各方的义务。

（二）保密原则

保密原则要求注册会计师对职业活动中的涉密信息保密，未经客户授权或法律允许，不得向第三方披露或利用其为自己和第三方牟利。

本案例中，信达事务所对会计报表信息所做的修改并非涉密信息，因此通知第三方是信达事务所的权利和义务。本案例中信达事务所已经知道天门公司利用其错误的审计报告，却并未尽到通知的义务，违反了职业道德原则的要求。

第十二章 审计报告

案例一　出具标准审计报告

一、本案例学习目标

完成本案例学习后，学生应当能够：确定审计报告日，描述标准审计报告的构成，说明出具标准审计报告的条件，独立撰写标准审计报告。

二、本案例的关键内容

（一）案例资料

2020 年 2 月 27 日，注册会计师吴颖完成了樱花技术股份有限公司截至 2019 年 12 月 31 日的财务报表审计的外勤审计工作，并于 3 月 2 日草拟了对该公司 2019 年度的审计报告初稿。注册会计师编制的审计报告初稿如下。

审 计 报 告

樱花技术股份有限公司全体股东：

一、审计意见

我们审计了樱花技术股份有限公司财务报表，包括 2019 年 12 月 31 日的资产负债表，2019 年度的利润表、现金流量表、股东权益变动表以及相关财务报表附注。

我们认为，樱花技术股份有限公司财务报表在所有重大方面按照企业会计准则的规定编制，公允反映了樱花技术股份有限公司 2019 年 12 月 31 日的财务状况以及 2019 年度的经营成果和现金流量。

二、形成审计意见的基础

我们按照中国注册会计师审计准则的规定执行了审计工作，审计报告的“注册会计师对财务报表审计的责任”部分进一步阐述了我们在这些准则下的责任。按照中国注册会计师职业道德守则，我们独立于樱花技术股份有限公司，并履行了职业道德方面的其他责任。我们相信，我们获取的审计证据是充分、适当的，为发表审计意见提供了基础。

三、关键审计事项

关键审计事项是根据我们的职业判断，认为对本期财务报表审计最为重要的事项。这些事项是在对财务报表整体进行审计并形成意见的背景下进行处理的，我们不对这些事项提供单独的意见。

四、管理层和治理层对财务报表的责任

管理层负责按照企业会计准则的规定编制财务报表，并设计、执行和维护必要的内部控制，以使财务报表不存在由于舞弊或错误而导致的重大错报。

在编制财务报表时，管理层负责评估樱花技术股份有限公司的持续经营能力，披露与持续经营相关的事项（如适用），并运用持续经营假设，除非计划清算樱花技术股份有限公司、停止运营或别无其他现实的选择。

治理层负责监督樱花技术股份有限公司的财务报告过程。

五、注册会计师对财务报表的责任

我们的目标是对财务报表整体是否不存在由于错误或舞弊导致的重大错报获取合理保证，并出具包含审计意见的审计报告。合理保证是高水平的保证，但并不能保证按照审计准则执行的审计在某一重大错报存在时总能发现。错报可能由于舞弊或错误导致，如果合理预期错报单独或汇总起来可能影响财务报表使用者依据财务报表做出经济决策，通常认为错报是重大的。

在按照审计准则执行审计的过程中，我们运用了职业判断，保持了职业怀疑。我们同时：

1. 识别和评估由于舞弊或错误导致的财务报表重大错报风险；对这些风险有针对性地设计和实施审计程序；获取充分、适当的审计证据，作为发表审计意见的基础。由于舞弊可能涉及串通、伪造、故意遗漏、虚假陈述或凌驾于内部控制之上，未能发现由于舞弊导致的重大错报的风险高于未能发现由于错误导致的重大错报的风险。

2. 了解与审计相关的内部控制，以设计恰当的审计程序，但目的并非对内部控制的有效性发表意见。

3. 评价管理层选用会计政策的恰当性和做出会计估计及相关披露的合理性。

4. 对管理层使用持续经营假设的恰当性得出结论。同时，根据获取的审计证据，就可能导致对樱花技术股份有限公司持续经营能力产生重大疑虑的事项或情况是否存在重大不确定性得出结论。若我们得出结论认为存在重大不确定性，审计准则要求我们在审计报告中提请使用者注意财务报表中的相关披露；如果披露不充分，我们应当发表非无保留意见。我们的结论基于审计报告日可获得的信息，然而，未来的事项或情况可能导致樱花技术股份有限公司不能持续经营。

5. 评价财务报表的总体列报、结构和内容（包括披露），并评价财务报表是否公允反映相关交易和事项。

我们与治理层就计划的审计范围、时间安排和重大审计发现（包括我们在审计中识别的值得关注的内部控制缺陷）等事项进行沟通。

我们还遵守关于独立性的相关职业道德要求向治理层提供声明，并就可能被合理认为影响我们独立性的所有关系和其他事项以及相关的防范措施（如适用）与治理层进行沟通。

从与治理层沟通的事项中，我们确定哪些事项对本期财务报表最为重要，因而构成关键审计事项。我们在审计报告中描述这些事项，除非法律法规禁止公开披露这些事项，或在极其罕见的情况下，如果合理预期在审计报告中沟通某事项造成的负面后果超过在公众利益方面产生的益处，我们确定不应在审计报告中沟通该事项。

会计师事务所　　　　　　　　　　　　中国注册会计师：×××
（盖章）　　　　　　　　　　　　　　　　（签名并盖章）
　　　　　　　　　　　　　　　　　　　中国注册会计师：×××
中国××市　　　　　　　　　　　　　　　（签名并盖章）
　　　　　　　　　　　　　　　　　　　　2019年×月×日

（二）案例分析要求

1. 认真阅读上述审计报告，指出标准审计报告的组成部分。

2. 审计报告中注册会计师的责任段为什么使用“重大错报”和“合理保证”这些标准词汇？

3. 审计报告意见段中为什么使用“我们认为，樱花技术股份有限公司公司财务报表……公允反映了……”，而不是直接指出“樱花技术股份有限公司财务报表……公允反映了……”？

4. 请指出上述审计报告中在签章上的错误。

5. 本案例中审计报告的正确日期应该是哪一天？为什么这个日期很重要？

6. 出具标准审计报告报告的条件是什么？本案例中出具的审计报告类型是否正确？

7. 请指出其他信息中的事项有哪些不必反映在审计报告中？

8. 根据其他信息，请判断本案例中注册会计师应出具何种类型审计报告？

三、本案例需要关注的问题

（一）标准审计报告的含义

标准审计报告是指不含有说明段、强调事项段、其他事项段或其他任何修饰性用语的无保留意见的审计报告。

包含其他报告责任段，但不含有强调事项段或其他事项段的无保留意见的审计报告也被视为标准审计报告。

非标准审计报告是指带强调事项段或其他事项段的无保留意见的审计报告和非无保留意见的审计报告。不同类型的审计报告反映了会计报表的真实程度。

（二）标准审计报告的结构

标准审计报告由十个部分组成：

1. 报告的标题。美国等国家的审计准则通常要求在审计报告的标题中传达“注册会计师是公正无偏”的信息，因此常以“独立审计报告”等作为标题，但因历史原因，“审计报告”这一标题已经为我国公众广泛接受，因此我国注册会计师审计报告的标题中不包含“独立”二字。

2. 审计报告的收件人。审计报告的收件人是审计报告致送的对象，通常是审计业务委托人。审计报告应当按照审计业务约定的要求载明收件人的全称。通用目的财务报表审计的审计报告收件人通常是被审计单位股东或治理层。对于股份有限公司，收件人可以写成“××股份有限公司全体股东”，对于有限责任公司，收件人可以写成“××有限公司董事会”。

3. 审计意见。审计意见由两个部分组成。

第一部分相当于引言段，用于指明注册会计师执行的是审计工作及所审计财务报告的范围，具体内容包括：指出被审计单位的名称；说明财务报表已经审计；指出构成整套财务报表的每一财务报表的名称；提及财务报表附注；指明构成整套财务报表的每一财务报表的日期或涵盖的期间。

审计意见段阐述了注册会计师得出的审计结论。

在意见段中，要使用“我们认为”等类似的词语，这类词语表明审计结论是在注册会计师专业判断的基础上得出的，虽然财务报表已经过审计，但仅仅是注册会计师表达的一个意见，而不是一项担保或绝对保证，因此，仍可能存在信息风险。

第二部分是注册会计师发表的审计意见。在此部分，注册会计师应当就财务报表是否在所有重大方面按照适用的财务报告编制基础编制并实现公允反映发表审计意见。在本案例中，注册会计师发表的是无保留意见。

4. 形成审计意见的基础。该部分指出注册会计师为发表审计意见做了哪些工作，提供了关于审计意见的重要背景。

该部分应该包括四个方面的内容。首先，说明注册会计师已经按照审计准则的规定执行了审计工作。其次，指出审计报告中专门用于描述审计准则规定的注册会计师责任的部分。第三，声明注册会计师按照与审计相关的职业道德要求对被审计单位保持了独立性，并履行了职业道德方面的其他责任。此处应当指明适用的具体职业道德要求，如中国注册会计师职业道德守则。第四，声明注册会计师相信获取的审计证据是充分、适当的，为发表审计意见提供了基础。

5. 管理层和治理层对财务报表的责任段。本段的目的是强调管理当局和治理层在编制报表、内部控制和对持续经营的评估等方面的责任，提及这些责任有助于向报表使用者和管理层解释执行审计工作的前提。

在此部分，应当说明管理层负责的两方面的责任：第一，按照适用的财务报告编制基础编制财务报表，使其实现公允反映，并设计、执行和维护必要的内部控制，以使财务报表不存在由于舞弊或错误导致的重大错报。第二，评估被审计单位的持续经营能力和使用持续经营假设是否适当，如果存在与持续经营相关的事项，应加以披露。对管理层评估责任的说明应当包括描述在何种情况下使用持续经营假设是适当的。

此处应指出治理层的责任是负责监督公司的财务报告过程。

6. 注册会计师的责任段。“注册会计师对财务报表审计的责任段”由三部分组成。

第一部分要对注册会计师的目标做出详细说明。在此部分要指出，注册会计师的目标是对财务报表整体是否不存在由于舞弊或错误导致的重大错报获取合理保证，并出具包含审计意见的审计报告，而且合理保证是高水平的保证，但并不能保证按照审计准则执行的审计一定会发现存在的重大错报。还要强调错报可能由于舞弊或错误导致，在说明错报可能由于舞弊或错误导致时，注册会计师可以描述为：如果合理预期错报单独或汇总起来可能影响财务报表使用者依据财务报表做出的经济决策，则通常认为错报是重大的。此外，注册会计师也可以根据适用的财务报告编制基础，提供关于重要性的定义或描述。

第二部分通过说明注册会计师的责任，对审计工作进行详细描述。这些责任包括：①在按照审计准则执行审计工作的过程中，注册会计师运用职业判断，并保持职业怀疑。②识别和评估由于舞弊或错误导致的财务报表重大错报风险，设计和实施审计程序以应对这些风险，并获取充分、适当的审计证据，作为发表审计意见的基础。由于舞弊可能涉及串通、伪造、故意遗漏、虚假陈述或凌驾于内部控制之上，未能发现由于舞弊导致的重大错报的风险高于未能发现由于错误导致的重大错报的风险。③了解与审计相关的内部控制，以设计恰当的审计程序，但目的并非对内部控制的有效性发表意见。当注册会计师有责任在财务报表审计的同时对内部控制的有效性发表意见时，应当略去上述“目的并非对内部控制的有效性发表意见”的表述。④评价管理层选用会计政策的恰当性和做出会计估计及相关披露的合理性。⑤对管理层使用持续经营假设的恰当性得出结论。同时，根据获取的审计证据，就可能导致对被审计单位持续经营能力产生重大疑虑的事项或情况是否存在重大不确定性得出结论。如果注册会计师得出结论认为存在重大不确定性，审计准则要求注册会计师在审计报告中提请报表使用者关注财务报表中的相关披露；如果披露不充分，注册会计师应当发表非无保留意见。注册会计师的结论基于截至审计报告日可获得的信息，然而，未来的事项或情况可能导致被审计单位不能持续经营。⑥评价财务报表的总体列报、结构和内容（包括披露），并评价财务报表是否公允反映相关交易和事项。

第三部分是与管理层沟通相关的事项，主要包括三方面内容：首先，说明注册会计师与治理层就计划的审计范围、时间安排和重大审计发现等事项进行沟通，包括就注册会计师在审计中识别的值得关注的内部控制缺陷进行沟通；其次，对于上市实体财务报表审计，指出注册会计师就已遵守与独立性相关的职业道德要求向治理层提供声明，并与治理层沟通可能被合理认为影响注册会计师独立性的所有关系和其他事项，以及相关的防范措施（如适用）；第三，对于上市实体财务报表审计以及决定按照《中国注册会计师审计准则第 1504 号——在审计报告中沟通关键审计事项》的规定沟通关键审计事项的其他情况，说明注册会计师从已与治理层沟通的事项中确定哪些事项对本期财务报表审计最为重要，因而构成关键审计事项。注册会计师应当在审计报告中描述这些事项，除非法律法规禁止公开披露这些事项，或在极少数情形下，注册会计师合理预期在审计报告中沟通某事项造成的负面后果超过在公众利益方面产生的益处，因而决定不应在审计报告中沟通该事项。

7. 按照相关法律法规的要求报告的事项。除审计准则规定的报告责任外，相关法律法规也可能对注册会计师设定了其他报告责任。例如，要求注册会计师对在财务报表审计中注意到的某些事项予以报告；注册会计师也可能被要求实施和报告额外的规定程序，或对特定事项（如会计账簿和记录的适当性）发表意见。

这些责任是注册会计师按照审计准则对财务报表出具审计报告的责任的补充，并不影响注册会计师对审计报告类型的判断。

本部分的内容和格式取决于法律法规对其他报告责任性质的规定。如果其他报告责任与审计准则所要求的报告责任涉及相同主题，则可以在审计准则所要求的同一报告要素部分列示，否则，其他报告责任都应在此部分列示。

由于没涉及其他报告责任，故在本案例中的审计报告中并没有此项内容。

8. 注册会计师的签名和盖章。此处要求有两个注册会计师分别签名并盖章，通常其中一个注册会计师是该审计项目的合伙人，另一个签章注册会计师也是负责该项目的注册会计师。签章在前的注册会计师将承担更大的法律责任。

9. 会计师事务所的名称、地址和盖章。会计师事务所的名称是不可省略的，因为会计师事务所对审计质量承担法律和职业责任。地址通常只需写明事务所所在城市即可。

本案例中的审计报告漏掉了会计师事务所的全称，是不正确的。

10. 报告日期。审计报告的日期是指注册会计师完成外勤审计工作的日期。

审计报告的日期不应早于注册会计师获取充分、适当的审计证据（包括管理层认可对财务报表的责任且已批准财务报表的证据），并在此基础上对财务报表形成审计意见的日期。这个日期之前的重大事项，注册会计师都有审核责任，注册会计师应对审计报告日之前的所有已经记录和未记录的重大交易和事项进行审计。

在实务中，注册会计师在正式签署审计报告前，通常把审计报告草稿和管理层已按调整建议修改后的财务报表提交给管理层；如果管理层批准并签署已按调整建议修改后的财务报表，注册会计师即可签署审计报告。

注册会计师签署审计报告的日期通常与管理层签署已审计财务报表的日期为同一天，或晚于管理层签署已审计财务报表的日期。

本案例中审计报告的日期应该是2020年2月27日。

（三）出具标准审计报告的条件

当满足下面所有条件时，注册会计师可以出具标准审计报告：

1. 所审计的财务报表中已经包含了资产负债表、利润表、现金流量表、股东权益变动表在内的所有报表。

2. 注册会计师进行审计业务时，一贯遵守了职业道德守则的规定。

3. 注册会计师搜集了充分的审计证据，足以使自己确信已经遵循了审计准则的规定、执行了审计工作。

4. 财务报表是根据企业会计准则编制的，即报表附注及其他方面已经进行了充分披露。

5. 不存在需要增加说明段或其他修改审计报告措辞的情况。

（四）本案例中的其他信息

其他信息中不需反映于审计报告中的是：

1. 樱花技术公司将存货的计价方法由先进先出法改为加权平均法，该事项涉及的金额比较重大，注册会计师认为这种变更是合理的。

2. 吴颖不能执行部分存货盘点程序，但使用替代审计程序取得了足够的审计证据，不需反映在审计报告中。

3. 樱花技术公司卷入一项大额诉讼中，如果败诉，公司会遭受巨额损失，该案件尚未开庭，樱花公司没有进行任何会计处理也没有在报表中披露，并且拒绝注册会计师要求其进行调整的意见，注册会计师应出具保留或否定意见审计报告，不应出具标准无保留意见审计报告。

案例二　非无保留意见审计报告

一、本案例学习目标

完成本案例学习后，学生应当能够：说明非无保留意见的类型及出具条件，了解非无保留意见审计报告的格式和内容，会根据不同情况编制各种类型的非无保留审计报告；理解广泛性的含义，说明重要性是如何影响审计报告类型的。

二、本案例的关键内容

（一）案例资料

注册会计师吴颖在审计中曾遇到下列事项，假设这些事项是相互独立的，请代替吴颖做出判断。

1. 益达公司作为抵押物的固定资产中存在一个重要错报，可能影响报表使用者发放贷款的决策。

2. 工联公司的存货可能被严重高估，但客户不允许注册会计师扩大审计范围，因此无法得到有关存货余额真实性的充足审计证据，该公司存货是全部资产中余额最大的项目。

3. 因为自然灾害造成的道路中断，注册会计师无法对天目矿业集团的矿石进行实地盘点，注册会计师只好采用替代审计程序，并对替代审计程序的结果比较满意。

4. 会计年度结束 4 周内，布迪公司的一个重要客户宣告破产，但布迪公司的账面上已经确认该客户的应收账款，这些应收账款占该公司应收账款金额的 15%，税前利润的 30%。但布迪公司拒绝转销该账户，并且拒绝披露此信息。

5. 穆强龙公司过去一直用支付现金的方式从公司购买设备生产产品，由于遇到金融危机，公司现金流出现短缺，公司决定当年采用融资租赁方式取得新设备，其会计处理方法也采用融资租赁方式。这项会计政策的变更已经在附注中得到披露。

6. 福大冶炼公司在审计年度的最后 3 个月内改变了经营方向，将经营链条向上延伸，投资于高风险的采矿行业，但此行业的潜在回报也是巨大的。截至年底，虽然已经勘探了两处矿山，但公司尚未发现有价值的富矿，因此公司出现了营运资本的暂时短缺。公司未将上述事项加以披露。

7. 永安公司漏记一笔销售，公司拒绝更正。

（二）案例分析要求

针对资料中的每一个事项，请找出注册会计师不能出具无保留意见审计报告的情况。

三、本案例需要关注的问题

（一）非无保留意见的类型和条件

非无保留意见有三种类型，即保留意见、否定意见和无法表示意见。

发表非无保留意见的条件包括：

1. 根据获取的审计证据，得出财务报表整体存在重大（达到设定的重要性水平）错报的结论。其中：如果错报对财务报表影响重大且具有广泛性，应当发表否定意见；如果错报影响重大但不具有广泛性，则发表保留意见。

2. 无法获取充分、适当的审计证据，不能得出财务报表整体不存在重大（达到设定的重要性水平）错报的结论。

其中，如果未发现的错报（如存在）对财务报表可能产生的影响重大且具有广泛性，应当发表无法表示意见；如果未发现的错报（如存在）对财务报表可能产生的影响重大，但不具有广泛性，则发表保留意见。

（二）判断非保留审计意见类型的关键指标——广泛性

如果错报影响到整个财务报表整体的公允性，则称其具备广泛性。也就是说，如果报表使用者依赖总体财务报表进行决策可能会出错，则错报具备广泛性。广泛性取决于注册会计师的判断。

具有广泛性的情形包括：

1. 错报涉及的范围很大，其影响不仅仅局限于财务报表的特定要素、账户或项目。

2. 虽然仅对财务报表的特定要素、账户或项目产生影响，但这些要素、账户或项目是或可能是财务报表的主要组成部分。

3. 当与披露相关时，产生的影响对财务报表使用者理解财务报表至关重要。

本案例中：

事项1中，益达公司作为抵押物的固定资产存在一个重要错报，仅仅影响特定报表要素，如可能仅影响报表使用者发放贷款的决策，故不具备广泛性，可发表保留意见审计报告。

事项2中，存货可能被严重高估，但客户不允许注册会计师扩大审计范围，因此无法得到有关存货余额真实性的充足审计证据，但存货是全部资产中余额最大的项目，属于报表的主要组成部分，故应出具无法表示意见审计报告。

事项3中，注册会计师无法对天目矿业集团的矿石进行实地盘点，采用替代审计程序并对替代审计程序的结果比较满意，不影响出具标准审计意见。

事项 4 中，布迪公司拒绝转销该账户，并且拒绝披露此信息，且应收账款所占比例较大，属于主要账户，故应出具否定意见审计报告。

事项 5 中，会计政策的变更已经在附注中得到披露，不影响标准审计意见的出具。

事项 6 中，公司出现营运资本短缺，持续经营能力值得怀疑，且没有加以披露，故应出具带其他事项段的审计报告。

事项 7 中，永安公司漏记一笔销售，如果其金额较小，则不影响出具标准审计报告；如果金额较大，超过设定的重要性水平，则可能影响销售收入、应收账款、所得税费用、应交所得税、留存收益，进而又会影响到流动资产、流动负债等项目，故该项错报重大且具有广泛性，应出具否定意见审计报告。

案例三　增加强调事项段和其他事项段

一、本案例学习目标

完成本案例学习后，学生应当能够说明增加强调事项段和其他事项段的条件。

二、本案例的关键内容

（一）案例资料

兴达会计师事务所的注册会计师吴颖在审计中曾遇到下列事项，假设这些事项是相互独立的，请代替吴颖做出判断。

1. 通达公司同时按照中国企业会计准则和国际财务报告准则编制了两套财务报表，兴达会计师事务所接受委托同时对两套报表出具了审计报告，注册会计师已经确认这两个报告分别在各自的编制基础下是公允的。

2. 兴达会计师事务所接受委托对运通公司的财务报表进行舞弊审计，运通公司的报表是按照通用财务报告准则编制的。

3. 根据委托，兴达会计师事务所对英华公司的按照合同条款编制的财务报表进行审计。注册会计师采用了被审计单位管理层在编制财务报表时对所有重要合同做出的解释等审计程序。

4. 海天公司是一家以互联网技术为基础的电子商务公司，其主业是向海外销售国内生产的日用化工产品，由于国外金融危机和电子商务滑坡的影响，该公司的销售和现金流极度恶化，注册会计师对下一年的持续经营能力很担心。公司本年度的审计业务已经完成，注册会计师准备出具无保留意见审计报告。

5. 2020 年 2 月 26 日，注册会计师对大行公司出具了无保留意见审计报告，大行公司财务报告的报出日是 2020 年 3 月 5 日。3 月 1 日，注册会计师发现报表中的某些信息存在严重误导，决定修改审计报告。

6. 注册会计师张颖在审计方大公司的财务报表时，发现上期财务报表已经经过其他注册会计师审计，前任注册会计师发表了无保留意见审计报告，张颖经过执行必要的审计程序，认可了前任注册会计师的看法。

7. 在对德克公司的审计中，注册会计师在审计报告日前获取了其他信息并识别出重大不一致，需要对其他信息做出修改，但管理层拒绝做出修改，注册会计师决定在审计报告中加以反映。

（二）案例分析要求

根据各事项，分别判断是否应将其反映在审计报告中。如果需要反映于审计报告，应如何修改审计报告？

三、本案例需要关注的问题

（一）强调事项段和其他事项段的作用和位置

如果认为有必要，注册会计师可以通过在审计报告中增加强调事项段和其他事项段提供补充信息，目的是提醒使用者关注。

强调事项段提及已在财务报表中恰当列报或披露的事项。如果根据注册会计师的职业判断，该事项对财务报表使用者理解财务报表至关重要，认为有必要让财务报表使用者知晓，可增加强调事项段，并使用“强调事项”或其他适当标题。注意应在强调事项段指出审计意见没有因该强调事项而改变。

其他事项段提及未在财务报表中列报或披露的事项。根据注册会计师的职业判断，如果该事项与财务报表使用者理解审计工作、注册会计师的责任或审计报告相关且不为法律禁止，认为有必要让财务报表使用者知晓，可增加其他事项段，并使用“其他事项”或其他适当标题。

注册会计师应当将强调事项段紧接在审计意见段之后，其他事项段放在强调事项段（如有）之后。如果其他事项段的内容与其他报告责任部分相关，这一段落也可以置于审计报告的其他位置。

（二）增加强调事项段和其他事项段的具体情形

本案例反映了审计准则中列示的增加强调事项段和其他事项段的具体

情形。

1. 事项1中，注册会计师接受委托同时对被审计单位按不同编制基础的两套财务报表进行审计时，如果注册会计师已经确定这两个报告分别在各自的编制基础下是可接受的，则可以在审计报告中增加其他事项段，说明该被审计单位根据另一个编制基础编制了另一套财务报表以及注册会计师对这些财务报表出具了审计报告。

2. 事项2中，舞弊审计属于特定目的的审计，其审计报告应该提供给特定使用者，尽管运通公司的财务报告是根据通用财务报告编制基础编制的，为避免报告被滥用，注册会计师可以在审计报告中增加其他事项段，说明审计报告只能提供给财务报表预期使用者，不能分发给其他非预期使用者。

3. 事项3中，注册会计师审计的报表是根据合同编制的，故应增加强调事项段。因为《中国注册会计师审计准则第1601号——对按照特殊目的编制基础编制的财务报表审计的特殊考虑》第十五条规定，注册会计师对特殊目的财务报表出具的审计报告应当增加强调事项段，以提醒审计报告使用者关注财务报表按照特殊目的编制基础编制，因此，财务报表可能不适用于其他目的。注册会计师应当将强调事项段置于适当的标题下。

4. 事项4中，注册会计师应该发布带强调事项段的无保留审计报告，因为《中国注册会计师审计准则第1324号——持续经营》第十八条规定，如果财务报表已做出充分披露，注册会计师应当发表无保留意见，并在审计报告中增加强调事项段，强调可能导致对持续经营能力产生重大疑虑的事项或情况存在重大不确定性的事实，并提醒财务报表使用者关注财务报表附注中的相关披露。

5. 事项5中，注册会计师发现报表中的某些信息存在严重误导，应修改审计报告，增加强调事项段或其他事项段。因为根据《中国注册会计师审计准则第1332号——期后事项》第十九条规定，注册会计师发现报表中的某些信息存在严重误导，应当在新的或经修改的审计报告中增加强调事项段或其他事项段，提醒财务报表使用者关注财务报表附注中有关修改原财务报表的详细原因和注册会计师提供的原审计报告。

6. 事项6中，注册会计师应该在审计报告中增加其他事项段，提供相关补充信息。因为根据审计准则规定，如果上期财务报表已由前任注册会计师审计，除非前任注册会计师对上期财务报表出具的审计报告与财务报表一同对外提供，注册会计师除对本期财务报表发表意见外，还应当在其他事项段中说明：上期财务报表已由前任注册会计师审计；前任注册会计师发表的意见的类型（如果是非无保留意见，还应当说明发表非无保留意见的理由）；前任注册会计师出具审计报告的日期。

《中国注册会计师审计准则第1511号——比较数据》第十九条还规定，当因本期审计而对上期财务报表发表审计意见时，如果对上期财务报表发表的意见与以前发表的意见不同，注册会计师应当按照《中国注册会计师审计准则第1503号——在审计报告中增加强调事项段和其他事项段》的规定，在其他事项段中披露导致不同意见的实质性原因。

此外，《中国注册会计师审计准则第1511号——比较数据》第二十二条规定，如果上期财务报表未经审计，注册会计师应当在其他事项段中说明比较财务报表未经审计。但这种说明并不减轻注册会计师获取充分、适当的审计证据，以确定期初余额不含有对本期财务报表产生重大影响的错报的责任。

7. 事项7中，根据《中国注册会计师审计准则第1521号——注册会计师对含有已审计财务报表的文件中的其他信息的责任》第十二条第二款第（一）项规定，如果在审计报告日前获取的其他信息中识别出重大不一致，并且需要对其他信息做出修改，但管理层拒绝做出修改，除非治理层的所有成员参与管理被审计单位，注册会计师应当就该事项与治理层进行沟通。此外，注册会计师还应当采取下列措施之一：在审计报告中增加其他事项段，说明重大不一致、拒绝提交审计报告或解除业务约定。

案例四　审计报告综合案例

一、本案例学习目标

通过阅读本案例，学生应能够：理解确定关键审计事项段的决策框架，理解增加关键审计事项段的情形，理解增加强调事项段和其他事项段的情形，了解注册会计师对其他信息的责任。

二、本案例的关键内容

（一）案例资料

东林会计师事务所的注册会计师张华负责审计多家上市公司2019年度财务报表。在审计过程中，他遇到下列与审计报告相关的事项：

1. 张华对甲公司金融资产实施审计程序并与治理层沟通后，对公司报表中金融资产的分类和收益确认方法存在疑虑，拟将其作为关键审计事项在审计报告中沟通。

2. 由于行业竞争日趋激烈，乙公司2019年发生重大经营亏损。张华实施审计程序并与治理层沟通后，认为可能导致对持续经营能力产生重大疑虑的事项或情况不存在重大不确定性。因在审计工作中对该事项进行过重点关注，注册会计师拟将其作为关键审计事项在审计报告中沟通。

3. 丙公司管理层在2019年度财务报表附注中披露了2020年1月发生的一项重大资产重组业务。张华认为该事项对财务报表使用者理解财务报表至关重要，准备在审计报表中增加其他事项段予以说明。

4. 会计师事务所首次接受委托审计丁公司2019年度财务报表。张华拟在审计报告中增加其他事项段，说明上期财务报表由前任注册会计师审计及其出具的审计报告的日期。

5. 在审计戊公司比较财务报表时，张华对上期财务报表发表的意见与以前注册会计师发表的意见不同，张华在其他事项段中披露了导致不同意见的实质性原因。

6. 注册会计师未能在审计报告日前获取己公司2019年年度报告的最终版本，因此，未要求管理层提供有关其他信息的书面声明。

7. 张华在庚公司审计报告日后获取并阅读了庚公司2019年年度报告的最终版本，发现其他信息存在重大错报，在与管理层和治理层沟通后，该错报仍未得到更正。注册会计师拟重新出具审计报告，指出其他信息存在的重大错报。

（二）案例分析要求

针对上述第1～7项，逐项指出注册会计师的做法是否恰当，如不恰当，简要说明理由。

三、本案例需要关注的问题

（一）在审计报告中沟通关键审计事项

关键审计事项是指注册会计师根据职业判断认为对当期财务报表审计最为重要的事项。

为达到突出关键审计事项的目的，注册会计师应当在审计报告中单设“关键审计事项”段，并使用恰当的子标题逐项描述各个关键审计事项。

关键审计事项段应说明：关键审计事项是注册会计师根据职业判断认为对本期财务报表审计最为重要的事项，而且关键审计事项应对以对财务报表整体进行审计并形成审计意见为背景，注册会计师对财务报表整体形成审计意见，而不对关键审计事项单独发表意见。

在关键审计事项部分披露的关键审计事项必须是已经得到满意解决的事项，即不存在审计范围受到限制、不存在注册会计师与被审计单位管理层意见分歧的情况。

在本案例的事项 1 中，注册会计师拟将存在疑虑金融资产作为关键审计事项，这种做法是不恰当的，因为关键事项必须是已经得到满意解决的事项，不能以关键审计事项替代非无保留意见。

导致非无保留意见的事项、可能导致对被审计单位持续经营能力产生重大疑虑的事项或情况存在重大不确定性等，虽然符合关键审计事项的定义，但这些事项在审计报告中专门部分披露，不应在关键审计事项部分披露。

在本案例的事项 2 中，注册会计师在审计工作中对可能导致对持续经营能力产生重大疑虑的事项进行重点关注，拟将其作为关键审计事项，这种做法也是不恰当的。

（二）强调事项段

强调事项段是指审计报告中含有的一个段落，该段落提及已在财务报表中恰当列报或披露的事项，根据注册会计师的职业判断，该事项对财务报表使用者理解财务报表至关重要。

增加强调事项段应符合三个条件：①已经在财务报表中列报或披露；②认为对财务报表使用者理解财务报表至关重要的事项；③已获取充分、适当的审计证据证明该事项在财务报表中不存在重大错报

审计准则对特定情况下在审计报告中增加强调事项段提出具体要求。这些情形包括：①法律法规规定的财务报告编制基础不可接受，但其是由法律或法规做出的规定；②提醒财务报表使用者注意财务报表按照特殊目的编制基础编制；③注册会计师在审计报告日后知悉了某些事实（即期后事项），并且出具了新的审计报告或修改了审计报告。

强调事项与关键事项在某些情况下可能是重合的。除了前述准则规定必须作为强调事项处理的事项外，如果注册会计师想要更突出某些事项，也可将其放到关键事项段。

本案例的事项 3，丙公司管理层在 2019 年度财务报表附注中披露了 2020 年 1 月发生的一项重大收购。张华拟在审计报表中增加其他事项段予以说明是不恰当的，应当增加强调事项段，其他事项段仅用于提及未在财务报表附注中列报或披露的事项。

（三）其他事项段

其他事项段是指审计报告中含有的一个段落，该段落提及未在财务报表

中列报或披露的事项，根据注册会计师的职业判断，该事项与财务报表使用者理解审计工作、注册会计师责任或审计报告相关。

强调事项段与其他事项段最大的区别在于是否已在财务报表中列报或披露。

应当增加其他事项段的情形主要有三种：

1. 对应数据。如上期报表已由前任注册会计师审计，后任注册会计师可以提及前任的审计报告。当决定提及时，应当在其他事项段中说明前任注册会计师的意见类型和报告日期；如上期财务报表未经审计，应当增加其他事项段说明未经审计对应数据。

在本案例的事项 4 中，仅增加其他事项段，说明上期财务报表由前任注册会计师审计及其出具的审计报告的日期，却没有说明审计意见类型，故这种做法欠妥，注册会计师应当在其他事项段中进一步说明前任注册会计师发表的意见的类型。

2. 比较财务报表。如本期对上期财务报表发表的审计意见与以前发表的审计意见不同，应当增加其他事项段，以披露导致不同意见的实质性原因。非前任注册会计师对上期财务报表出具的审计报告与财务报表一同对外提供，注册会计师除对本期财务报表发表意见外，还应当在其他事项段中说明前任注册会计师的意见类型和报告日期。

若上期报表未经审计，应当增加其他事项段说明此事项。

3. 针对第二时段、第三时段的期后事项。在特殊情况下，如果管理层对财务报表的修改仅限于反映导致修改的期后事项的影响，注册会计师可以仅针对有关修改将用以识别期后事项的上述审计程序延伸至新的审计报告日。注册会计师应当在新的或者修改后的审计报告中增加强调事项段或其他事项段，提醒财务报表使用者关注财务报表附注中有关修改原财务报表的详细原因和注册会计师提供的原审计报告。

在本案例的事项 5 中，当因本期审计而对上期财务报表发表审计意见时，张华对上期财务报表发表的意见与以前发表的意见不同，注册会计师应当在其他事项段中披露导致不同意见的实质性原因，故本案例中的做法是正确的。

（四）注册会计师对其他信息的责任

在被审计单位年度报告中，除包含财务报表和审计报告外，还通常包括实体的发展、未来前景、风险和不确定事项、治理层声明以及包含治理事项的报告等信息，这些财务信息和非财务信息被称为其他信息。

如果其他信息与财务报表或者与注册会计师在审计中了解到的情况存在

重大不一致，可能表明财务报表或其他信息存在重大错报，两者均会损害财务报表和审计报告的可信性，而且此类重大错报也可能不恰当地影响审计报告使用者的经济决策，因此，虽然注册会计师对财务报表发表的审计意见不涵盖其他信息，但是，注册会计师仍应当阅读和考虑其他信息。

如果注册会计师认为其他信息存在重大错报，应当要求管理层更正其他信息。如果管理同意做出更正，注册会计师应当确定更正已经完成；如果管理层拒绝做出更正，注册会计师应当就该事项与治理层进行沟通，并要求做出更正。

如果注册会计师认为审计报告日前获取的其他信息存在重大错报，且在与治理层沟通后其他信息仍未得到更正，注册会计师应当采取恰当措施，包括：考虑对审计报告的影响，并就注册会计师计划如何在审计报告中处理重大错报与治理层进行沟通。注册会计师可在审计报告中指明其他信息存在重大错报。在少数情况下，当拒绝更正其他信息的重大错报导致对管理层和治理层的诚信产生怀疑，进而质疑审计证据总体上的可靠性时，对财务报表发表无法表示意见可能是恰当的。在相关法律法规允许的情况下，当拒绝更正其他信息的重大错报导致对管理层和治理层的诚信产生怀疑，进而质疑审计过程中从其获取声明的可靠性时，解除业务约定可能是适当的。此时，注册会计师可以考虑解除业务约定。

注册会计师认为审计报告日后获取的其他信息存在重大错报，如果其他信息得以更正，注册会计师应当根据具体情形实施必要的程序，包括确定更正已经完成，也可能包括复核管理层与收到其他信息（如果之前已经公告）的人士沟通并告知其修改而采取的步骤。如果与治理层沟通后其他信息未得到更正，注册会计师应当考虑其法律权利和义务并采取恰当的措施，以提醒审计报告使用者恰当关注未更正的重大错报。

如果组成年度报告的部分或全部文件在审计报告日后才能取得，注册会计师应要求管理层提供书面声明，声明上述文件的最终版本将在可获取时并且在被审计单位公布前提供给注册会计师，以使注册会计师可以完成准则要求的程序。

本案例的事项 6 中，注册会计师的做法是不恰当的，因为当注册会计师未能在审计报告日前获取年度报告的最终版本时，应当要求管理层提供书面声明。

在法律法规允许的情况下，注册会计师可能采取设法提醒审计报告使用者适当关注未更正错报的措施。例如：向管理层提供一份新的或修改后的审计报告，其中指出其他信息的重大错报，并要求管理层递送给相关审计报告使用者；提醒审计报告使用者关注其他信息的重大错报；与监管机构或相关职业团体沟通未更正的重大错报；考虑对持续承接业务的影响。

本案例的事项 7 中，张华在审计报告日后发现其他信息存在重大错报，与管理层和治理层沟通后该错报未得到更正。因此，注册会计师拟重新出具审计报告、指出其他信息存在重大错报的做法是正确的。

第十三章
特殊项目审计

案例一　主审注册会计师利用其他注册会计师的工作

一、本案例学习目标

完成本案例学习后，学生应当能够掌握：在集团公司审计中，主审注册会计师应如何评估利用其他注册会计师的工作。

二、本案例的关键内容

（一）审计概况

华德电子公司委托上元会计师事务所对其2019年度的合并会计报表进行审计。华德电子公司拥有5家需要纳入合并报表的子公司，分别为：华德电线工业有限公司、华德电子线缆有限公司、大连华德电线工业有限公司、华德电线（重庆）有限公司、华德国际有限公司。其中，华德电线工业有限公司、华德电子线缆有限公司、大连华德电线工业有限公司的利润额分别占集团公司利润总额的11%，12%和13%，华德电线（重庆）有限公司、华德国际有限公司从事期货、外汇等风险领域的业务。5家公司已经与当地的会计师事务所签订年报审计协议。上元会计师事务所与组成部分会计师及时进行沟通。出具审计报告时，上元会计师事务所并未提及组成部分注册会计师。

（二）案例分析要求

1. 本案例中负责集团合并报表审计的主审注册会计师是否需要了解组成部分注册会计师？如果需要了解这些组成部分注册会计师执行的组成部分财务信息的相关审计工作，主审注册会计师应该了解哪些事项？

2. 在集团审计中，审计风险有哪些特点？

3. 请讨论主审注册会计师在计划阶段应如何协调与其他注册会计师的工作，并编写主审注册会计师就关联方事项致其他注册会计师的询证函。

4. 出具审计报告时，上元会计师事务所并未提及组成部分注册会计师，这种做法是否正确？

三、本案例需要关注的问题

（一）集团和集团财务报表的含义

集团，是指由所有组成部分构成的整体，并且所有组成部分的财务信息包括在集团财务报表中。集团至少拥有一个以上的组成部分。

集团财务报表，是指包括一个以上组成部分财务信息的财务报表。集团财务报表也指没有母公司但处在同一控制下的各组成部分编制的财务信息所汇总生成的财务报表。

（二）主审注册会计师的含义

主审注册会计师是指当被审计单位财务报表包含由其他注册会计师审计的一个或多个组成部分的财务信息时，负责对该财务报表出具审计报告的注册会计师。

（三）成为主审注册会计师的条件

判断注册会计师是否足以担当主审注册会计师需要考虑下列因素：

1. 主审注册会计师所审计的财务报表部分的重要程度，是否足够重要，足以获取充分适当的审计证据将审计风险降至可接受的低水平。

2. 主审注册会计师对组成部分业务的了解程度。

3. 其他注册会计师审计组成部分的财务信息的重大错报风险。

4. 主审注册会计师在何种程度上参与对组成部分的审计。若参与不足，可考虑追加审计程序，适当增加对组成部分的审计。

（四）对组成部分注册会计师工作的考虑

为确定其他注册会计师的工作对审计工作的影响，主审注册会计师应该：

1. 对被审计单位、被审计单位的组成部分及环境进行了解，识别重要的组成部分及可能导致财务报表重大错报的风险。在此基础上，考虑区别对待不同组成部分、是否参与其他注册会计师的工作、需要实施的审计程序。

2. 根据对其他注册会计师的了解程度确定是否参与及在多大程度上参与其他注册会计师对组成部分财务信息重大错报风险的评估；充分沟通，确定其他注册会计师对组成部分实施审计程序的性质、时间、范围，考虑是否审计、复核其他注册会计师的工作，必要时追加程序。

3. 如果拟利用其他注册会计师的工作和报告，主审注册会计师应在初始计划阶段安排双方的配合，并将有关重要事项告知其他注册会计师，包括：需要特别考虑的审计领域，识别（被审计单位与组成部分之间）交易的程序，完成审计工作的时间安排。

4. 主审注册会计师应在确定整体财务报表重要性水平的基础上，与其他注册会计师共同确定（低于整体重要性水平且适用于）组成部分的重要性水平。

（五）集团审计中审计风险的特点

在集团审计中，审计风险包括：组成部分注册会计师可能没有发现组成部分财务信息存在错报（该错报导致集团财务报表发生重大错报）的风险，以及集团项目组可能没有发现该错报的风险。

（六）审计报告中的责任

注册会计师对集团财务报表出具的审计报告不应提及组成部分注册会计师，除非法律法规另有规定。如果法律法规要求在审计报告中提及组成部分注册会计师，审计报告应当指明，这种提及并不减轻集团项目合伙人及其所在的会计师事务所对集团审计意见承担的责任。

案例二　或有事项（一）

一、本案例学习目标

完成本案例学习后，学生应当能够：了解或有负债的含义和主要形式，了解或有事项审计的主要目标，掌握或有事项审计的主要程序，掌握或有事项会计处理和披露的基本要求。

二、本案例的关键内容

（一）案例资料

明信会计师事务所负责审计华西公司 2019 年度的财务报表。注册会计师现在正审计或有负债或承诺，注册会计师执行的主要审计程序如下：

（1）向被审计单位管理层询问其确定、评价与控制或有事项方面的有关方针政策和工作程序。

（2）向被审计单位管理层索取有关或有事项的资料，做必要的审核和评价。

（3）向被审计单位的法律顾问和律师进行函证，分析被审计单位在审计期间所发生的法律费用，从法律顾问和律师处复核发票。

（4）与治理层就遵循法律法规的情况进行讨论，更新与遵循法律法规有关的永久性档案，复核与监管部门的往来信函，确定需要包括在管理层声明书中的声明事项。

（5）复核上期和税务机构的税收结算报告。

（6）向与被审计单位有业务往来的银行寄发含有要求银行提供被审计单位或有事项的询证函。

（7）询问有关销售人员并获取被审计单位对产品质量保证方面的记录，确定存在损失的可能性。

（8）审阅截至审计工作完成日止被审计单位历次董事会纪要和股东大会会议记录，确定是否存在未决诉讼或仲裁、未决索赔、税务纠纷、债务担保、产品质量保证等方面的记录。

（9）查询被审计单位对未来事项和协议的财务承诺，并向被审计单位管理层询问。获取并审阅截至审计外勤工作完成日历次股东大会、董事会和管理层会议记录及其他重要文件（包括被审计单位的重要合同和往来通信档案等），确定是否存在不可撤销的财务承诺事项。

（10）向被审计单位管理层获取书面声明，保证其已按照企业会计准则的规定，对其全部或有事项做了恰当反映。

在审计过程中，注册会计师发现公司存在下述或有事项：

1. 2019 年 6 月，华西公司被客户起诉违约，律师认为华西公司有可能支出赔偿款 60 万元，另外需要支付诉讼费 5 万元。华西公司就此事项进行会计处理，2019 年增加营业支出共计 65 万元。

2. 为融通资金，2019 年 8 月，华西公司将收到的京南公司的应收票据到银行贴现。注册会计师在 2019 年度审计时发现京南公司已经于 2019 年底申请破产。华西公司并未就该公司的应收票据贴现业务做任何会计处理。

3. 2017 年华西公司为其母公司债务提供担保，2019 年 3 月，该笔债务已经到期，但母公司因与银行存在经济纠纷不肯及时偿还，银行向法院提起诉讼，要求华西公司和其母公司一起承担连带赔偿责任。律师认为华西公司很有可能赔偿其中的 300 万元。因为华西公司与其母公司正在上诉，华西公司没有就此诉讼进行任何账务处理。

另外，华西公司目前有一笔为子公司某些债务融资提供的担保，因未能及时偿付，子公司目前正面临债权人的诉讼，华西公司很可能因此承担连带偿还义务，但金额尚无法确定。华西公司并未进行任何账务处理，也未在报表附注中披露。

（二）案例分析要求

1. 请给出或有负债的定义，并列举注册会计师需要特别关注的或有负债的例子。

2. 为了发现或有事项，注册会计师应该向管理层索取哪些相关资料？

3. 在审计或有事项时，注册会计师向被审计单位的法律顾问和律师进行函证的目的是什么？分析被审计单位在审计期间所发生的法律费用，从法律顾问和律师处复核发票的目的是什么？

4. 与治理层就遵循法律法规的情况进行讨论，更新与遵循法律法规有关的永久性档案，复核与监管部门的往来信函的目的是什么？

5. 注册会计师为什么要复核上期和税务机关的税收结算报告？

6. 银行询证函对于或有事项审计有何意义？

7. 针对事项 1，请指出注册会计师是否应认可华西公司的会计处理？

8. 针对事项 2，请指出注册会计师应提出何种建议？

9. 针对事项 3，请指出华西公司的做法是否恰当？注册会计师应提出何种建议？

三、本案例需要关注的问题

（一）或有负债含义

或有负债是由于已经发生的事项导致企业在未来期间可能需要向外部单位或个人支付不确定金额款项的潜在义务。常见的或有负债包括：关于专利侵权、产品责任等行为导致的未决诉讼，所得税等税收争议，产品质量担保，应收票据贴现等事项。

（二）发现或有负债所需资料

为了发现或有事项，注册会计师应向被审计单位管理层索取下列有关或有事项的资料，做必要的审核和评价。

1. 被审计单位有关或有事项的全部文件和凭证。

2. 被审计单位与银行之间的往来函件，以查找有关票据贴现、应收账款保理、票据背书和对其他债务的担保。

3. 被审计单位的债务说明书，其中，除其他债务说明外，还应包括对或有事项的说明，即说明已知的或有事项均已在财务报表中做了适当反映。

4. 与治理层就遵循法律法规的情况进行讨论，更新与遵循法律法规有关的永久性档案，复核与监管部门的往来信函，其目的是发现被审计单位违反法律法规的迹象进而发现违反法规引起的或有事项。

5. 因为税款拖延时间较久，发生税务纠纷的可能性就较大，故注册会计师需要复核上期和税务机关的税收结算报告，以便了解被审计期间有关纳税方面可能发生的争执之处。

6. 银行函证可以反映商业票据贴现、应收账款保理、票据背书情况和为其他单位的银行借款进行担保的情况（包括担保事项的性质、金额、担保期间等）。

7. 事项 1 中，注册会计师不应认可华西公司的会计处理。公司应将诉讼费用计入管理费用，其调整分录为：

借：管理费用　　50 000

　贷：营业外支出　　50 000

8. 事项 2 中，注册会计师应建议华西公司对应收票据贴现金额进行会计处理，增加费用和预计负债。

9. 事项 3 中，华西公司的两项担保事项的处理均不恰当。

华西公司对母公司的担保债务，因其很可能承担连带责任，且金额可以合理估计，故注册会计师应要求华西公司进行会计处理并调整财务报表账户。

华西公司对子公司的担保债务，因其很可能承担连带责任，但金额不能合理估计，故注册会计师应要求华西公司以报表附注形式加以披露。

案例三　或有事项（二）

一、本案例学习目标

了解注册会计师需要关注的或由事项或承诺，掌握发现或有事项的审计程序，会评价已经发现的或有事项，掌握客户与第三方承诺的审计程序。

二、本案例的关键内容

（一）案例资料

在润达公司截至 2019 年 12 月 31 日年报审计业务中，通过与客户交谈、阅读会议记录、查阅往来文件及分析公司的律师费用，兴达会计师事务所的注册会计师发现下列事项，公司并未在 2019 年的会计记录和报表披露中反映这些事项。

1. 润达公司为附属子公司英达公司2017年1月15日发行的100万元三年期债券提供了担保。英达公司宣布2020年1月15日不能兑付到期的债券本金和利息共计115万元。

2. 为推广新产品，公司本年制定了优惠的售后服务政策，承诺对A商品提供12个月售后担保，如果期内出现质量问题，将无条件退换货。截至12月底，公司尚有200万产品在保质期内，已经实现的销售收入为350万。

3. 为保证材料供应，公司与供应商签订合约，约定未来期间按每吨1万元的价格购买A材料100吨，目前该材料价格为每吨8 000元。

为确定公司涉及的诉讼问题，注册会计师向该公司的律师发出询证函，有一些律师提供了其职责范围内的有关信息，但有部分律师以为客户保密为由拒绝提供相关信息。因此，注册会计师采取了相应措施。

（二）案例分析要求

1. 举例说明或有负债与实际负债的区别，并说明注册会计师为什么要关注或有负债？

2. 说明你对上述事项所使用的审计程序。

3. 说明你根据每个事项提出的审计调整分录或调整报表披露的建议。

4. 如果在审计过程中，注册会计师认为有必要查找潜在的或有事项，应执行哪些审计程序？

5. 对于已经存在的或有负债，注册会计师应如何对其进行评价？在评价诉讼导致的或有负债时，注册会计师应如何评价律师的工作？

6. 请代为编写律师询证函。

三、本案例需要关注的问题

（一）或有负债与实际负债的区别

或有负债是由于已经发生的事项导致企业在未来期间可能需要支付不确定款项的潜在义务。注册会计师需要特别关注的或有负债主要包括：未决诉讼、所得税争议、产品质量担保、应收票据贴现、为第三方责任提供担保等。

实际负债是由于过去的交易或事项导致的现实义务。

（二）验证或有负债的目的

注册会计师验证或有负债的目的是评价已知的或有负债的会计处理并尽量查找管理当局没有确认的或有负债。

（三）或有负债的审计时机

在验证各个账户或交易时，注册会计师一般可以验证企业的潜在负债，一般不需要将或有负债作为接近年末时的一项单独的审计内容。例如，在审计所得税费用时，注册会计师通过分析所得税费用、查阅税务代理报告等验证所得税存在的争议。在审计业务完成阶段进行的是对或有负债的审核，而不是初始测试。

（四）注册会计师查找或有负债的程序

注册会计师查找或有负债可以采用的程序包括：

1. 向管理当局解释企业应披露的或有事项的类型，询问管理当局是否存在未记录的或有事项。如果管理当局无意中忽略了某种或有事项或不理解会计披露的相关规定，用询问的方式可以有很多收获。

2. 查阅企业的税务申报书、税务代理报告等税务相关文件，了解企业税务事项的处理情况。如果税务机关正对企业进行纳税调查，则客户可能存在税务争议。

3. 分析股东大会、董事会及可以获得的公司其他会议纪要中有无涉及或有事项的信息。

4. 分析被审计单位的法律费用，查找诉讼等事项可能带来的或有负债。

5. 查找审计记录中可能表明存在潜在或有事项的信息。

（五）利用律师的工作

注册会计师评价或有负债时应该评价其重要性和需要在报表中披露的性质。在评价诉讼导致的或有负债时，注册会计师应以客户律师的意见为参考，但不能依赖客户律师的意见，而应充分听取自己的律师的意见，以避免客户律师作为客户支持者的不中立地位所导致的偏见。

案例四　审核期后事项

一、本案例学习目标

完成本案例学习后，学生应当能够：了解注册会计师需要审核的期后事项，了解期后事项审核的目的，掌握发现期后事项的审计程序，会评价已经发现的期后事项，掌握客户与第三方承诺的审计程序，理解期后发现的事实的含义，了解注册会计师对审计报告出具之后发现的影响审计报告的事实的责任，理解期后事项与期后发现的事实的区别。

二、本案例的关键内容

（一）案例资料

注册会计师李梅等负责康达公司2019年报表的审计。审计业务约定书约定，外勤工作日的最后一天是2020年3月11日。李梅认为，如果严格执行详细的审计计划，那么可以简化审计完成阶段的汇总工作，并且最后在汇总阶段节约的时间可以放在平时的审计工作中。在为审核期后事项而向律师发出询证函时，李梅要求在资产负债表日后尽快收到每位律师的回函，争取早日完成对期后事项的审查，从而避免审计将要结束时留下过多有争议的问题。

在审计中，注册会计师发现，该公司在2020年1月1日至3月31日之间存在如下期后事项：

1. 2020年2月，康达公司的主要竞争对手引入了一种先进技术，这使得该公司的甲产品变成了过时的产品并出现大量积压，为应对挑战，康达公司决定停止生产该产品并将该产品的剩余产品亏本出售。

2. 到2019年年底，因与益达公司的产品质量纠纷尚未判决，公司估计可能败诉，并在2019年报表中记录估计的赔偿金额200万元。2020年2月，法院对该案件进行终审判决，结果康达公司需赔付对方300万元。

3. 为融通资金以引进新的生产线，公司2020年2月出售其对润华公司的一项长期投资，该投资账面价值是6 000万元，但本次出售仅获得现金3 000万元。此外，公司还于3月1日折价出售经营中不需使用的设备获得现金1 000万元，出售时该设备账面价值是2 000万元。

4. 2月28日，康达公司的重要客户江南公司宣告破产，康达公司2019年12月的报表上记载江南公司尚欠本企业货款500万元。

5. 2020年2月，公司持有的短期投资的市价下跌5%。

6. 公司新任董事会决定调整企业结构，将公司对金山公司的长期投资以1 000万元的价格出售给其他公司，该长期投资账面价值为1 200万元。

7. 为建设研发中心，2020年3月1日公司发行债券5 000万元。

8. 2020年2月，公司通过并购金蝶公司扩大了其业务范围。

9. 2020年3月21日，因遇到地震，公司一批在途存货发生600万元的经济损失，这批存货尚未购买保险。

注册会计师对上述事项实施了进一步审计程序，并提请管理当局修改了财务报表。在执行其他最后阶段的审计程序后，注册会计师出具了双重日期的审计报告，第一个报告日期是2020年3月11日，第二个报告的日期是

2020 年 3 月 31 日。公司财务报告对外公布的日期是 4 月 2 日。

2020 年 4 月，注册会计师又发现经审计后公布的财务报告中某些信息存在严重误导，注册会计师根据职业准则的要求采取了必要的措施，管理层根据注册会计师的意见针对这些问题修改了财务报表，注册会计师并未重新修改审计报告。

（二）案例分析要求

1. 请说明两种常见的期后事项的区别，并说明本案例中哪些事项需要注册会计师调整当前年度财务报表。

2. 专门为确认期后事项而执行的审核程序有哪些？

3. 李梅希望在资产负债表日后尽快收到每位律师的回函以便争取早日完成对期后事项的审查，这种做法对吗？

4. 注册会计师签署双重日期报告的目的是什么？

5. 在完成审计的最后阶段，除了期后事项的审核之外，注册会计师需要完成哪些审计程序才能最终完成搜集证据工作？

6. 对于 2020 年 4 月发现的事实与之前发现的事实，注册会计师应该采取的措施和所负的责任有何不同？

7. 李梅认为，如果严格执行详细的审计计划，那么可以简化审计完成阶段的汇总工作，并且最后在汇总阶段节约的时间可以放在平时的审计工作中。这种看法是否正确？

三、本案例需要关注的问题

（一）期后事项的含义

期后事项是指从客户资产负债表日到审计报告日之间发生的对会计报表产生影响的事项以及注册会计师在审计报告日后知悉的事实。

期后事项包括两类：需要调整财务报表的期后事项和不需要调整财务报表但需要披露的期后事项。

第一类期后事项提供了资产负债表日已经存在的账户余额的补充信息，当这些期后事项的金额达到重要性标准时，需要对报表进行调整，否则将影响这些账户余额的公允列示。这些期后事项主要包括：尚欠本企业货款的顾客宣告破产、企业败诉实际赔偿金额与账面记录不符、按照低于账面价值的价格处理设备、按低于账面成本的价格出售投资等。

第二类期后事项是发生在资产负债表日之后，且不影响被审计单位资产负债表日的财务状况和相关会计年度的经营成果，但如不对其加以说明，有可能使会计报表使用者产生误解，即第二类期后事项是对报表没有直接影响但需要披露的事项，包括：金融资产的市价显著下跌、发行债券或股票、由于政府政策导致的存货市价下降、自然灾害引起的未保险的存货损失、并购业务等。

本案例中需要调整的期后事项是2、3、4，因为上述事项说明资产负债表日对相关资产的估计不准确，需要调整相关金额。

（二）期后事项的审核程序

期后事项的审核可以结合年末账户余额的审计而进行，也可以专门为确认期后事项而执行下列审核程序：

1. 在尽量接近审计报告日时，向管理层询问可能影响财务报表的期后事项，比如：根据初步或尚无定论的数据做出会计处理的项目的现状；是否发生新的担保、借款或承诺；是否出售或购进资产，或者计划出售或购进资产；是否已发行或计划发行新的股票或债券；是否已签订或计划签订合并或清算协议；资产是否被政府征用或因不可抗力而遭受损失；在风险领域和或有事项方面是否有新进展；是否已做出或考虑作出异常的会计调整；是否已发生或可能发生影响会计政策适当性的事项。

2. 与律师联系，向被审计单位律师或法律顾问询问有关诉讼和索赔事项。

3. 在尽量接近审计报告日时，查阅股东会、董事会及其专门委员会在资产负债表日后举行的会议的纪要，并在不能获取会议纪要时询问会议讨论的事项。审核公司资产负债表日后编制的内部报表，查阅最近的中期财务报表、主要会计科目、重要合同和会计凭证；如认为必要和适当，还应当查阅预算、现金流量预测及其他相关管理报告，查阅被审计单位与客户、供应商、监管部门等的往来信函，查询被审计单位在资产负债表日或审计期间已存在的重大财务承诺。

4. 取得管理当局声明书。

（三）执行对期后事项的审核程序的时间

注册会计师需要对期后事项承担审核责任。审核期后事项是为了确定这段时间是否发生了影响当前报表公允列示和披露的事项。注册会计师一般在接近审计报告日的期间执行对期后事项的审核程序。

本案例中李梅要求在资产负债表日后尽快收到每位律师的回函，争取早日完成对期后事项的审查是不恰当的，因为律师回函过早，有可能遗漏重要的期后事项。

（四）双重日期

双重日期指审计报告包括两个日期。较早的日期是完成除期后事项之外的外勤工作的日期，较晚的第二个日期是完成期后事项审核工作时的日期。

对期后事项实施了追加审计程序，并已做适当的处理后，注册会计师可选用两种方式确定审计报告的日期：一是更改审计报告日期，即将原定审计报告日延长至完成追加审计程序时的审计报告日；二是签署双重报告日期，即保留原定审计报告日，并就该期后事项注明新的审计报告日。审计报告日期关系到判断注册会计师承担审计责任的截止时点，采用双重报告日期有助于保护注册会计师，避免因延长的审计报告日期承担不必要的审计责任。

（五）最后阶段的审计程序

在完成审计的最后阶段，注册会计师应搜集适合于所有循环的最终证据，并实施以下程序：①由合伙人执行最后的分析程序，以发现其他测试中没注意的重大错报和评估证据的充分性；②根据审计中获得的新信息评价企业的持续经营假设；③取得管理当局声明书；④考虑与财务报表一起公布的信息；⑤阅读年报中的与财务报表之间相关的其他信息。

（六）注册会计师对期后事项的审计目标和责任

期后事项是财务报表日之后和审计报告日之前发生的事项以及注册会计师在审计报告日后知悉的事实。以审计报告日为节点，注册会计师对期后事项有不同的审计目标和责任。

对于财务报表日至审计报告日之间发生的期后事项，注册会计师应获取充分、适当的审计证据，以确定财务报表日至审计报告日之间发生的、需要在财务报表中调整或披露的事项是否已经按照适用的财务报告编制基础在财务报表中得到恰当反映。

在审计报告日后，注册会计师并没有义务针对财务报表实施任何审计程序，但对于如果在审计报告日知悉可能导致注册会计师修改审计报告的事实，注册会计师应当：

（1）与管理层和治理层讨论该事项。

（2）确定财务报表是否需要修改。

（3）如果需要修改，询问管理层将如何在财务报表中处理该事项。

本案例中，2020 年 4 月发现的事实即属于审计报告日后知悉的事实。由于财务报表已经报出后，管理层又修改了财务报表，注册会计师应当：

1. 根据具体情况对有关修改实施必要的审计程序，并针对修改后的财务报表出具新的审计报告，新的审计报告日不应早于修改后的财务报表被批准的日期。注册会计师应当在新的或经修改的审计报告中增加强调事项段或其他事项段，提醒财务报表使用者关注财务报表附注中有关修改原财务报表的详细原因和注册会计师提供的原审计报告。

2. 复核管理层采取的措施能否确保所有收到原财务报表和审计报告的人士了解这一情况。如果管理层没有采取必要措施确保所有收到原财务报表的人士了解这一情况，也没有在注册会计师认为需要修改的情况下修改财务报表，注册会计师应当通知管理层和治理层（除非治理层全部成员参与管理被审计单位），其将设法防止财务报表使用者信赖该审计报告。

（七）审计完成阶段需要完成的工作

审计过程的最后一个阶段是完成审计。在审计完成阶段，注册会计师需要完成复核或有负债、复核期后事项、搜集最后的证据、评价结果、出具审计报告、与管理层沟通等一系列工作。这个过程非常重要，注册会计师所做的工作不能局限于简单的汇总。

本案例中，李梅认为，如果严格执行详细的审计计划，那么可以简化审计完成阶段的汇总工作，并且最后在汇总阶段节约的时间可以放在平时的审计工作中，这种看法是不正确的。

案例五　财务报表审计中对违反法规行为的考虑

一、本案例学习目标

理解注册会计师对违反法规行为的审计目的，掌握注册会计师在财务报表审计中如何考虑违反法规行为，了解常见的审计程序。

二、本案例的关键内容

（一）案例资料

华星会计师事务所派出了项目组到万为股份有限公司进行年审。审计组于 2020 年 2 月 15 日至 3 月 6 日对该公司 2019 年度的会计报表进行了审计。

万为股份有限公司主营业务为食品饮料的生产加工、销售，药品研制、生产、经销。该公司在董事会下设有审计委员会，在总经理下设有审计部，审计委员会和审计部在业务上是指导与被指导关系。注册会计师的审计工作得到了该公司内部审计的协助。公司治理层希望注册会计师能够帮助发现企业内部的违反法规行为。李芳、张方迪等注册会计师于 2019 年 11 月 1 ~7 日对万为公司执行了风险评估等程序，在此过程中，考虑到对被审计单位违反法规行为的相关风险，注册会计师执行了下述审计程序。

1. 在计划审计工作时，从总体上了解适用于被审计单位及其所处行业的有关法律法规，以及被审计单位如何遵守这些法律法规的情况。

2. 在获得总体了解后，实施下列进一步审计程序，以有助于识别被审计单位在编制财务报表时应当考虑的违反法规行为：

（1）向管理层询问被审计单位是否遵守了适用于被审计单位及其行业的法律法规。

（2）检查被审计单位与许可证颁发机构或监管机构的往来函件。

3. 向管理层获取书面声明，以表明被审计单位已告知知悉的、影响财务报表的所有违反或可能违反相关法律法规的情况。

4. 在审计过程中，充分关注可能表明被审计单位违反法律法规的信息。在审计过程中，注册会计师发现被审计单位存在以下现象：

（1）企业因食品受到政府有关部门的调查或处罚。

（2）与其母公司存在异常资产置换交易。

（3）当年的佣金占销售额比例偏高，但企业的销售佣金支付标准并未提高。

（4）部分材料的购买价格严重高于市场价格。

注册会计师就上述现象与管理层讨论，但管理层并不能提供令人满意的信息证明其确实遵守了法律法规。

（二）案例分析要求

1. 注册会计师关注被审计单位违反法规行为的目的是什么？

2. 注册会计师应如何从总体上了解适用于被审计单位及其所处行业的有关法律法规，以及被审计单位是如何遵守这些法律法规的？

3. 注册会计师发现可能存在违反法规行为时，应从哪些方面评价其对财务报表可能产生的影响？

4. 本案例中，管理层不能提供令人满意的信息证明其确实遵守了法律法规，注册会计师应采取什么措施？

三、本案例需要关注的问题

（一）注册会计师关注被审计单位违反法规行为的目的

违反法律法规可能导致被审计单位面临罚款、诉讼或其他对财务报表产生重大影响的后果。注册会计师关注被审计单位违反法规行为，其目的是考虑被审计单位是否存在违反法规行为及其对财务报表的影响。

（二）从总体上了解被审计单位及其所处行业的法律法规

在计划审计工作时，注册会计师应实施下列程序以便从总体上了解适用于被审计单位及其所处行业的法律法规，以及被审计单位如何遵守这些法律法规：

1. 利用了解被审计单位行业状况、法律环境与监管环境以及其他外部因素时所获知的信息。

2. 向管理层询问被审计单位为遵守有关法律法规而采用的政策和程序。

3. 向管理层询问对被审计单位经营活动可能产生重要影响的法律法规。

4. 与管理层讨论在识别、评价和处理诉讼、索赔与税务纠纷时采用的政策和程序。

5. 与审计组成部分的其他注册会计师讨论适用于该组成部分的法律法规。

（三）评价违反法规行为的影响

如果发现可能存在违反法规行为，应从以下方面评价其对财务报表可能产生的影响：

1. 因可能存在违反法规行为导致的潜在财务后果。

2. 潜在财务后果是否需要披露。

3. 潜在财务后果是否严重，以至于影响到财务报表的公允反映。

（四）信息不足时的措施

如果管理层不能提供令人满意的信息证明其确实遵守了法律法规，应向被审计单位律师咨询有关法律法规的遵守情况，及其对财务报表可能产生的影响。如果认为向被审计单位律师咨询是不适当的，或不满意其提供的咨询意见时，应当考虑向会计师事务所的律师咨询，以确定被审计单位是否存在违反法规行为、可能导致的法律后果及应采取的进一步行动。

注册会计师没有责任防止被审计单位违反法律法规行为，也不能期望其发现所有的违反法律法规行为。

案例六　持续经营

一、本案例学习目标

完成本案例学习后，学生应当能够：熟悉影响企业持续经营能力的事项，掌握审计持续经营能力的基本程序，掌握持续经营问题对审计意见的影响。

二、本案例的关键内容

（一）案例资料

2019 年，英达公司委托明信会计师事务所对其 2019 年度的会计报表进行审计。

英达体育用品有限公司是国内首家成立海外产品运动服饰和运动类鞋产品研发设计中心的体育用品公司，也是国内首家在海外上市的体育用品企业。公司总部设立在北京，在北京、上海、天津、广州等全国 12 个大城市建立了分公司，开设 200 多家分店、2 000 多个营业网点，公司的城市覆盖率达到 85% 以上。全国范围内店铺数量超过 8 000 家，遍布 1 800 多个城市。此外英达公司在东南亚、中亚、欧洲等地区也拥有多家销售网点。

2008 年以前，英达公司一直快速稳步的发展。然而近年来由于市场竞争激烈，导致英达公司连续几年出现库存积压的问题。2008 年，英达公司想借着北京奥运会期间人们对体育用品的消费热情，迈开了扩张的步伐。但实际上，由于企业产品定位问题以及国内同行业竞争加剧等一系列内外部原因导致公司出现市场占有率持续低迷、存货周转天数增加、大量门店关门、存货严重积压等问题。从 2017 年起，企业出现部分银行债务难以偿还的现象，经公司经理层与银行斡旋，银行同意对其债务展期到 2020 年底，并修改了借款合同中的有关条款，但公司至今仍难以继续履行重大借款合同中的有关条款。

为缓解困境，管理当局采取了一系列措施，包括处置大量存货、处置部分门店、出租部分闲置设备、引入风险资金、强化管理、削减管理费用开支、开拓新的市场等。

应注册会计师要求，管理层对持续经营能力做出了书面评估。通过风险评估，注册会计师识别出可能导致对持续经营能力产生重大疑虑的事项或情况，并采取了应对措施。2020 年 2 月 20 日，明信会计师事务所结束了对英达公司 2019 年度会计报表的审计工作。注册会计师在审计报告中提到被审计单位存在的持续经营问题。

（二）案例分析要求

1. 针对管理层对持续经营能力做出的书面评估，注册会计师应从哪些方面关注管理当局对持续经营能力所做出评价的适当性？如果管理层对持续经营能力进行评估所涵盖的期间短于自财务报表日起的 12 个月，注册会计师应如何处理？

2. 注册会计师审计持续经营的责任是什么？如果监管部门并没有要求

管理层对持续经营能力做出专门评估，注册会计师是否需要关注持续经营问题？

3. 注册会计师应采用哪些审计程序以识别被审计单位在账务、经营等方面存在的持续经营假设不再合理的各种迹象？请列举至少四种审计程序。该公司持续经营能力是否有问题？

4. 对于识别出可能导致对持续经营能力产生重大疑虑的事项或情况，注册会计师应当如何处理？

5. 如果注册会计师未在审计报告中提及持续经营的不确定性，是否可以认为是对企业持续经营能力的保证？

6. 如果英达公司把应披露的事项都在报表中充分披露，你认为注册会计师应出具哪种类型的审计意见？如果财务报表未做出充分披露，你认为注册会计师应出具哪种类型的审计意见？

三、本案例需要关注的问题

（一）关注管理当局对持续经营能力所做出评价的适当性

如果管理层对持续经营能力做出了书面评估，注册会计师评价管理层对持续经营能力所做出评价的适当性时，应关注管理层做出评价的过程、评价的依据和拟采取的改善措施。

如果管理层评估持续经营能力涵盖的期间短于自财务报表日起的12个月，注册会计师应当提请管理层将其至少延长至自财务报表日起的12个月。

（二）注册会计师审计持续经营问题的责任

审计持续经营问题时，注册会计师的责任是就管理层在编制和列报财务报表时运用持续经营假设的适当性获取充分、适当的审计证据，并就持续经营能力是否存在重大不确定性得出结论。即使编制财务报表时采用的财务报告编制基础没有明确要求管理层对持续经营能力做出专门评估，注册会计师的这种责任仍然存在。

如果注册会计师未在审计报告中提及持续经营的不确定性，不能被视为对被审计单位持续经营能力的保证。

（三）识别持续性经营的审计程序

注册会计师可采用下列审计程序以识别被审计单位在账务、经营等方面存在的持续经营假设不再合理的各种迹象，例如：

1. 了解被审计单位管理当局对于存在的持续经营假设不再合理的迹象计划采取的应对计划，考虑管理层提出的应对计划和其他缓解措施的效果，获取充分、适当的审计证据，以确认是否存在与此类事项或情况相关的重大不确定性。

2. 与管理当局讨论、分析最近的中期财务报表、现金流量预测、盈利预测及其他预测，进一步了解影响持续经营假设合理性的因素以及这些因素本身的变化情况。

3. 检查借款合同及债务契约条款等的履行情况，审核影响持续经营假设的期后事项、财务承诺及或有事项。

4. 查阅股东大会、董事会会议及其他重要会议有关财务困境的记录，检查有无改善措施及账务救助计划，并评估其合法性和可行性。

5. 向被审计单位的法律顾问和律师询问有关诉讼、索赔的情况，并向其询问管理层对诉讼或索赔结果及其财务影响的估计是否合理。

本案例中，英达公司持续经营能力有问题。公司存在市场占有率持续低迷、存货严重积压、部分银行债务难以偿还、难以继续履行重大借款合同中的有关条款等情况，如果市场占有率继续低迷，不能履行借款合同，将会出现严重影响持续经营能力的情况。

（四）针对识别出持续经营可疑事项采取的审计程序

如果识别出可能导致对持续经营能力产生重大疑虑的事项或情况，注册会计师应当通过实施追加的审计程序（包括考虑缓解因素），获取充分、适当的审计证据，以确定是否存在重大不确定性。这些程序应当包括：

1. 如果管理层尚未对被审计单位持续经营能力做出评估，提请其进行评估。

2. 评价管理层与持续经营评估相关的未来应对计划，这些计划的结果是否可能改善目前的状况，以及管理层的计划对于具体情况是否可行。

3. 如果被审计单位已编制现金流量预测，且对预测的分析是评价管理层未来应对计划所考虑事项或情况未来结果的重要因素，评价用于编制预测的基础数据的可靠性，并确定预测所基于的假设是否具有充分的支持。

4. 考虑自管理层做出评估后是否存在其他可获得的事实或信息。

5. 要求管理层和治理层（如适用）提供有关未来应对计划及其可行性的书面声明。

（五）本案例情况

如果英达公司把应披露的事项都在报表中充分披露，不考虑其他事项，注册会计师应出具带强调事项段的无保留意见审计报告。因为英达公司存在严重影响持续经营能力的情况，虽然正采取改善措施，且已经在报表中充分披露，但仍存在重大不确定性，故应在审计意见段之后增加强调事项段，以提醒报告使用者注意可能导致对持续经营能力产生重大疑虑的事项或情况存在重大不确定性的事实，并提醒财务报表使用者关注财务报表附注中的相关披露。

如果财务报表未做出充分披露，注册会计师应当发表保留意见或否定意见。注册会计师应当在审计报告中说明，存在可能导致对被审计单位持续经营能力产生重大疑虑的重大不确定性。

案例七　比较信息审计

一、本案例学习目标

了解比较财务报表、对应数据和比较信息的含义，掌握比较信息的审计程序，理解比较信息对审计报告的影响，理解注册会计师在财务报表审计中与比较信息相关的责任。

二、本案例的关键内容

（一）案例资料

华达电子公司委托明信会计师事务所对其 2019 年度的会计报表进行审计。明信会计师事务所自 2009 年起一直负责华达公司的年报审计。连续上期的金额与相关披露已经审计。

注册会计师对华达电子公司 2017 年、2018 年报表均出具了保留意见审计报告。

2019 年，注册会计师发现华达公司财务报告中比较信息出现如下问题：

1. 在核对比较数据采用的会计政策时发现，经董事会批准，从 2019 年 1 月起，公司将折旧方法由直线折旧法改为双倍余额递减法。

2. 核对比较数据与上期财务报表反映的金额和相关披露时发现，本期报表中列示的期初存货数与上期财务报表中的期末数不同。

3. 2018 年，注册会计师对公司财务报表出具了保留意见的审计报告，导致保留意见的事项有两项：

（1）公司有一笔对国外附属公司的投资，注册会计师无法获取充分的审计证据，因而对上期到 2018 年出具了保留意见的审计报告，但上述投资至本期已经转回，但注册会计师仍不能就该投资的期初数得到充分适当的审计证据。

（2）公司有一项融资租赁资产未能正确资本化而对财务报表产生较大影响，该租赁事项至今仍存在，公司并未根据注册会计师的要求更正相关会计处理方法。

（二）案例分析要求

1. 注册会计师对比较信息的审计目标是什么？为实现上述目标，注册会计师应对比较信息的哪些方面加以评价？

2. 对于事项 1 和事项 2，注册会计师应采用何种审计程序加以审查？

3. 事项 3 对注册会计师的审计意见有何影响？如果 2018 年，注册会计师对该公司财务报告发表了无保留意见审计报告，则上述事项会对注册会计师本期发表审计意见有何影响？

4. 对于已经在上期审计过的上期金额和相关披露，注册会计师在出具本期审计报告中应如何处理？

5. 如果明信会计师事务所 2019 年是初次接受华达电子公司的委托，在本期的审计报告中是否应提及对比信息？如果初次接受委托后，在审计过程中注册会计师认为存在影响上期财务报表的重大错报，而前任注册会计师以前出具了无保留意见的审计报告，注册会计师应采取什么措施？

6. 如果因 2019 年采用新发布的企业会计准则，华达电子公司对以前年度投资形成的部分长期股权投资改按公允价值计量，并确认了大额公允价值变动收益，但公司并未对比较数据进行追溯调整。若注册会计师对华达电子公司 2019 年度会计报表实施审计，针对上述事项，应当出具何种类型的审计报告？

三、本案例需要关注的问题

（一）比较信息、对应数据和比较财务报表的含义

比较信息，是指包含于财务报表中的、符合适用的财务报告编制基础的、与一个或多个以前期间相关的金额和披露。

对应数据，属于比较信息，是指作为本期财务报表组成部分的上期金额和相关披露，这些金额和披露只能和本期相关的金额和披露（称为“本期数据”）联系起来阅读。对应数据列报的详细程度主要取决于其与本期数据的相关程度。

比较财务报表，属于比较信息，是指为了与本期财务报表相比较而包含的上期金额和相关披露。比较财务报表包含信息的详细程度与本期财务报表

包含信息的详细程度相似。

(二) 注册会计师对比较信息的审计目标

注册会计师对比较信息的审计目标是：获取充分、适当的审计证据，确定在财务报表中包含的比较信息是否在所有重大方面按照适用的财务报告编制基础的要求进行有关列报，并按照注册会计师的报告责任出具审计报告。

为实现上述目标，注册会计师应当评价：比较信息是否与上期财务报表列报的金额和相关披露一致，如果必要，比较信息是否已经重述；在比较信息中反映的会计政策是否与本期采用的会计政策一致，如果会计政策已发生变更，这些变更是否得到恰当处理并得到充分列报和披露。

事项 1 中，注册会计师应查明，公司将折旧方法由直线折旧法改为双倍余额递减法的会计处理是否正确，公司是否已经将此事项在财务报表附注中披露。

事项 2 中，注册会计师应查明本期报表中列示的期初预计负债与上期财务报表中的期末数不同的原因，确定是否存在重大错报，如果发现比较信息的变更缺乏合理依据，应提请管理层对比较信息进行更正，必要时根据更正情况修改审计报告类型。

(三) 仍未解决的非无保留意见事项的影响

如果以前针对上期财务报表发表了保留意见、无法表示意见或否定意见，且导致非无保留意见的事项仍未解决，注册会计师应当对本期财务报表发表非无保留意见。

本案例中，事项 3 中第（1）项，是导致上期保留意见的事项，虽至本期已消除，但注册会计师对该投资的期初数仍无法取得充分审计证据；事项 3 中第（2）项，导致上期保留意见的事项仍然留存到本期。因此，注册会计师应发表保留意见审计报告。

在审计报告的导致非无保留意见的事项段中，由于未解决事项对本期数据的影响或可能的影响是重大的，注册会计师应当在导致非无保留意见事项段中同时提及本期数据和对应数据。

如果注册会计师已经获取上期财务报表存在重大错报的审计证据，而以前对该财务报表发表了无保留意见，且对应数据未经适当重述或恰当披露，注册会计师应当就包括在财务报表中的对应数据，在审计报告中对本期财务报表发表保留意见或否定意见。

(四) 上期金额和相关披露对审计意见的影响

如果上期金额和相关披露已经审计，注册会计师应在本期审计意见中提及。

如果上期财务报表未经审计，注册会计师应当在审计报告的其他事项段中说明对应数据未经审计。但这种说明并不减轻注册会计师获取充分、适当的审计证据以确定期初余额不含有对本期财务报表产生重大影响的错报的责任。

如果认为存在影响上期财务报表的重大错报，而前任注册会计师以前出具了无保留意见的审计报告，注册会计师应当就此与适当层级的管理层沟通，并要求告知前任注册会计师。注册会计师还应当与治理层进行沟通，除非治理层全部成员参与管理被审计单位。如果上期财务报表已经更正，且前任注册会计师同意对更正后的上期财务报表出具新的审计报告，注册会计师应当仅对本期财务报表出具审计报告。

如果注册会计师已经获取上期财务报表存在重大错报的审计证据，以前对该财务报表发表了无保留意见，且对应数据未经适当重述或恰当披露（被审计单位未改），注册会计师应当就包括在财务报表中的对应数据，在审计报告中对本期财务报表发表保留意见或否定意见。

在本案例中，由于华达电子公司对以前年度投资形成的部分长期股权投资改按公允价值计量，并确认了大额公允价值变动收益，但未对比较数据进行追溯调整，因此，比较数据和当期数据都存在重大错报，但此事项仅影响个别报表项目，其影响并不广泛。因此，在 2019 年审计时，注册会计师针对上述事项应出具保留意见审计报告。